本书为教育部人文社会科学重点研究基地重大项目“黄河变迁与开封城市兴衰的互动关系研究”（12JJD790023）结项成果，河南省高等学校青年骨干教师培养计划项目“黄泛平原古城城市形态演变历史研究”（2016GGJS-027）阶段性成果，河南省和教育部共建河南大学项目“基于地层分析法的开封‘城摞城’奇观与黄河水患关系研究”（SBGJ090101）部分成果。

本书出版得到教育部人文社会科学重点研究基地河南大学黄河文明与可持续发展研究中心、黄河文明省部共建协同创新中心建设资金资助。

黄河文明与可持续发展文库

黄河变迁与开封城市兴衰关系研究

Study on the Relationship Between the Vicissitude of the Yellow River and the Rise and Fall of Kaifeng City

吴朋飞　马建华　刘德新　谷　蕾◎著

科学出版社
北　京

内 容 简 介

本书首先对开封城市发展生命周期做了划分；其次通过对黄河泛滥的地理过程、重大河患事件的地理复原及其环境变化进行分析，阐释了黄河泛滥对开封地理环境的塑造；再次，提出开封城市形态，包括地表景观（“护城堤-城墙-城湖”洪涝适应性景观）和地下景观（古城“城下城”景观）是对黄河泛滥的景观适应；最后，从地层学角度揭示了现今开封城地下存在“三座半古城”。

本书可供从事城市历史地理、黄河研究、第四纪地质、环境变化等领域的专业人员阅读参考。

图书在版编目（CIP）数据

黄河变迁与开封城市兴衰关系研究 / 吴朋飞等著.—北京：科学出版社，2019.11

（黄河文明与可持续发展文库）

ISBN 978-7-03-062250-1

Ⅰ. ①黄… Ⅱ. ①吴… Ⅲ. ①黄河-地理志-研究 ②城市史-研究-开封 Ⅳ. ①K928.42 ②K296.13

中国版本图书馆 CIP 数据核字（2019）第 190846 号

责任编辑：杨婵娟 刘巧巧 / 责任校对：韩 杨

责任印制：赵 博 / 封面设计：无极书装

联系电话：010-64035853

电子邮箱：houjunlin@mail.sciencep.com

科学出版社 出版

北京东黄城根北街 16 号

邮政编码：100717

http://www.sciencep.com

北京厚诚则铭印刷科技有限公司印刷

科学出版社发行 各地新华书店经销

*

2019 年 11 月第 一 版 开本：720×1000 B5

2024 年 4 月第三次印刷 印张：10 3/4

字数：205 000

定价：78.00 元

（如有印装质量问题，我社负责调换）

丛书序

大河流域是人类文明的摇篮。在中华文明发祥、形成、发展、演化和复兴的过程中，黄河文明一直发挥着中流砥柱的作用。尽管什么是文明，学术界还有不同的看法，但文明作为人类社会进步的状态，就不仅体现在诸如文字、技术（如青铜器）、城市、礼仪等组成要素上，而且还体现在由这些要素组成的社会整体：国家的形成与发展上。正如恩格斯在《家庭、私有制和国家的起源》中所指出的："国家是文明社会的概括。"对于黄河文明的认识，无论是对中国古代文明起源持单中心论的学者，还是持多中心论的学者，都无法否认从黄河流域兴起的夏、商、周文明在中国古代文明起源与发展中的支配地位。特别是，随着考古学研究的深入和中华文明探源工程的推进，我国史前文化的地域多样性得到了进一步的确认，黄河文明在我国古代文明进程中的支配地位同样也得到了进一步的确认。由此，我们不禁要问，在灿烂发达、具有多个起源的中国史前文化中，为何只有地处黄河流域的中原地区走向了国家文明的道路，而别的地区却被中断或停滞不前？黄河文明的特质、优势及其对文明连续性发展的影响何在？黄河文明与周边地区的文明是如何互动并融合发展的？在国家文明形成之后，自秦汉至唐宋，黄河文明在中华文明进程中是如何创造一个个高峰的？她对中华文明乃至世界文明究竟产生了哪些重大影响？北宋以来，伴随着国家经济中心和政治中心的地域转移，黄河文明的演化与发展又面临着哪些前所未有的挑战？如果说农耕文明是黄河文明的核心内容，那么，是什么原因造就了这种文明的历史辉煌？又是什么原因造成其发展的路径依赖甚至锁定，以至于形成"高水平均衡陷阱"？

在国际学术界，冷战结束之后，伴随着经济全球化的快速推进，国际政治经济格局和秩序的重构，生态与可持续发展问题的凸显，有关文明冲突、共存，以及文化软实力、文化竞争力的辩论，为地域文明的研究注入了鲜明的时代性及全球化和生态环境两个重要视角。对于黄河文明而言，在全球化时代从传统农耕文明向现代农业文明、现代工业文明和现代城市文明的转型已成为历史的必然。经过一个多世纪的探索，目前黄河文明已经进入全面、快速转型的新时期，但这种转型不仅面临着传统制度和文化的约束，而且还面临着前所未有的资源与生态环境问题的挑战。作为中华文明的典型代表，黄河文明在全球化时代和全面转型时代如何实现可持续发展并实现伟大复兴，仍是我们面临的一个重大的时代性课题。

历史是一面镜子，而现在是联系过去和未来的纽带。对于文明的研究，我们需要回答几个基本问题：我们是谁？我们从哪里来？现在到了哪里？今后走向何方？为了回答黄河文明的这些问题，地处黄河之滨的河南大学以多年对黄河文明研究所形成的厚重历史积淀为基础，整合学校地理、经济、历史、文学（文化）等优势学科，并广泛联合国内外优秀研究力量，于2002年组建了黄河文明与可持续发展研究中心，并于2004年被国家教育部批准为普通高等学校人文社会科学重点研究基地。围绕黄河文明与可持续发展这一核心，中心将历史研究与现实研究有机结合起来，凝练了黄河文明的承转与发展、制度变迁与经济发展、生态与可持续发展三个主攻方向，并以此为基础，提出了创建具有中国特色、中国风格、中国气派的“黄河学”的宏伟目标。

近年来，中心科研人员承担了一批国家自然科学基金、国家社会科学基金、教育部人文社科重点研究基地重大项目等国家级和省部级课题，取得了丰硕研究成果。为繁荣黄河文明与可持续发展研究，推动“黄河学”建设与发展，河南大学黄河文明与可持续发展研究中心从 2011 年起编撰“黄河文明与可持续发展文库”，分批出版中心研究人员在黄河文明与可持续发展研究领域的代表性成果。此套丛书的出版得到了科学出版社的大力支持，在此我代表黄河文明与可持续发展研究中心表示衷心的感谢。

“黄河学”的创建任重而道远，黄河文明复兴的征程伟大又艰巨。研究黄河文明形成、发展、演变的规律，探究黄河文明的精髓和可持续发展的道路，不仅对中华文明、中国道路的研究有重大贡献，而且能为世界不同文明的和谐发展提供知识和智慧源泉。我们期待着中华文明的伟大复兴，我们也期待着以黄河文明与可持续发展研究为核心的“黄河学”能够早日建成并走向世界。

苗长虹

河南大学黄河文明与可持续发展研究中心执行主任

2011年4月9日

序

地处我国中原地区黄泛平原腹地的开封，是我国200多座古都中一座重要的古都。据我国现代历史地理学创建者之一的谭其骧院士考定，早在20世纪20年代学术界最初就我国众多古都论定其规格等级时，就将其与西安、洛阳、北京、南京并列，合称为“五大古都”；至30年代，又加入杭州，合称为“六大古都”。之后“中国六大古都”之说逐渐流行，得到大多数学者认可。迨至20世纪80年代初中国古都学会成立后，经古都学界与相关学科学者深入研讨，在取得一定程度共识的基础上又陆续加进安阳、郑州，遂形成当前“中国八大古都”的学术认识。由此可见开封的“大古都”地位，从有“大古都”概念以来，就一直得到公认。这当然主要是因为，开封地区早在春秋时期（前770—前476年），卫国即在其近旁建有仪邑城，其附近还有郑国第三代国君庄公（前743—前701年在位）所建的启封城；之后至战国时期（前475—前221年），魏国惠王于登上王位之后第六年（前364年）将其都城从安邑（今山西夏县北）迁至大梁，即今开封城西北部及城外西北部一带，肇始了开封建都史；再后至五代时先后成为后梁、后晋、后汉、后周都城，接着又成为北宋王朝都城东京与金朝南京。前后七个王朝在开封建都，历时长达366年。特别是北宋东京城，其经济、文化繁荣发达，臻于鼎盛，享誉世界。所以开封不仅在学术界稳居我国“大古都”之位，而且在国务院于1982年2月8日批准确定的首批国家级24座历史文化名城中，也名列其中。

然而，开封这座有着2500年以上建城史与366年建都史（如夏都老丘在今开封市域内能得到进一步证实，其建城时间将会提前至距今3500年前，而建都时间也将增长），且被国外媒体赞誉为距今1000年前之“世界的中心”的重要古城古都，在其成长变化的漫长的历史上，虽然也如中外历史上的许多城市那样，受到政治地位变迁以及战争、交通条件改变等人文因素的明显影响，但更重要的是其近傍的我国第二大河——黄河及其支系，长期而又频繁发生的决溢泛滥，包括多次人为掘堤引水灌城，对开封城市兴衰演变有着更为重大而深刻的影响。对此，我国学术界也有公论，且有不少学界前贤先后对这一问题，从不同角度开展研究，取得了可观的成果。

正是在对开封城市兴衰发展与黄河变迁关系至为密切，且其独特性与重要性不仅在黄河流域独一无二，就是在世界上也堪称典型范例这一学术认识以及对学界近多年来在这一领域开展研究所取得的成果进行全面审视总结的基础上，河南大学黄河文明与可持续发展研究中心（教育部人文社会科学重点研究基地）以马建华教授、吴朋飞博士为首的研究团队，在遵循历史地理学、自然地理学与历史学、考古学等多门学科之理论及研究方法，广泛收集史籍文献与考古发掘资料基础上，针对前贤研究黄河（包括支流汴河等）变迁与开封城市兴衰关系取得的成果及某些不够深入准确的问题，就开封城市兴衰的生命周期、历史上黄河决徙泛滥对开封地理环境的塑造、黄河洪水泛滥对开封城市形态与规模的影响等关键性问题，通过历史上几次重大黄河水患对开封城冲淹淤埋的场景复原、地层中洪水泥沙勘测及洪泛度反演等多种现代科技手段的综合研究，将这一重大科研课题的研究工作，推进到了一个新的境界与高度。他们从开封历史上 7 次河水入城之重大水患灾害事件中，又着重选择了战国后期秦将王贲于秦王政二十二年（前 225 年）受命攻魏时“引河沟灌大梁”、明末崇祯十五年（1642 年）河决淹埋开封城、清道光二十一年（1841 年）河决南泛洪水围困开封城长达 8 个月之久等三次特大洪灾事件，深入具体地逐一复原上述三次特大洪灾事件前开封地区河道流向、开封附近地貌状况与城墙位置以及引水地点或决口位置、冲向开封城的洪水流路与淹没范围，还论及这三次特大洪灾对开封城市造成的惨重破坏，甚至还论及上述三次特大洪灾对开封城市形态与发展之深刻影响。上述这些论述都是前贤未论及或虽有论述但不够深刻具体的内容，因而就使《黄河变迁与开封城市兴衰关系研究》如前所述其学术价值以及“有用于世”的现实应用价值达到了一个新的境界与高度。就拿该项研究成果中，对开封“城下城”这一由于黄河多次洪水泛滥形成的世所罕见的奇特城市景观而言，他们也在多年来考古发掘所取得的研究成果基础上，从地层学角度定量反演几次重大黄河泛滥对开封城市浸淹淤积程度，不仅有理有据地廓清了开封“城下城”究竟有几座以及各城址在地下的埋藏范围、深度与年代等疑难问题，得出了现今开封城下实际存在“三座半古城”这一符合史实且更为确切的学术见解；还为进一步探讨黄河变迁与开封城市兴亡的互动关系提供了历史依据，也为今后从根本上防止这类惨祸发生，保证开封城市持续稳定发展制定防治方略提供了可行有效的思路。

当前随着河南省委、省政府大力推进“郑汴一体化”的城市发展战略，开封市将为实施“郑汴核心都市区”建设规划，推动河南省经济、社会、文化的现代化建设事业发展，承担起更为重要的责任。而在今后的城市发展与建设中，如何协调处理好与黄河的互济互利关系，仍是一项重要的工作。也殷切期待马建华教授、吴朋飞博士的研究团队，在该研究项目成功结题后，在黄泛平原历史城市地理这一学术领域再接再厉，开拓创新，取得更为丰硕的成果，为推进历史地理学发展，也为推进我国特有的黄泛平原地区现代化建设事业做出新的贡献！

2018年9月28日

目　录

第一章　绪　论

第一节　研究背景和意义

城市是人类活动的集中场所，是人类文明的集中体现。城市发展在当今人类发展中越来越具有中心性地位，一个地区的城市发展，诚然有很多因素，但其重要的地理基础是该地区的自然环境及其改造利用。在自然环境的诸要素中，水环境对人类生产和生活所发挥的作用显得尤其重要。黄河自古以来孕育了许多城市，并使它们不断地发展壮大。地处黄泛平原腹地的开封，是我国著名的大古都和国务院首批公布的24座历史文化名城之一，也是过去历史上受黄河影响最为深刻的城市之一。因此，该城市的形成和发展演变史引起了学术界的高度关注。黄河的安流造就了开封七朝都会的历史地位①，黄河的泛滥也在一定程度上导致了开封城市地位的下降，今“城下城”景观是人类长期与黄河泛滥灾害斗争与相互适应的产物。程民生教授在给《揭秘开封城下城》（刘春迎，2009）一书作序时，高度阐述了黄河与开封的关系：“开封的兴衰历史和黄河密不可分，每一层淤泥，都是一段历史。……没有黄河，就没有历史上开封七朝古都的鼎盛。……没有黄河，也没有历史上开封的灭顶之灾。”

过去，由于缺乏环境变迁的科学知识体系，人们在研究开封城市选址、建设、发展演变等诸多问题时，更注重探索政治、经济、军事、文化等人文因素，而较少关注对黄河（包括支流汴河）环境变迁影响的探索研究。直至目前，有关开封与黄河关系的问题，还多停留在简单的、浮浅的、朴素的认识水平。随着现代地理研究手段的发展，黄河泛滥沉积、古土壤发育、孢粉分析、树木年轮、古文物断代等的研究，得出了关于黄河环境变迁的诸多最新研究成果，使得从多学科综合研究的角度，从环境变迁、人地关系演变的新的理论深度，重新梳理研究开封黄河泛滥的地理过程成为一种可能。

本书将在系统分析国内外相关研究的基础上，从长时间尺度、以自然地理环

---

① 开封现为“八朝古都”的称谓，源于《中国古都学会2013年（开封）年会宣言》，该宣言在传统“七朝古都”（战国魏，五代梁、晋、汉、周，北宋及金）的基础上增加了夏都老丘。本书认为夏代老丘尽管有大量的文献证实，但缺乏考古证据，且城址位置目前仍无法确定。“七朝古都”建都之地均在今开封城区，故本书仍采用传统说法。

境为基点审视开封城市发展的过程，对开封城市兴衰的生命周期，黄河泛滥对开封地理过程的塑造、泛滥环境下城市形态和规模的变化、重大黄河水患影响开封的场景复原、地层的洪水记录及洪泛度反演等有机结合进行系统综合研究。通过深入研究，厘清历史事实，重新认识黄河泛滥与开封的关系，可为黄泛平原城市泛滥历史地理研究提供强有力的理论支撑。在实践上，本书可为开封"城下城"景观的形成提供历史地理基础和地层学科学诠释；同时，对开展黄河流域古都或名城在城市现代化要求下的城市更新与发展研究，黄河流域古都复兴和城市现代化乃至中华民族的伟大复兴具有重要的实践意义。

第二节 国内外研究现状述评

随着工业化和城市化的不断加快，水环境和城市的水域景观遭到的破坏日益严重。关注现实，寻求科学解决途径，是当前城市和谐发展的要务。无论是古代城市还是现代城市的区域水环境问题，正成为国内外学者广泛关注的一个研究领域。

在国外，虽然关于工业革命以来城市化过程中出现的水环境问题研究有很多，但对城市历史水环境研究相对薄弱。学者在研究中国历史城市时，非常注重地理环境（尤其是水环境）对区域和城市的作用。施坚雅（2000）主编的《中华帝国晚期的城市》一书中，有多篇文章阐述地理环境在城市形成与发展中的作用问题。例如，施坚雅的《中华帝国的城市发展》按分水岭将中国划分为八大地区，是从地理环境的基础进行的比较城市研究；章生道的《城治的形态与结构研究》探讨了地理环境影响下"有城墙的城市"、城治的选择与水体的关系、城市形状与规模、复式城市、土地利用与运输网等；马克·埃尔文的《市镇与水道：1480—1910年的上海县》论述了地理环境与市镇发展之间的关系；斯波义信的《宁波及其腹地》注意到了钱塘江河口航道的恶化对宁波港所起的作用。

此外，西方学者还非常关注黄河水患的特殊年份事件的研究。蓝克利（2000）从在不稳定的环境中寻求维持现状、预算压力与政治斗争、水利危机与治黄工程、财政空间与水利治理等四个方面分析了1128年的黄河水患，得出了对黄淮水系关系的新认识。张玲（Zhang，2009）探究了1048—1128年黄河变迁在政治角逐中的作用及对河北生态环境的影响。Dodgen（2001）研究了1495—1835年治黄政策的演变、1841—1842年的开封洪水事件、1842—1845年桃源洪水与中牟的崩溃等，其中开封洪水事件案例是与本书最相关的文献。

在国内，自然科学领域对我国城市化进程中出现的水环境问题研究甚多，此处不再赘述。在人文社会科学领域，中国古代都城的研究历来为学者所重视，有关著述层出不穷，特别是对城市发展的研究更是不胜枚举。相对而言，有关自然环境（包括水环境）的研究还较为薄弱。近年来，几个重大课题组的研究与本书选题息息相关。陕西师范大学地理科学与旅游学院黄春长教授“黄河中游古代都市迁移发展与环境变迁互动关系研究”和“古代渭河流域中心城市发展与环境变迁互动关系研究”项目组，主要研究了气候、水旱灾害、瘟疫等对城市发展的影响（殷淑燕和黄春长，2006；李燕，2007；殷淑燕，2007；殷淑燕等，2007；仇立慧，2008），但很少考虑古代都市本身的水环境演变状况。北京大学城市与环境学院韩光辉教授“金元建都以来北京水源上游生态环境演变对北京地区水资源开发利用的影响及启示”项目组，研究了永定河变迁及区域生态环境演变与北京城市的互动关系，其研究思路和技术手段为本书提供了借鉴。陕西师范大学西北历史环境与经济社会发展研究院朱士光教授“西安水环境的历史变迁”项目组，对西安历史水环境的变迁情况进行了全面梳理。陕西师范大学西北历史环境与经济社会发展研究院李令福教授“中国八大古都发展与水环境的互动关系：以城市水利为切入点”项目组，对西安、洛阳（田莹，2008）、开封（郭峰，2007）、安阳（徐小亮，2008）、南京（权伟，2007）、杭州（张慧茹，2007）等古都发展与城市水环境的关系作了新的探讨，但仅局限在某个时段的研究上，缺乏长时段的整体性认识。郭峰（2007）、刘闯（2014）对开封古都的研究仅将时段限定在隋唐五代。

另外，还有一些研究古都与水环境关系的文献，为本书提供了参考。例如，谭徐明（1996）探讨了水环境对北京城市的塑造影响，李昭淑等（2000）利用历史文献资料与实地考察相结合的方法研究了西安水环境的历史变迁及治理对策，赵宁（2004）对北京城市运河、水系演变等进行了历史考察，靳怀堾（2005）以古都为例探讨了中国古代城市与水的关系，戴培超和沈正平（2013）、戴培超（2014）研究了过去历史上徐州水环境变迁与城市兴衰关系。

本书的研究对象——开封，在中华文明形成、发展与演进进程中具有非常重要的地位。历史上的战国魏、五代（后梁、后晋、后汉、后周）、北宋、金等朝曾建国都于开封，明初开封还做了十年的陪都。不过，自北宋之后，开封城市的发展道路非常曲折，最终由一国首善之地变为普通省级行政中心，1954 年省会西迁后又成为省辖地市级城市。金元明清时期开封城市的曲折发展，除了政治原因外，一定程度上与黄河泛滥导致城市地理环境的重大变迁不无关系。

开封，北宋时称东京，是我国经济、文化高度发达的北宋时期的首都，是当时世界上最繁华、最开放的城市，国内外学者对宋代开封城市研究的成果迭出（梁建国，2007，2016），此处不赘述。开封是黄泛平原上受黄河影响最为深刻的城市之一，开封城市的兴衰与黄河、汴河关系密切。学术界对开封给予了足够多的关注，研究成果也很可观。重要的著作，如李长傅（1958）的《开封历史地理》、周宝珠（1984）的《宋代东京研究》、单远慕（1984）的《开封史话》、程子良和李清银（1993）的《开封城市史》、开封市黄河志编辑室的《开封市黄河志》和开封市郊区黄河志编纂领导组的《开封市郊区黄河志》①、程遂营（2002）的《唐宋开封生态环境研究》、刘顺安（2003，2011）的《开封城墙》和《古都开封》、刘春迎（2004，2006a，2009）的《北宋东京城研究》《考古开封》《揭秘开封城下城》、陈国桢（2013）的《古都开封论丛：开封历史的地位与当代复兴》、王三营（2017）的《古都开封》等都有黄河（包括支流汴河）与开封关系的研究内容。

论文方面，邹逸麟（2006）从宏观角度考察了黄河流域城市兴衰的历史地理过程。黄以柱（1983）则从地理环境的变迁角度来探讨其如何影响开封城市的发展。直接写黄河、汴河与开封关系的论文，目前所见主要有：刘益安（1978）的《汴河与开封》、赵宝俊（1986）的《开封与黄、汴》、陈代光（1983）的《运河的兴废与开封的盛衰》、王质彬（1983）的《开封黄河决溢漫谈》、张金库（1990）的《黄河水患与开封城的历史变迁》、王三营（2006）的《试析河流对古代开封城市发展的影响》、张妙弟（2002）的《开封城与黄河》、程遂营（2003）的《12世纪前后黄河在开封地区的安流与泛滥》、李润田（1985，1988）的《开封城市的形成与发展》《黄河对开封城市历史发展的影响》、李润田等（2006）的《黄河影响下开封城市的历史演变》、范沛潍和李润田（2010）的《黄河与开封》、席明旺（2007）的《交通、水利与城市的兴衰》、吴炳乾（2011）的《北宋至明代开封城市衰落的政治原因分析》、吴小伦（2011a，2013，2014，2015）的《黄河水患与清代开封的衰落》《河流变迁与城市兴衰：基于开封的个案考察》《明清时期沿黄河城市的防洪与排洪建设——以开封城为例》《河道变迁与明清朱仙镇的兴衰》、田冰和吴小伦（2014）的《水环境变迁与黄淮平原城市经济的兴衰：以明清开封城为例》、朱军献（2017a，2017b）的《北周以降开封兴衰与城市空间规模盈缩研究》《地理空间区位与开封兴衰变迁研究》、冯兵和黄俊棚（2017）的《水与城的双向互动：隋唐五代时期运河变迁与城市兴衰》等。

看似研究论著很多，如若仔细研读，就会发现学者们在探讨黄河与开封关系时，不外乎三种研究范式：①讨论黄河泛滥危害开封的次数，如自金大定二十年（1180年）到清中期，黄河在开封附近决溢300多次，其中15次洪水围困开封城，7次洪水进入市区，4次洪水使得城市遭到灭顶之灾。②列举重大河患及入城后的影响，如明洪武二十年（1387年）、天顺五年（1461年）、崇祯十五年（1642年）、道光二十一年（1841年）等年份河患对开封城的影响，只要论及黄河对开封的重

① 开封市黄河志编辑室. 开封市黄河志. 内部资料，1991；开封市郊区黄河志编纂领导组. 开封市郊区黄河志. 内部资料，1994.

大危害时，1642 年、1841 年河患是两个必举的例子。关于 1642 年的河患，学者多纠缠于河决开封的原因是官兵还是起义军所为的探讨，如方福仁（1983）、孙月娥（1986）、展鹏飞（1992）等。③以环境变迁为主线，分气候、水文、地貌、植被、城市公共环境等要素进行生态环境研究，如程遂营（2002）、吴小伦（2014）等。三种范式的研究路径，对厘清相关事实的历史叙述是值得肯定的，但黄河泛滥究竟何时、以何种方式对开封城市产生影响，具体影响又如何，黄河泛滥背景下开封城市又是如何应对和发展的等一系列问题，缺乏更为微观的研究。Dodgen（2001）对 1841 年开封大水围城事件及其解决进行了研究，可惜时人的日记《汴梁水灾纪略》这一重要文献未被利用。

诚然，前人在探讨黄河与开封关系时多从宏观上进行把握，这对认识和理解两者之间的关系确实起到了非常重要的作用，但问题是好多论著都是在“炒冷饭”，重复劳动。在当前，我们有必要检讨或继承已有的成果，同时解决一些关键性的问题，以提高开封黄河泛滥相关学术研究的科学水准。如每次黄河泛滥的路线、对城市布局和城市景观的塑造、大水后的应急机制以及城市防洪景观的完善对下一次黄河泛滥的影响等，都是值得认真思考的科学命题。可以说，黄河泛滥与开封城市发展之间的关系问题，仍缺乏系统梳理和精细微观分析，长时段系统地将黄河泛滥引起的区域水环境变化与城市发展结合起来的研究并不多见，需要从多学科、全视角展开综合研究；环境变化对城市发展历史影响的深度和广度，更需要进一步思考。

第三节 研究视角和框架结构

开封黄河泛滥系列问题研究，是一个博大精深的科学命题。本书基于自然地理学、历史地理学的学术视野，以科学问题为导向，继承或讨论已有的学术观点，探讨黄河泛滥与开封城市兴衰之间的关系。本书的研究框架如图 1-1 所示。

由图 1-1 可知，本书的核心研究内容主要分为以下三大部分。

第一部分：开封城市发展轨迹及生命周期探析。

本书将城市作为一个有机生命体，从长时段时间序列来探讨开封城市发展轨迹，分析城市兴衰无常的根本原因，重新认识黄河泛滥在开封城市生命史上应有的地位和作用。

第二部分：开封黄河泛滥的灾害过程。

（1）金元明清开封黄河泛滥的地理过程研究。按照黄河北突南徙的大势，微观分析黄河究竟何时、以何种方式对开封城市产生影响，影响的具体过程。

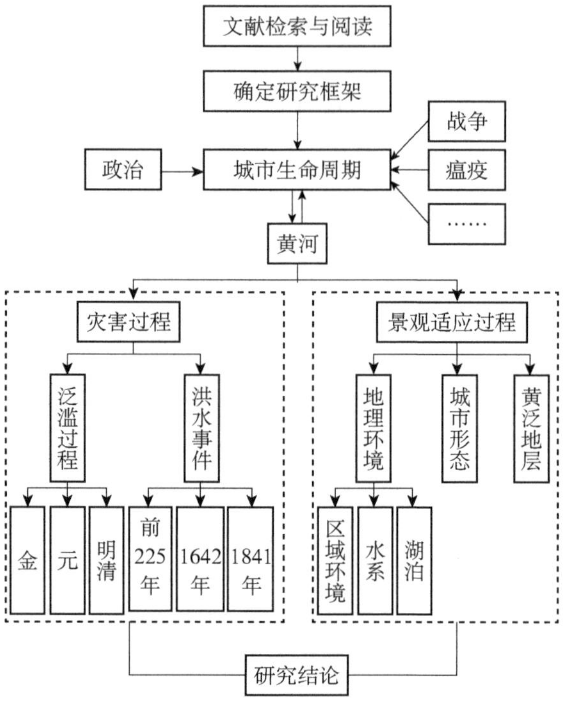

图 1-1　本书研究框架

（2）开封典型黄河洪水入城事件的案例分析。历史上开封城市曾遭受 7 次黄河洪水入城，本书选取仅有的 2 次灌城灾害（前 225 年、1642 年）和最后 1 次入城灾害（1841 年）事件进行典型分析，以历史地理学的视野进行解读，可得出一些重要结论。

第三部分：黄河影响下开封城市的景观适应过程。

（1）黄河泛滥对开封地理环境的塑造。黄河泛滥对开封城市的影响最直接也最容易被感知的就是地理景观面貌的变迁，这当中与人们生活息息相关的河湖水系变化最为明显。

（2）开封城市形态对黄河泛滥的景观适应。今所见开封城市形态是与黄河洪水、沙灾的长期斗争和相互适应所形成的独具特色的景观产物。本书对开封地上景观（探讨开封城市形态演化过程及“护城堤—城墙”洪涝适应性景观）、地下景观（开封古城“城下城”景观）进行了科学的阐释。本书利用自然科学的工作方法，从开封泛滥地层中将洪水证据进行科学划分，并对每次洪水泛滥程度进行科学反演，以求更为客观地反映黄河泛滥对开封城市兴衰的影响。

本书将“城市”和“黄河”作为两个有机生命体，虽然两者都有各自的生命轨迹，但一旦发生关系，就会改变各自的发展轨迹，形成新的互利共生关系。基于此，本书的三大主要研究内容的安排设计，很好地体现了开封城市与黄河之间的密切关系。宏观视野下把握开封城市发展的生命轨迹及其影响因素，阐释黄河在其中的作用；微观视野下复原再现开封城市黄河泛滥的地理过程，以及灾害环境下城市对黄河泛滥的景观适应。两者之间在宏观、微观层面相互作用、共生共存，形成黄泛平原典型的“城”与“水”长期斗争与适应的互动过程。

本书综合运用自然地理学、历史地理学、城市地理学、历史文献学、黄河学、历史地理信息系统（GIS）等交叉分析方法。研究过程中，主要参阅了现代关于开封地区及周围的历史地理著作，并结合相关历史文献记载，进行以问题为导向的系统综合研究。

第二章　开封城市发展轨迹及生命周期

李长傅（1958）先生的名作《开封历史地理》，在阐述开封“衰落时期”时，安排专节探讨“黄河泛滥对开封衰落的影响”，得出的结论为“自金以后，黄河的泛滥破坏了开封城市，破[①]坏了自然环境，这对开封经济的衰落，有一定的影响”。他于1962年7月完成的手稿《开封地理环境的变迁》中，更是旗帜鲜明地指出：“自十二世纪以来，开封地理环境的变迁很大，主要的是受黄河泛滥的影响，但根本原因是社会条件。”吴炳乾（2011）则梳理了开封城市衰落的主要可见因素，即首都的迁移、黄河、行政区划及交通；在这几个因素背后，都有政治原因在发挥作用。但有不少学者在研究黄河泛滥对开封城市兴衰影响时，完全抛开最根本的原因——政治因素，而过分强调将黄河泛滥本身作为开封城市衰落的原因，这是不科学的。

2005年5月22日，对黄河岸边的古城开封而言，意义非同寻常。大洋彼岸的美国《纽约时报》在评论版中罕见地以中文标题发表了著名专栏作家Kristof（2005）的《从开封到纽约——辉煌如过眼烟云》，一时间开封成了“衰落典型”而轰动全球。1000多年前还是世界上最辉煌的都市，今天却如此衰落，到底是什么因素在决定开封城市的兴衰？换句话说，开封城市的兴衰轨迹如何？兴衰节点上有哪些契机和不可克服的因素？今后将会如何发展？这些都是学术界非常关注的问题。本章拟从上述角度出发来剖析开封城市成长的生命轨迹。

第一节　开封城市的兴衰过程与周期划分

20世纪50年代，李长傅（1958）先生曾将开封历史的发展分为三个阶段：自春秋战国至北宋为发展时期，自金元一直至国民党统治时期为衰落时期，解放后为新生时期。这一划分标准，多为后人所采纳。这“三段论”的划分，是以开封城市发展史上最为辉煌时期的北宋东京城为参照系，从纵向、宏观上是可行的，但缺乏更为细微的周期分析，譬如发展或衰落时期，是处于线性的发展或衰落，

---

① 李长傅先生的《开封历史地理》原文为“变”。——编者按

抑或中间存在小的波动周期，不甚清楚。当然，李长傅先生更不可能预料到他划分的“新生时期”，在其后短短的70年间会“衰落”到目前的窘境[①]。

开封位于黄河冲积大平原的西部边缘，地平无山，气候温和，土壤湿润，河网密布，是农耕文明与先民生存繁衍较为理想的场所之一。它的城市史和都城史都很长，由于早期历史纪年的缺乏，今人只知开封有确切文献可考的历史是从战国大梁城开始的。魏惠王六年（前364年）魏国将都城自安邑（今山西夏县禹王城）迁到大梁[②]，由此拉开了开封建都史的序幕。五代时梁、晋、汉、周，北宋及金，都以此为都。明初还曾有十年的陪都史。在开封都城史中，北宋东京城当最为繁华，至今仍被人称颂和追忆。

要深刻揭示城市发展的周期性，必须置身于城市产生、发展及衰落的历史过程中去，从长时段、总体上进行思考（何一民，2009）。按照开封城市的历史发展过程及其在国史上的地位，我们尝试对其发展的兴衰周期予以表达。

一、各时期城市发展大略

春秋仪邑。在今开封城市区位上，其城市起源最早可追溯到战国大梁城的前身——仪。它是春秋卫国南部边境上的一座城邑，与郑庄公所筑启封城相距25千米，中间有蓬泽相隔，当时两城不属一国。春秋仪邑，年代不甚清楚，这对确定开封城市的建城历史造成了一定的困难。

战国大梁城。公元前364年，魏都由安邑迁至大梁，这是开封城市发展史上的第一个兴盛期。定都大梁期间，开挖了以鸿沟为骨干的大型引黄水利工程，贯通了豫东平原的济、濮、睢、颍、泗等主要河流，构成以大梁城为中心的水道交通网。首都地位和改造后的交通、区位优势凸显，促进了城市商业的繁荣，大梁城很快就与赵国邯郸、秦国咸阳、齐国临淄、楚国郢等城市一样，成了非常富有的天下名都。公元前225年，秦将王贲引河沟灌大梁，大水围城三个月，最终城破魏亡。大梁城共历时141年。

秦汉至东魏浚仪县城。秦灭魏后，在大梁废墟上设浚仪县，属三川郡。建安七年（202年），曹操曾到浚仪修治睢阳渠。北魏时，曾把大梁作为水运交通线上八大仓库之一，并设有货栈。这对城市发展具有一定的促进作用。这期间，浚仪只是一个县治城市。

东魏至北周浚仪州城。东魏孝静帝天平元年（534年）在浚仪置梁州，下辖

① 开封解放后，其城市纵向比是得到长足发展的，但横向比发展速度慢了些。开封的“衰落”与美国记者报道的一致，主要着眼于横向比。

② 关于魏国迁都大梁的时间，历来众说纷纭，大致有魏惠王三十一年（前339年）、二十九年（前341年）、十八年（前352年）、九年（前361年）、六年（前364年）等五说。本书赞同“六年”说，以此计算，开封城市有确切纪年的建城史已有2380多年。

陈留、开封、浚仪、阳夏等县。北周武帝建德五年（576 年），改梁州为汴州。东魏至北周，浚仪为州郡治所，行政级别上升，城市建设亦有所发展。“由秦汉以来一个普通的县城，上升为州城，应该说这在开封历史的发展上是一个开始转折的时期。”（李润田，1985）。

隋代汴州城。隋大业元年（605 年）三月，“辛亥，发河南诸郡男女百余万，开通济渠，自西苑引穀、洛水达于河，自板诸引河通于淮”①。与之后开凿的永济渠、江南河，构成了隋唐时期以洛阳为中心，北抵涿郡、南通余杭的大运河。中原地区的汴州位于通济渠岸边，又靠近京畿，发展尤为迅速，成为北方地区工商业比较发达的城市。

唐代汴州城。唐代，汴州地位进一步上升，尤其是唐后期汴州在军事和漕运中的地位凸显。建中二年（781 年）永平节度使兼汴州刺史李勉，重筑并扩大了汴州城，周长达二十里一百五十五步，规模相当宏大。贞元十四年（798 年）董晋修筑了汴州城的汴河东、西水门，使州城更加安全，交通也有保障。唐汴州城仍为州治城市，后又成为宣武军的驻地，城池得到了整修，为其再次成为国都、步入开封城市发展史上第二个辉煌时期奠定了坚实的基础。

五代东京城。五代，开封政治地位上升为国都，后梁称东都，后晋、后汉称东京。后周时期，周太祖和周世宗对东京城进行了重新规划建设，兴建的开封新城，又称外城或罗城，周长达四十八里二百三十三步。修城的同时，还拓宽街道，允许沿街两旁人户种树、掘井、修盖凉棚，不仅美化了环境，方便了市民，而且对旧的坊市制产生了重大影响。这是五代以前中国城市坊市分离向宋代坊市合一、面街而肆的敞开型城市的过渡（周宝珠和徐伯勇，2011）。后周东京城的修造，奠定了北宋东京城的城市结构。

北宋东京城。公元 960 年，赵匡胤发动陈桥兵变灭后周，改国号为宋（史称北宋），定都东京。北宋王朝在后周规划的基础上对东京城再加改造和完善，使城市规模空前宏大，形成宫城、里城、外城三重城相套的格局。凭借汴河、黄河、惠民河、广济河的庞大水利网络，开封成为全国水路交通的一个巨大中心。供给东京城的漕粮、物资，源源不断地通过水路运送过来。贯通城市的四条河流对东京城的城市结构产生重大影响，城市水体景观的营造、城市园林绿化、货仓的分布和商业中心等均与此有关。全国的物资、资金、人才、信息等都汇聚东京城。首都优势及其发达的水陆交通网络，使得北宋东京城很快成为“八荒争凑，万国咸通”之地。北宋东京城经济异常繁荣，人口多达百余万，是当时驰名中外的国际都会，是开封城市史和都城史上发展的最高峰。

---

① （唐）魏征. 炀帝上//隋书（卷三）. 北京：中华书局，1973：63.

金代汴京城。“靖康之变”后，金朝皇帝完颜亮为了把开封作为进攻南宋的跳板，曾将其进行了一番营建。贞元元年（1153 年），金又改汴京为“南京”，作为其陪都，同时修复北宋故宫。贞元三年（1155 年），“南京大内火”[①]，致使刚完工的宫殿被大火毁尽。为了迁都开封，完颜亮又费时两年多重修，于 1161 年迁都开封。但三个月后发生兵变，完颜亮被部下杀害，金朝又将都城迁回燕京（今北京市）。金末，为了躲避蒙古军队的进攻，宣宗贞祐二年（1214 年）再次迁都开封，直至 1233 年被蒙古军占领，前后在此只经营了 20 年。金代汴京，政治地位重要，城市建设也有所建树。

元代汴梁城。蒙古军占领开封后，在此设南京路，后改汴梁路，开封成为河南江北等处行中书省省会。元代汴梁城的建设，保持了金代南京城的格局，只在至元二十七年（1290 年）和延祐六年（1319 年）进行过两次整修，城市面貌有所改观。元末至正十七年（1357 年），元将太不花[②]为阻止红巾军攻城，“以汴城四面城门，止留五座，以通往来，余八门俱塞”[③]。这一城门格局，为明清时期修筑开封城墙时所继承，直到 1927 年冯玉祥开辟新南门（新门）才被改变。在元朝近百年的统治中，汴梁也是一座经济繁荣的商业城市。元初，汴梁的丝织业和商业发达，马可•波罗在其游记中曾有对开封的描述：“人民为偶像崇拜者，使用纸币，大半经营商业，系大汗的百姓。他们出产生丝织成大量的金银线布，并有各种各样的花样……大汗取得大宗的收入，而以对商人的珍贵商品所课的税为主要泉源。”[④]元人王恽也曾指出：“汴梁为六代都会，四方辏集，城池盘礴，衢陌交通，人物繁伙，精英之萃集，昼夜开阖……”[⑤]根据元末的记载，开封城的人口仍有 20 万，虽远不如宋金时的都城人口之多，但在当时地方城市中仍是屈指可数的一个（周宝珠和徐伯勇，2011）。元朝定都北京，代替了开封的地位，从此开封降为一个地方性的行政中心。其间，虽然开封政治地位下降，但仍不失为中原重镇。

明代开封城。明初十年曾以开封为陪都，称为北京，后降为河南行省，河南承宣布政使司驻此，只作河南省会。开封是“势若两京”的藩封之地。洪武十一年（1378 年），朱元璋改封第五子朱橚为周王，并于洪武十四年就藩河南开封府城。周王共传 11 世 13 王，加上周王嫡传子孙所封的郡王，共计 77 位（吴朋飞和邓玉娜，2014）。明嘉靖三十七年（1558 年）周藩郡王的数目最多，有 49 位；崇祯十五年（1642 年）的郡王数目为 42 位，整个开封城内有 45 座郡王王府（吴朋

---

① （元）脱脱等撰．郭安国传//金史（卷八十二）．北京：中华书局，1975：1834.

② 乾隆《祥符县志》记载的元将人名为“泰不花”，而《元史》卷一百四十一有《太不花传》，今后应忠实于正史，写为“太不花”。

③ （清）张淑载纂，（清）鲁曾煜修．杂事志•识遗//祥符县志（卷十六）．清乾隆四年（1739 年）刻本.

④ 马可•波罗．马可波罗游记．李季译．上海：亚东图书馆，1936：226.

⑤ （明）李濂撰，周宝珠，程民生点校．汴梁路城隍庙记//汴京遗迹志（卷十五）．北京：中华书局，1999：276-278.

飞，2015）。这些郡王王府的府第，以周王府为中心，遍布开封全城，堪称当时全国之最，故时有“天下藩封数汴中”①之说。以周王及其子孙所组成的王公贵戚这一庞大的消费群体，推动了开封商业和手工业的繁荣。《如梦录》记载：“满城街市，不可计数，势若两京。”②也就是说，开封经济的繁荣，同当时的南京、北京一样。傅衣凌（1984）将明清时代的城市经济分为两种类型：开封型城市和苏杭型城市。开封型城市是典型的亚洲消费城市，又是封建地租的集中地，工商业是为这个城市的地主服务的。韩大成（1991）也将明代城市分为政治型城市和经济型城市，将开封与北京、南京两个政治型城市并列。可见，开封是典型的政治型大城市，以纯消费为主。明代开封城市经济繁荣，大体说来情况稍好于金元两代。

清代开封城。清代，开封仍是河南省政治经济中心，但总的经济情况比明代有所退步。开封城市经历了崇祯十五年（1642 年）洪水灌城和道光二十一年（1841 年）洪水围城的两次破坏，经济发展迟缓，很难恢复到明代的繁华程度。

1912—1954 年河南省会。1905—1909 年京汉、汴洛铁路相继通车之后，开封成为西方列强的原料供给基地和外国商品倾销的市场之一。城市出现畸形发展，南关辟为商埠。以火车站为中心，逐渐发展起居民住宅区，老城之外形成了新城区。中华人民共和国成立初期，开封继续做了 5 年河南省省会，还不失为河南省的政治、经济、文化中心。

1954 年至今的省辖市。1954 年省会西迁，开封由省会城市降为地方中心城市，政治地位下降，经济持续滑坡。从纵向上看，尽管经过解放后几十年的发展，开封已建设成为一个以汽车及零部件、装备、化工、新材料、食品、纺织服装、光伏、木业、生物医药、电子信息等产业集群为主的工业城市，城市面貌发生了很大变化，居民生活水平和生存环境得到明显改善，但与全省同时期的其他城市相比，发展迟缓，经济总量落后。该阶段又可具体细化为三个阶段。

第一阶段，1954—1983 年。1954 年 10 月，河南省会由开封迁往郑州，开封变为省辖市，政治影响力下降，经济在不断地衰退。1983 年之前大致处于全省中游水平。

第二阶段，1983—2005 年。1983 年，新的行政区划调整，郑州依靠省会优势，划走了开封下辖的新密、登封、新郑、中牟、巩义等 5 个经济强县，开封经济形势急转直下。原本落后于开封的几乎所有周边相邻城市，经济总量先后超过开封。1992 年，开封经济增长速度全省倒数第一。

第三阶段，2005 年至今。随着河南省委、省政府加快实施“郑汴一体化”战略决策，以及近期提出“郑汴核心都市区”规划，开封迎来了新的发展机遇，经

① （清）王紫绶. 大梁宫人行//郑廉著，王兴亚点校. 豫变纪略（卷六）. 杭州：浙江古籍出版社，1984：139.
② 孔宪易校注. 街市纪//如梦录. 郑州：中州古籍出版社，1984：57.

济开始逐步复苏，城市面貌大有改观。

二、开封城市生命周期的划分及特征

城市是一个复杂的有机体，其发展表现出一定的周期性。开封城市的发展轨迹并非如李长傅“三段论”那样以北宋为最高点，前期为直线的上升发展，后期为直线的下降衰落，而是呈螺旋式或波浪式的发展。开封城市的发展周期，可重新划分为三个不同的发展历程。

周期一，春秋至东魏天平元年（534 年），历时在 899 年以上。开封城市经历了从产生、兴盛、衰落与缓慢复苏等阶段的一个完整发展过程。产生期的春秋仪邑，年代不清楚；兴盛期的战国大梁城，计有 141 年；衰落期的秦汉至东魏浚仪城，计有 758 年。

周期二，534—2005 年，共计 1471 年。534 年是开封城市史上一个生命周期的结束，是新生命周期的开始。从 534 年起至北宋，开封城市发展一直处于上升时期，计有 373 年；五代、北宋达到了兴盛期，计有 220 年。其中，北宋为极盛期，计有 168 年；北宋之后，开封又进入衰落时期，这一过程十分缓慢，直到 2005 年，这一完整的生命周期才算结束，长达 878 年。878 年的衰落期中，又是上升和衰落交错进行，是城市相对衰落与绝对衰落并存时期。金代至 1954 年是相对衰落期，1954—2005 年是绝对衰落期。金代 20 年国都和明初 10 年陪都以及此后的“势若两京”地位，是相对衰落期中的短暂兴盛期。

周期三，2005 年至今。2005 年，这是开封城市进入下一个发展周期的开始。从 2005 年起，随着“郑汴一体化”和“郑汴核心都市区”等战略的实施，开封城市迎来新的机遇，今日开封已经踏上新的发展之路。不过，这是否能真正构成一个新的发展周期，还有待时间检验。

纵观开封城市的历史发展轨迹，可谓兴衰至极，反复无常。七朝都会时的开封，是城市发展史上的辉煌时期；其他发展阶段，要么处于蛰伏上升期，要么处于衰落下降期。总体上，开封的衰落周期要比兴盛周期长很多，这是由其政治地位、资源禀赋、地理环境变迁等综合因素所决定的。

第二节　政治地位变迁对开封兴衰的作用

美国记者认为开封由盛转衰的原因有二：一是自宋朝起，重农轻商，缺乏健全的经济政策，抑制了技术创新。二是闭关锁国，唯我独尊，不善于向其他国家学习。他是以当今世界现代化和经济一体化的眼光，对中国城市历史的理解，充满着生活在发达现代文明社会中人的价值判断和居高临下。但用以作为前车之鉴参照物的是七朝古都开封，对中国读者来说，还是有巨大触动的（陈平原等，2013）。本书认为在讨论某个城市的兴衰原因时，必须深刻了解这个城市的发展历程，细述城市重要的发展机遇和遭遇的挑战事件，采用“碎化”的解读方式予以剖析，再综合集成影响这个城市的兴衰原因，包括主要原因和不可忽视的其他因素。侯甬坚（2012）教授在论述西安城市生命力时，就曾举出西安城市发展历史上的四大难关：粮食短缺、巨大战乱、都城迁走、水资源不足。并且他还指出：水是维系西安城市生命的关键所在。

为便于分析影响开封城市兴衰的原因，笔者将开封城市演化过程中所经历的发展机遇和遭遇的挑战事件，整理成表 2-1。

表 2-1　开封城市发展历史上的机遇与挑战

周期	城市	机遇事件	挑战事件
前 364—534 年	春秋仪邑	魏迁都至此	
	战国大梁城	国都	王贲淹灌大梁
	秦汉至东魏浚仪城		
534—2005 年	东魏至北周浚仪州城	县城上升为州城	
	隋汴州城	大运河的凿通	
	唐汴州城	唐后期政治地位提高	
	五代东京城	（梁、晋、汉、周）国都	
	北宋东京城	国都	“靖康之变”
	金汴京城	先陪都，后定都	金元战争“疫病流行”，黄河水患
	元汴梁城		都城迁走，黄河水患
	明清开封城	陪都、藩封之地	黄河水患，尤其 1642 年、1841 年
	1912—1954 年省会		省会西迁
	1954—2005 年省辖市		1983 年行政区划调整
2005 年至今	省辖市	“郑汴一体化”、郑汴都市核心区、河南省新兴副中心城市	

城市发展受多方面因素影响，既有经济、政治因素，也有文化、社会心理等因素。据表 2-1，开封城市兴盛的原因主要表现为政治地位的提升，国都时期最为明显；城市衰落是多种因素综合作用的结果，主要表现为都城迁走、战争、黄河水患等。王发曾（1986）将之归纳为五点：政治中心地位的下降、交通运输条件的改变、黄河水患与兵火的破坏、城市经济基础的局限性和城市影响范围的局限性。本书认为政治中心地位的升降，是决定开封城市兴衰的最主要因素。开封城市的发展周期，符合农业时代“政治中心城市优先发展”（何一民，2009）的规律。

一、城市兴衰的主因：政治地位的变迁

开封城市发展史上的兴盛期，为七朝都会时期，这是由其政治地位所决定的。

第一个发展周期，魏迁都大梁以及鸿沟水利工程的开凿，是开封城市兴盛的决定因素。开封由春秋卫国的一个小城仪邑，一下跃身为国都，这与魏惠王的迁都密切相关。定都大梁后，为了巩固政权，开挖了鸿沟引黄水利工程。便利的交通运输网络、耕地面积的迅速扩大和产量的提高，使得城市发展迎来第一个兴盛期。秦末灭魏战争中，王贲引河沟灌大梁，这是开封城市遭遇的第一次大劫。秦灭大梁后，在此设浚仪县。至 534 年之前，浚仪一直是普通的县治城市，县级城市的行政级别，决定了开封城市难有太多发展。

第二个发展周期，534 年在开封设梁州，由普通的县治城市上升为州一级的治所，城市发展迎来了新的机遇。隋唐大运河的疏通，加速了城市上升步伐。五代、北宋，确立汴州为国都，又进一步提升其在全国的政治地位，城市发展也就迎来了第二个兴盛期。

北宋之后，都城迁走，政治地位下降，城市开始出现衰落。但元至 1954 年省会西迁，开封始终是河南省的首位城市，这得益于其一直是河南省行政级别最高的省会级城市。尽管自金元以来黄河对开封城市影响深刻，特别是 1642 年河水灌城、1841 年河水围城事件使开封城市破损严重，但都没有改变开封是河南首府和省内第一大城市的地位。这其中最重要原因就是省会地位决定了本省最高行政官员可以凭借其手中的权力调配本省本地的人力、物力、财力等资源应付黄河灾害，对城市进行灾后重建。因此，在元至 1954 年这一漫长的历史阶段，开封城市与辉煌的北宋相比，肯定是衰落了，但因其省会的重要地位，仍为河南首府，一直处于省内城市发展的领先地位，只是相对衰落，并非绝对衰落。

二、城市兴衰的催化剂：战争、黄河水患和交通条件的改变

（一）战争

政权更替之际的军事手段，对开封城市破坏严重。如战国末年的王贲引河沟灌大梁，北宋末年的“靖康之变”，金末金元战争导致的“疫病流行”，明末李自成三次攻打开封及河灌开封灭城等重大事件，是城市发展过程中经历的重大劫难。这些都是造成开封城市在某一阶段衰落的因素，有时甚至是致命的。但从纵向、宏观看，并非主因。政权更替完成，新政权建立，只要政治地位不变，社会渐趋稳定，城市定会重新回到正常的发展轨道。比如明末崇祯十五年（1642 年）李自成第三次攻打开封，围城长达五个月。城外起义军或城内官军（尚无定论）掘开

黄河大堤，大水灌城，全城浸没于波涛之中，城内37.8万人，幸存者不及3万人。“锦绣中原……繁华胜景于此绝矣。”①清初，河南省署、开封府和祥符县等衙署皆在附近各县暂驻。康熙元年（1662年）清廷才重筑开封城。各级衙署和百姓纷纷回迁，到了乾隆年间开封城市又恢复了往日的繁华。开封仍为河南省的政治、经济中心。

（二）黄河水患

在政治地位未变、政权稳定的情况下，黄河水患也并非导致城市衰落的主因，但会阻碍城市的恢复和发展。北宋之前，黄河流经河南北部，自濮阳北行流入渤海，距离开封数百里，对开封城市的直接影响不大。金朝后期，黄河经过多次改道，移至开封附近。到了元代，黄河河道便开始在开封境内滚动，并经常决溢，甚至于至元二十年（1283年）黄河洪水灌进外城，造成开封内、外城之间的建筑有一定的损坏（吴朋飞和邓玉娜，2016）。频繁的水患给开封城市造成了严重的危害，使得黄河治理与开封城市兴衰休戚相关。

据统计，自金大定二十年（1180年）至1944年止，764年间黄河在开封共决溢339处（在市郊区境内决口71处），平均2年左右决口1处。再加境外决溢波及开封，灾害更加频繁。开封城曾4次被淹，15次被洪水包围（开封市地方史志编纂委员会，2001）。金元明清黄河在开封附近频繁地泛滥、决溢，使开封周边的自然地理景观日趋恶化，城市环境受到严重破坏。但因开封在河南的政治、经济地位未变，灾后会迅速聚集全省资源重建，黄河水患未能动摇开封城市在河南省的首位度地位。如明代黄河水曾于1387年、1399年、1461年、1642年等年份冲入城内，于1397年、1404年、1410年、1414年、1478年等年份冲入护城堤，甚至1448—1492年，黄河在开封四周横流，将开封隔在黄河北岸。即使在受黄河影响最为严重的明代，明末《如梦录》仍记载开封的商业和手工业相当繁荣，“满城街市，不可计数，势若两京”。可见，黄河水患只是在开封城市发展过程中起着延缓作用，在某个阶段可能会影响到城市管理者对城市命运的决策，进而影响到城市的结构布局，形成黄泛平原上独具特色的护城堤、护城河、城墙、城湖等洪涝适应性景观。但黄河在某个特殊阶段或某次重大水灾事件中对城市的影响，不容小视。今后应加强黄河对开封城市影响的微观过程研究，这是推进探讨开封城市兴衰影响因素的重要视角。

---

① 孔宪易校注. 著者原序//如梦录. 郑州：中州古籍出版社，1984：14.

（三）交通条件的改变

纵观开封城市的发展历史节点，开封某一历史阶段的兴衰似乎都与其附近水运交通的兴废关系密切。黄以柱（1983）曾从鸿沟水系的开凿与大梁城的发展、鸿沟水系的兴废与开封城市的变化、通济渠的疏浚与汴州城的兴起、汴河的兴盛与东京的繁荣、黄河南泛对豫东黄河平原的破坏与开封城市的衰落等方面，论述了开封附近水路交通的兴废对开封城市兴衰起伏的影响。我们并不否认水运交通条件的变化，会对开封城市的兴衰产生影响，甚至在某些特定历史时期对城市的打击是致命的，如秦末王贲引河沟灌大梁城、明末河灌开封城以及道光年间水围开封等。但只要开封的政治地位不变，城坏，可重修；城毁，则可再建。水运条件的变化，也只是阻碍了城市的恢复和发展。

另外，还有研究指出：金元以来黄河的南泛，随着汴河水系的破坏，开封城市由北宋的“四水”贯都，逐步成了一个不通航的城市。本书认为，尽管清代开封是不通航的城市，但大量的大宗商品可以通过水路运至西南的朱仙镇和城北的柳园口，再由陆路运至开封城内。清代开封的省会地位，决定了它是内地十八省府交通网络中的一个重要节点。范沛潍（1997）也指出：“有明一代，黄河、汴河仍可以通航，入清以后才逐渐不畅。但陆路交通却一直保持着‘八省通衢’的地位。”开封是由东向西，从南到北的交通中心枢纽，特别是入京、出京以及安南使节来往的要冲，是东南经济发达地区与北方经济交流的纽带。

范沛潍（1997）进一步指出，清末，随着铁路建设的兴起，开封的地理位置变得越来越重要，于是国家于 1904 年从京汉（今京广线）铁路郑州车站起，修筑东至开封、西到洛阳的汴洛铁路，并于 1910 年建成通车①。可以这样说，当近代铁路在中国兴起之初，开封仍是人们关注的一个交通中心。虽然郑州在清末已形成两条铁路的交汇点，但它决不能与开封相比。郑州超过开封应该是 20 世纪 50 年代中期以后的事，开封的后进也约开始于此时。本书是同意此观点的，开封衰落的“关键并非在于交通中心的转移”。另外，开封城市的辐射范围，则取决于其行政级别的等次高低。这一点毋庸置疑。

总之，在传统农业社会，古代城市是政治型城市，基本上都符合政治中心优先发展的规律。城市政治地位的高低，往往会决定这个城市的规模和发展速度。北宋时开封作为中原王朝的国都，在其城市发展史上最为辉煌，其他都城时代或地区级别时期的城市，都不能与之相比。若以北宋的东京城为参照系，北宋之后所有时期的城市发展（包括现代）都极难恢复到北宋时的水平，均算衰落了。战

① 见：李少军编译，武昌起义前后在华日本人见闻集［M］，武汉：武汉大学出版社，2011 年，第 171 页，汴洛铁路建成通车时间为 1909 年。

争、黄河水患、交通条件的改变等，都不是影响开封城市衰落的主要原因，但在某个特定阶段或某次重大事件中，会使城市稍微偏离正常的发展轨道，起着加速或延缓城市发展的作用。我们在全面梳理开封这座命运多舛的城市发展周期和兴衰原因时，必须抓住决定这座城市命运的最主要因素，兼顾其他不可忽视的因素，总结历史规律，为其今后走向指明方向。

第三节　省会西迁后开封城市的命运

1954 年以来，开封城市的发展轨迹，是与基本国情和国家政治经济大背景相适应的。改革开放之前，我国经济的发展模式基本上是以计划经济体制为主导，一个城市的政治地位，决定其经济、文化等地位。改革开放以来，交通区位、经济因素，开始逐渐起主导作用，但城市的政治地位，仍是不可忽视的一个因素。

1948 年 10 月，开封解放后成立开封特别市，后改为开封市。1949 年 5 月 1 日，河南省人民政府成立，以开封市为省政府驻地，开封为省辖市、省会。至 1954 年 10 月，开封做了 5 年多河南省会。这期间，开封城市得到了长足发展，城市规模、经济实力和人口规模均居全省前列。尽管时间短暂，但在河南的发展历史上，曾经身为省会的开封所做的贡献却不会被忽略。在省会离开古城时，省委的评价是：五年来，开封在物资供应、交通运输、物价平稳以及政治文化上，都尽了最大努力的支持。

1954 年省会西迁，对开封的影响深远，可以说彻底改变了这座城市的命运。经政务院（今国务院）1951 年批准，1954 年 9 月 23 日，河南省委最终决定省直机关分 4 批迁移。1954—1955 年，河南省 30 余个机构，7000 多人相继从开封搬迁到郑州。加上其他从属人员，这次搬迁前后共有将近 7 万人口迁至郑州。大批城市精英流出开封，导致城市人口综合素质下降。

对省会搬迁的负面影响，当时政府也是有准备和预案的。时任开封市市长的姜鑫（1954）指出：“我们也应该预料到省会迁移郑州对开封发生的一定的影响和产生的某些困难。譬如城市人口的部分暂时减少、购买力有所降低，某些服务性行业营业暂时下降和某些劳动群众固定职业或临时收入受到某些影响等等。”为使开封市不因省会搬迁而受太大影响，在省会迁郑的同时，中共郑州地委及专区一级机关由荥阳县迁往开封市。1954 年 11 月，经国务院批准，郑州专区改名开封专区，专员公署驻开封市（李振华，1993）。当时的开封专区下辖巩县、荥阳、新郑、密县、登封、中牟、开封、尉氏、通许、杞县、兰考等县，综合实力相当可观。

1954 年省会搬迁之前，开封不仅经济发展水平高于郑州，就连人口也是郑州的数倍。当时，开封人口有 36 万，而同时期的洛阳、郑州分别只有 7 万、3 万（杨敏，2008）。1949 年，郑州地区生产总值只有 9040 万元，而此时的开封是 1.3828 亿元。而到了 1957 年，省会迁郑短短 3 年，郑州就后来居上。可见，省会的集聚效应，优势非常明显。

在 20 世纪六七十年代，因处于计划经济体制主导城市发展模式下，开封将“老大”地位让予郑州，但“郑、汴、洛”的格局一直没有打破，开封做了 20 多年的“豫老二”，城市衰落不太显著。

1983 年的行政区划调整，进一步削弱了开封在全省的政治、经济地位。1983 年，郑州依靠省会优势，划走了开封下辖经济发展势头良好的新密、登封、新郑、中牟、巩义等 5 县，由此奠定了郑州在全省“领头羊”的地位。调整后的开封，只辖有兰考、开封、杞县、通许、尉氏等 5 个以农业为主的县，经济形势急转直下。

20 世纪 80 年代，开封出现了大批企业倒闭的现象；90 年代，在开封几乎找不到一家企业改革成功的范例。曾经的“豫老二”在全省 17 个地市中的位次连连下滑。开封市统计局的官员说，“以前查开封从上往下看，现在查开封要从下往上看了”。1990 年，郑州 GDP 超过 100 亿元，而开封仅为 45 亿元。1992 年开封滑落至全省谷底，经济增长速度全省倒数第一；地区生产总值全省倒数第四；人均地区生产总值全省倒数第六（杨敏，2008）。

1994 年 2—3 月，《经济日报》刊发了长篇通讯《开封何时能“开封”》，对持续滑坡、衰落的“开封现象”进行了深度报道，引发了全社会对开封城市衰落与如何振兴发展的第一轮思考。但此后的十多年间，开封依然在徘徊、彷徨，没有找到城市发展的增长点。2002 年，开封工业下滑到历史最低谷，工业总体亏损，总产值在全省 18 个省辖市中排第 12 位，财政收入排第 16 位。这一年，开封市的国有企业平均负债率 140%。

另外，从开封与河南人均 GDP 的对比，也能看出 1978—2005 年开封城市的衰落过程。1978—2005 年河南和开封人均 GDP 进行对比：1978—1991 年开封人均 GDP 高于河南人均 GDP，从 1992 年起开封人均 GDP（1303 元）低于河南的 1452.3 元，且差距逐年加大。分析 1978—2005 年开封 GDP 对河南 GDP 的贡献率：近二十多年来，开封 GDP 对河南 GDP 的贡献率由 1980 年的 6.02%下降到 2005 年的 3.85%，呈逐年下降的趋势（刘静玉和闫卫阳，2008）。

2005 年，开封成了美国记者眼中的“衰落典型”而轰动全球。人们再次把目光聚焦到这个曾经有着辉煌历史而现今衰败的城市，并引发了新一轮的思考。相比 1994 年《经济日报》热议“开封现象”，这次冲击波更大，直接导致了上层领导对开封城市的重大决策，开封的发展机遇来了。时任河南省委书记徐光春在读过《从开封到纽约——辉煌如过眼烟云》这篇文章之后，旋即批示：“要把开封建设好、发展好，使之成为现代化的城市，要采取特殊措施促进开封的发展，把振兴开封作为河南省‘十一五’规划的重点来实施。”（高亮，2006）随后，在中原城市群总体规划中，“郑汴一体化”被作为“中原城市群建设的突破口、郑汴洛工业走廊的重要支撑”，开封的发展被提升到了前所未有的战略高度。

通过1954年以来开封城市衰落历程的考察，区域行政中心地位的丧失、体制内资源配置功能的剥离，使得开封城市命运发生了重大改变。工业时代，政治因素仍是城市发展过程中不可忽视的重要因素。开封自1954年行政地位降为省辖市后，计划经济体制下在全省并不落后，一直到80年代仍能保持“豫老二”地位。1983年行政区划调整，对开封城市影响很大，使其经济形势急转直下，加上近20多年的改革开放，开封又没能跟上市场经济的潮流，导致了彻底的衰败。2005年以来，政府政策的扶持，又使开封获得新的发展机遇，如2005年开封市GDP为408.01亿元，到2015年GDP为1604.84亿元。这十年间总增量1196.83亿元，增幅为293.33%，是河南省增速第二快的城市。快速发展的古都开封，现为河南省新兴副中心城市、中原经济区核心区城市、中国（河南）自由贸易试验区城市之一、“郑汴一体化”发展的重要一翼，前景可待，未来可期。

第三章 开封黄河泛滥的地理过程

著名历史地理学家侯仁之（1994）院士曾指出："历史时期的地理既然处在经常不断的变化中，那么只想了解它的今天，而不过问它的'昨天'和'前天'，显然是不够的。因为只有了解了它的'昨天'和'前天'，才能更好地了解它的今天。"黄河岸边的大古都开封，今中心城区距离黄河只有 10 千米之遥，黄河对其影响仅限于引黄灌溉、城市供水和引水进行城市景观再造（如开封西湖和"一渠六河"连通综合治理工程），但从历史角度而言，黄河对开封城市的影响颇为深刻。

关于开封城市与黄河的关系大势，本书结合黄河在历史上决溢泛滥的发展特点，分别以 1128 年和 1855 年为时间节点，将其划分为三个阶段。1128 年之前，黄河远离开封，开封凭依黄河支流汴河而兴盛富强；1128—1855 年，黄河南徙泛滥，逐渐靠近开封，开封城遭受黄河河患，发展大受影响；1855 年至今，特别是 1949 年之后开封城享受黄河之利。在此大的黄河泛滥环境下，前人研究的重要观点有：北宋都城辉煌过后的 12 世纪以来，开封地理环境的变迁很大，主要是受黄河泛滥的影响（李长傅，2007）；黄河制约金元明清及民国时期的开封城市发展（程遂营，2003；李润田等，2006）。上述研究在一定程度上阐明了金元以来黄河泛滥对开封城市的深刻影响，但问题在于：1128—1855 年黄河南泛期间，究竟黄河泛滥何时开始对开封城市产生影响，影响程度如何？不能仅限于河患灾害次数的统计和重大河患灾害事件的列举，需要细化。吴朋飞（2013）曾指出："黄河在某个特殊阶段或某次重大水灾事件中对城市的影响，不容小视，今后应加强黄河对开封城市影响的微观过程研究，这是推进探讨开封城市兴衰影响因素的重要视角。"本章内容就是要解决金元以来黄河南泛对开封城市何时产生影响，影响程度如何，有哪些具体体现等一系列问题。

第一节 金代开封黄河泛滥的地理过程

文献记载及今人研究表明，金代以后黄河开始影响开封。但对黄河进入今开封境内的时间存在分歧，有大定六年（1166 年）说（岑仲勉，2004；开封市地方史志编纂委员会，2001；范沛潍和李润田，2010）[①]、大定十七年（1177 年）说（翟自豪，1998）[②]、明昌五年（1194 年）说（李长傅，2007）等。本章即以金代开封府境和今开封市境（4 县 6 区）为区域视角，以黄河时空变迁为主线探讨渐次南泛的黄河对开封的具体影响。

一、金代开封的行政区域

金南京开封府的辖区，是沿袭北宋而略有变化。北宋定都开封，京畿路就是开封府辖区，至宋末时领有开封、祥符、尉氏、陈留、雍丘、封丘、中牟、阳武、延津、长垣、东明、扶沟、鄢陵、考城、太康、咸平等 16 县[③]，今开封市境都在宋开封府境内。金初开封属汴京路，贞元元年（1153 年）改为南京路。南京路辖区比较广，下辖 3 府 19 州 150 县。其中，开封府领有开封、祥符、阳武、通许、泰康、中牟、杞、鄢陵、尉氏、扶沟、陈留、延津、洧川、长垣、封丘 15 县[④]。宋、金开封府辖区的变化在于：宋东明、考城已不属于金开封府，金新设洧川县[⑤]。即宋考城县（今民权县境内）属金睢州管辖，宋东明县（今兰考县东北樊寨村南）属金曹州管辖，今开封市境与金开封府境的辖区不重合。明确这一点，对判断黄河何时进入今开封市境很关键。另外，西来的黄河首先需要经过宋、金开封府境的阳武县，问题的关键就在于要解决黄河何时进入今开封市境。

二、金代黄河下游上段的决河和河道走向

北宋年间，黄河虽然东流、北流互变，反复不定，但经流之地主要集中在今河北东南部和山东西北部，大河干流以北流为主，流入渤海。这种情况到了南宋初年有了很大变化。建炎二年（1128 年）十一月，宋东京留守杜充闻有金师，“乃决黄河入清河以沮敌，自是河流不复矣”[⑥]。此次决河的结果，使黄河从此离开了历时数千年东北流向渤海的河道，改由东南汇淮入海为常，造成了黄河变迁史上的一次重大改道。

（一）1128 年河决后的河道

1128 年杜充人为决河的地点、决河后的经流路线，史无明文。根据之前黄河

---

① 开封市黄河志编辑室. 开封市黄河志. 内部资料，1991：11.

② 开封市郊区黄河志编纂领导组. 开封市郊区黄河志. 内部资料，1994：9，44.

③ （元）脱脱等撰. 地理志//宋史（卷八十五）. 北京：中华书局，1977：2106-2107.

④ （元）脱脱等撰. 地理志//金史（卷二十五）. 北京：中华书局，1975：588-590.

⑤ 雍丘县改名为杞县，太康名称变为泰康，宋咸平县治所在旧通许镇，金则改名为通许县。另外，兴定二年（1218 年）析尉氏县宋楼镇置洧川县，治今河南省尉氏县西南，属开封府。

⑥ （清）毕沅. 续资治通鉴（卷一百二）. 北京：中华书局，1957：2695.

几次南下夺淮和当时的军事形势判断，决河处应在滑州左右，最可能在滑州（今滑县）及上游卫州（今卫辉市）之间，决水向东流动（王质彬，1987；姚汉源，2003）。具体而言，大约在滑县以上的李固渡（今滑县西南沙店集南三里许）以西，新道东流经李固渡，又经滑县南，濮阳、东明之间，再经鄄城、巨野、嘉祥、金乡一带汇入泗水，由泗入淮（中国科学院《中国自然地理》编辑委员会，1982）。其中，新河道至今郓城陈里长西分为两支，一支向东北入巨野泽，然后北入北清河；另一支向东南流，复东北入巨野泽，而后东南出，沿今洙水河方向至鱼台县清河涯与泗水合，下沿泗水河道，过沛县东，下经徐州市东南汇淮入海（钮仲勋，1994）。此时，黄河仍未流经除阳武之外的开封府境。

（二）1166年、1168年河决后的河道

1128年金人控制黄河下游后，黄河向南、向东放任分流，听其自然，史书没有关于黄河的记载。《金史·河渠志》只简单地记有："金始克宋，两河悉畀刘豫。豫亡，河遂尽入金境。数十年间，或决或塞，迁徙无定。"①之后出现河事记载是在金大定八年（1168年），上距北宋灭亡已42年。

这期间，大定六年（1166年）的河决，岑仲勉（2004）研究认为与考城县有关，需辨析。《金史·地理志》记载郓城县"大定六年五月，徙治盘沟村，以避河决"②。此只表明郓城因河决导致城迁，并没有交代黄河在何处决口及具体的经流路线。沈怡等（1935）的《黄河年表》引《郓城县志》为："大定六年五月，河决阳武，由郓城东流汇入梁山泊。郓城沦陷，徙治盘沟村。"③进而，岑仲勉（2004）认为：开封境内的考城（今兰考县境内）是这一年决河所经，"冲过兰仪（宋代的东明）、考城，东北直出郓城而入梁山泊，中间可能通过定陶的北界"。"大定六年阳武河决，系经兰仪、考城的北边，现在东明（非金代的东明）的南边，东北趋定陶、郓城、寿张各县而入梁山泊"。按此说法，金开封府境（宋代的东明）和睢州考城都为黄河所经，大定六年今开封已经走河。此说法影响较大，是大定六年（1166年）说的主要依据，如新编《兰考县志》（河南省兰考县地方史志编纂委员会，1999）、孙仲明（1987）的《黄河下游1855年铜瓦厢决口以前的河势特征及决口原因》、范沛潍和李润田（2010）的《黄河与开封》等④。郓城县迁址盘沟村之前的城址（即旧县城），"在县东十六里，隋置县，属东平，金以黄水徙置盘沟。

① （元）脱脱等撰．河渠志//金史（卷二十七）．北京：中华书局，1975：669．下文引文除注明出处者外，均见：河渠志//金史（卷二十七）．

② （元）脱脱等撰．地理志中·济州·郓城//金史（卷二十五）．北京：中华书局，1975：614．

③ 《黄河水利史述要》（第224页）照录此条文献。

④ "黄河大决阳武镇，河行堌阳北，东明集南。经考城入梁山。"见：1999年版《兰考县志》，第16页。孙仲明《黄河下游1855年铜瓦厢决口以前的河势特征及决口原因》一文中的"附图"将此年黄河河道的流向，按照岑仲勉的说法绘制成一个很大的弯。即使按其画法，仍与今开封市有一定的距离。

今旧县寺南半里许尚有遗址”[①]，是靠近梁山泊，因河决被迫西迁。河决地点阳武与郓城相距甚远，中间相隔数县，岑仲勉是何依据认为该年的河决要冲过兰仪、考城，定陶北界，东北直出郓城入梁山泊，未交代清楚，不可解，后人不察，照录此观点。显然，此年河决仍是循 1128 年的黄河南泛河道，在郓城县附近出现河决东流汇入梁山泊，才导致城迁。因而，大定六年（1166 年）说，恐不确。大定七年（1167 年），河水冲毁寿张县城（治所在梁山泊之北 20 里），“迁于竹口镇”。可见是河水出梁山泊北溃寿张县城，再合北清河入于海。因此，据北宋六次河堤南决，以及金初的三次河决记载，建炎二年（1128 年）至大定七年（1167 年）之四十年间的下游上段河道，大体自原武，经阳武、卫州、郓城东流，汇入梁山泊，再经南、北清河分流，或单股“自泗入淮”（周继中，1985）（图 3-1）。

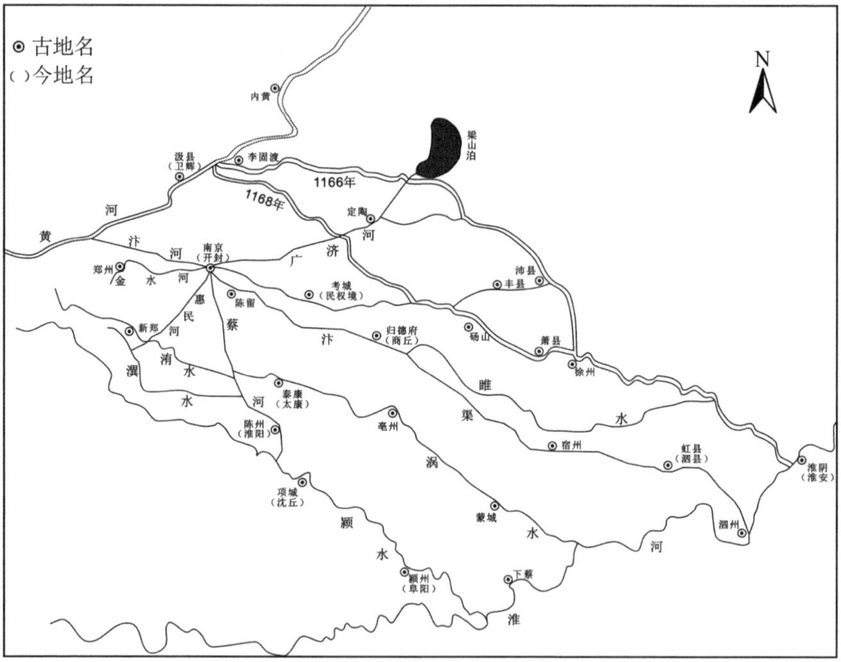

图 3-1　1166 年、1168 年黄河河道流向示意图

大定八年（1168 年）黄河决塞，河道又发生了比较明显的变化。“六月，河决李固渡，水溃曹州城，分流于单州之境。”次年正月，朝廷派遣都水监梁肃前往查看，“新河水六分，旧河水四分，今若塞新河，则二水复合为一。如遇涨溢，南决则害于南京，北决则山东、河北皆被其害。不若李固南筑堤以防决溢为便”[②]。

① 国家图书馆地方志和家谱文献中心. 明代孤本方志选·崇祯《郓城县志》. 中华全国图书馆文献微缩复制中心，2000.

② （元）脱脱等撰. 河渠//金史（卷二十七）. 北京：中华书局，1975：670.

显然，黄河在李固渡决口，冲出了一条新道，即由李固渡决出，东南流经长垣东北、东明南、定陶西、曹县南、虞城东北，砀山北、萧县北，绕经徐州与旧河合，东南经邳州（今邳州西南）入海（钮仲勋，1994）。这条新河道形成后，1128 年的旧河道仍并行不废，于是便出现了新、旧两河南北分流的局面。新出现的河道夺取黄河十分之六的水量，1128 年的河道仅剩十分之四的水量。“南决则害于南京”，也表明 1166 年、1168 年河决未流入除阳武以外的开封府境。

（三）1180 年、1187 年河决后的河道

1168 年决河后黄河几股岔流同时存在，互相迭为主次，并反复出现过几次。大定二十年（1180 年）黄河曾出现过 3 股河道并流的局面。据《金史·河渠志》，至 1180 年“三河并存”河道之前，主要的河事有如下几件。

大定十一年（1171 年），“河决王村，南京、孟、卫州界多被其害”。南京路在南岸，孟州、卫州在北岸，南、北两岸都有决口（姚汉源，2003）。次年正月，尚书省奏：“检视官言，水东南行，其势甚大。可自河阴广武山循河而东，至原武、阳武、东明等县，孟、卫等州增筑堤岸，日役夫万一千，期以六十日毕。”诏遣太府少监张九思、同知南京留守事纥石烈邈监护工作①。此次黄河自原武县（今原阳县原武镇）王村河决，又分出一股入原武、阳武、东明（今兰考县东北樊寨村南）等县境，东明以下，东合曹单河道（钮仲勋，1994）。显然，此次决河是经过今兰考境内，且东明县治，可能因为这次决水出现徙治。这才是金代黄河进入开封市境的年份。

大定十三年（1173 年）三月，以尚书省请修孟津、荥泽、崇福埽堤以备水患，上乃命雄武以下八埽并以类从事。显然，又加强了上段的堤防。十七年（1177 年）秋七月，大雨，河决白沟。次年二月一日发六百里军夫，并取职官人力之半，余听发民夫，以尚书工部郎中张大节、同知南京留守事高苏董役。白沟在阳武县及封丘县境，“这次似从十一年决水分出之南支决口”（姚汉源，2003），于是，在开封陈桥至陈留潘岗之间修筑黄河堤防四十里。十九年（1179 年）九月，于南京（今开封）创设京埽巡河官一员，专门管理此段黄河堤岸。

大定二十年（1180 年）七月，黄河“决卫州及延津京东埽，弥漫至于归德府”，延津为开封府属县。检视官南京副留守石抹辉云：“河水因今秋霖潦暴涨，遂失故道，势益南行。”为防止黄河泛溢，“自卫州埽下接归德府南北两岸增筑堤以捍湍怒”②。姚汉源（2003）指出，“此前南支似并未东流至归德府境，而系东合曹单河道”，“这次是决了三处：北岸卫州、南岸延津及南支上的京东埽”。这样，在李

① （元）脱脱等撰. 河渠//金史（卷二十七）. 北京：中华书局，1975：671.
② （元）脱脱等撰. 河渠//金史（卷二十七）. 北京：中华书局，1975：671.

固渡新河以南又出现一条支河，即自王村分出的一股中断，曹单大河以南又出现一条分支，由延津县西北塔铺以北，东南经延津北、封丘南，兰考北，折向南经睢县南，复折向东经宁陵北、商丘南、虞城南，至砀山北与曹单大河合（钮仲勋，1994）。此时，卫州以下至曹州、单州境，形成以李固渡新河为主的3股河道并流的局面。一支为1128年形成的河道；一支为李固渡新河；另一支则为李固渡新河南新分支河，三支都由泗入淮，以曹单中间李固渡新河的一支为最大。大定二十一年（1181年），黄河“已移故道，梁山泺水退，地甚广，已尝遣使安置屯田”[①]，北流基本断流，黄河“势益南行”。到明昌五年（1194年）河决阳武，大河从封丘向东流动，南下夺淮之势更加分明。

大定二十七年（1187年）金朝规定下游沿河南京、归德等4府16州44县的地方官，都兼管河防事。从这44县分布情况来看，当时黄河下游分为三股：干流一股自李固渡东经延津、胙城、长垣、东明（今东明集）之北，定陶、单县之南，虞城、砀山之北，经萧县至徐州入泗；北面一股岔流，大致即建炎二年（1128年）人工决出的一道，由李固渡、滑县南、濮阳、郓城、嘉祥、鱼台汇入泗水，至徐州与干流会合；南面一股岔流由延津西分出，经封丘、开封、陈留、杞县、襄邑（今睢县）、宁陵、宋城（今商丘），又东北趋虞城与干流会合，三股先后汇合后注入泗水，又东南流入淮水，由淮入海（邹逸麟，2012）。

（四）1194年河决后的河道

明昌五年（1194年）八月，“河决阳武故堤，灌封丘而东”。清人胡渭认为“河、淮并为一渎，则自金明昌五年始耳”[②]。此说在学术界影响甚大，今仍有人沿用这一说法。岑仲勉（1957）首次指出明昌五年算不上河事大变。邹逸麟（2005）也撰文指出“金明昌五年河决算不上一次大改道”。

此次河决后黄河流向何处，没有明文。决水路线大致经封丘、长垣、东明、曹州、单州、徐州等地，南汇淮河入海（水利部黄河水利委员会《黄河水利史述要》编写组，1982）。岑仲勉根据泰和八年（1208年）胙城、长垣的改隶判断，黄河正流在明昌五年已徙出胙城、长垣的南边。又根据兴定元年（1217年）楚丘、砀山的改隶判断，明昌五年后黄河通过曹县的南边、砀山的北边。这次改道从汲、胙南移，自阳武直流向封丘，出长垣、曹县之南，商丘、砀山之北，经丰、沛、萧，而向徐、邳，下游大致仍和大定十九年（1179年）以后相同。此年黄河绝对地离开“北流”（岑仲勉，2004）。今原阳—封丘黄河故道带，是明昌五年（1194年）黄河决口后形成的河道，起于原阳县北，东南行经原武城东北至现在黄河大

① （元）脱脱等撰．食货//金史（卷四十七）．北京：中华书局，1975：1047.
② （清）胡渭著，邹逸麟整理．禹贡锥指（卷十三下）．上海：上海古籍出版社，2006：520.

堤北侧祥符朱一带，然后往东经居庙、铁炉与太行堤南侧黄河故道带，汇合后沿太行堤东行（马程远，1981）。按此，黄河河道应走今封丘北。

（五）1208 年河决后的河道

明昌之后，承安、泰和时，《金史·河渠志》记载又简略。泰和八年（1208年），黄河自卫州以下至曹州一段，河道稍向南移，此时，下游河道已合为一股，自新乡折向东流，“经胙城南，封丘北；又经长垣南，封丘东北，又东经东明之南，曹州定陶之南，单州南；虞城、砀山之北；经徐州、邳州，由泗入淮”（钮仲勋，1994；姚汉源，2003）。

（六）1234 年河决后的河道

蒙古对金、宋战争中，黄河曾两次人为决口。天兴元年（1232 年），蒙古军围攻金归德府，在凤池口（今商丘西北 22 里）决河攻城，黄河水绕城而过，在城西南流入濉水，夺濉入泗，归德城得以保全。此次人为决河，在黄河变迁史上产生了重要影响，它促使黄河第一次流入濉河河道，使黄河河道的摆动范围超出泗水，进一步移向西南（辛德勇，2011）。

两年之后，蒙古军与南宋军队在开封附近激烈交锋，重演决河灌军。天兴三年（1234 年）蒙古军决寸金淀，以灌宋军。此次河决后，水南流经封丘、开封、陈留入杞县，杞县城北半部被河水所冲，于河水北岸另筑新城。大河至此分成 3 股岔流，主流流过杞县新旧二城之间向南，经太康以东入涡，至怀远入淮。另外两支，一经新城北濉河旧道向东，由睢县南，谷熟镇、会亭镇南，至永城北入汴水故道，东南经宿州南、灵璧县南、泗县南，于今盱眙县北淮河北岸入淮；一支经旧城南，南流由太康西过淮阳至项城入颍水，东南经颍州（今阜阳市）、颍上入淮。在此之前，黄河南徙不超过唐宋汴河一线，至此却夺涡、颍入淮，这是一次大的变迁（钮仲勋，1994）。后因归德、太康两地要求，堵塞南北两支，使三河合而为一，自涡河（也称涡水）经亳州入淮。两次人为决河，加速了黄河下游往西南摆动的趋势。

至此，金代黄河下游上段河道变迁与开封的关系已很明确。1128 年、1166 年、1168 年决河后的河道，仍未流入除阳武县之外的开封府境。1171 年黄河开始进入今开封市境。1178 年修筑开封陈桥镇至潘冈四十里黄河大堤，说明开封黄河决溢灾害严重。1194 年的黄河河道与今开封市北的河道仍相距较远。从整个金代黄河变迁情况来看，并未超过唐宋汴河一线。金末 1232 年、1234 年的两次人为决河，改变了黄河的自然流路，影响深远。

第二节　元代开封黄河泛滥的地理过程

本节继续基于微观视野的开封黄河泛滥地理过程考察，探讨黄河泛滥变迁对元代开封的行政辖区和开封城市有无直接影响，若有影响的话，具体程度如何。

一、元代开封的行政区域

要研究元代黄河泛滥变迁对开封的影响，首先要搞清楚元代开封的管辖范围。开封，唐代为汴州，宋为东京，金为南京。元初为南京路，领归德府、延州、许州、裕州、唐州、陈州、亳州、邓州、汝州、颍州、徐州、邳州、嵩州、宿州、申州、郑州、钧州、睢州、蔡州、息州、卢氏行襄樊等1府20州。至元八年（1271年）归德府升格为散府，割亳州、徐州、宿州、邳州隶属之。又升申州为南阳府（散府），割裕州、唐州、汝州、邓州、嵩州、卢氏行襄樊等6州隶属之。至元九年（1272年），延州罢废，原领延津、阳武二县改属南京路。这样，南京路所统为蔡州、息州、郑州、钧州、许州、陈州、睢州、颍州8州。至元二十五年（1288年）元朝政府改南京路为汴梁路。至元二十八年（1291年），设河南江北行省，治于汴梁路。至元三十年（1293年），升蔡州为汝宁府，直隶行省，割息州、颍州隶属之。至此，汴梁路的政区基本稳定，包括一录事司①，统领开封、祥符等17县，郑、许、陈、钧、睢等5州，州领21县。

汴梁路下管辖的5州21县，分别为郑州领管城、荥阳、汜水、河阴4县，许州领长社、长葛、郾城、襄城、临颍5县，陈州领宛丘、西华、商水、南顿、项城5县，钧州领阳翟、新郑、密县3县，睢州领襄邑、考城、仪封、柘城4县。

元代河南江北行省汴梁路直接管辖的17县为开封、祥符、中牟、原武、鄢陵、荥泽、封丘、扶沟、阳武、杞、延津、兰阳、通许、尉氏、太康、洧川、陈留，这可以看作为当时开封的行政区划。今开封所辖4县中的兰考有部分土地，不在元代开封的行政区内，今兰考是由兰阳、仪封、考城3县演变而来的，考城、仪封由汴梁路下辖5州之一的睢州所管辖，因此在整理元代开封黄河泛滥灾害资料时，也将不属于元代开封但属于今开封的睢州仪封、考城考虑在内。据《元史·地理志》记载，当时封丘、杞县有黄河流经。

---

① 城市录事司是城市行政管理的重要机构，具有独立的行政职能，创置于金代天会六年（1128年），经过金代的发展，至元代臻于完善。元代录事司“以掌城中户名之事”。见：韩光辉. 宋辽金元建制城市研究. 北京大学出版社，2011：114-133.

二、元代黄河泛滥大略

元代黄河是在金代河道分流基础上发展变化的。《黄河水利史述要》中有“元代黄河下游主要决溢统计表”(水利部黄河水利委员会《黄河水利史述要》编写组，1982)，据本书再结合沈怡等（1935）的《黄河年表》，将元代黄河泛滥决溢的整体特征以及汴梁路直管 17 县和睢州下辖仪封、考城的情况归纳为两个阶段：

第一阶段，1272—1366 年的 95 年中，统计共有 45 个年份有黄河决溢记录，计 71 次，其中决 44 次，溢 25 次，徙 2 次。在汴梁路直管 17 县和睢州下辖的仪封、考城，决溢 34 次。若以今开封市辖境统计，元代黄河共决口 43 次，其中在城市近郊 14 次，开封县 10 次，兰考县 7 次，尉氏县 2 次，杞县 8 次，通许县 2 次①。

第二阶段，至元年间，黄河大溜已全注于开封一带。至正二年（1342 年）之后，汴梁路直管 17 县不见决溢记录。这与黄河河道的北移南下有关。

三、黄河在开封的决河与河道走向

若以开封城为地理参照，则元代开封城的北、东、西三面都有黄河河道决溢记录。主要有天兴三年（1234 年）开封城东走河，至元二十年（1283 年）黄河河决灌进开封外城，至元二十三年（1286 年）开封城西走河，至正二十七年（1290 年）黄河河决淤塞汴、蔡河，大德九年（1305 年）黄河河道逼近开封城，延祐元年（1314 年）议闭小黄村河口，延祐六年（1319 年）开封出现护城堤等七个年份的重大事件。

（一）1234 年开封城东走河

黄河南流经封丘城，毁封丘城而后经今开封城东，由陈留北向东南流入杞县。至杞县分为三股，主流在中，流于新、旧杞县城之间向南，经太康以东入涡河，至怀远入淮。另外两支，一支经新城北濉河旧道向东，由睢县南、商丘县谷亭镇南、夏邑县会亭镇南，与今盱眙县北汇入淮河；一支经旧杞县城南向南，由太康西过淮阳至项城入颍水，东南经颍州、颍上入淮（图 3-2）。

黄河南泛对杞县城址变迁和城市形态有重大影响（李娟，2011）。当时曾出现北张柔、南杞县两个县城城址（图 3-3）。后在 1234—1272 年，缺乏黄河河道的相关记载。

① 杞县在元大德二年（1298 年），一次黄河洪水决口 96 处。

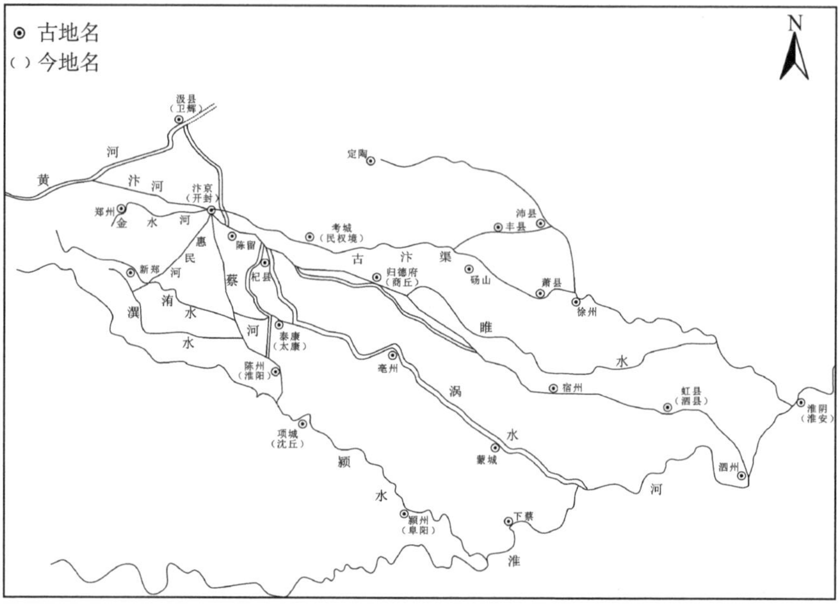

图 3-2　1234 年黄河河道流向示意图

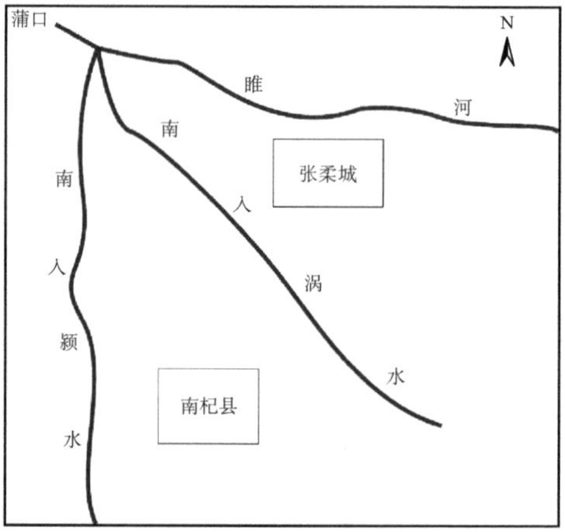

图 3-3　1234 年杞县附近黄河略图

资料来源：李娟，2011

（二）1283 年黄河河决灌进开封外城

至元九年（1272 年）至至正二十六年（1366 年）的 95 年中，黄河决溢达 45 个年份。至元二十年（1283 年），黄河河决灌进开封外城，这是金元以来黄河南流泛溢洪水第一次进入开封城内（外、内城之间）。黄河在原武决口，自开封以北向东南，灌杞及太康等县，“广员千里”，又灌入开封城内。总管张庭珍编木筏运灾民，推倒城墙挡城内的洪水。水退后，用三个月的时间发民夫筑城外的堤防，“起阳武黑石，东尽陈留张怒河”，共130里。

（三）1286年开封城西走河

至元二十三年（1286年）“冬十月，河决开封、祥符、陈留、杞、太康、通许、鄢陵、扶沟、洧川、尉氏、阳武、延津、中牟、原武、睢州十五处”[①]。这时黄河在上述十五个州县境内都有决口，至于究竟是同时决口还是先后决口，黄河分成几股，流经哪些地方，都不得而知。

根据决口的地点推断（水利部黄河水利委员会《黄河水利史述要》编写组，1982），当时黄河在原武、阳武境内分成三股：一股经开封、通许、太康，夺涡水入淮；一股经中牟、尉氏、洧川、鄢陵、扶沟，下游夺颍水入淮；一股即由原武、阳武、开封、陈留、杞县、睢州，东流注入泗水，大致即金末以来的汴道。

姚汉源（2003）则进一步指出：“从所决各县看，原武在最上游，东为阳武和延津（即今县），河行二县之间。三县黄河决口，一股似南冲中牟、尉氏、洧川、鄢陵、扶沟等县境，泛入颍河；一股东会祥符、开封、陈留、杞县、太康等处决水，下入涡河，为当时主流所在。通许之水可能来自中牟和祥符两处，下流与颍、涡流域通连。太康之水亦可能循三叉口至南支入颍河。睢州决水当自杞县循三叉口北支流来。”

（四）1290年黄河河决淤塞汴河、蔡河

至元二十四年（1287年）、二十五年（1288年）、二十七年（1290年）和元贞二年（1296年）等年份，黄河决溢均在开封境内。其中，至元二十七年（1290年）的黄河决溢事件，使得宋金以来开封水路运输的“四河”之汴河、蔡河部分淤塞，对开封城市发展的影响深刻。至元二十八年（1291年），元政府置都水分监（专门治黄的官吏）于开封，处理决河。

（五）1305年黄河河道逼近开封城

大德元年（1297年）河决杞县蒲口，主流北移至归德、徐州一线。大德九年（1305年），河决陈留等地，入兰阳、仪封。“黄河决徙，逼近汴梁，几至浸没。”元政府采取“开辟董盆口，分入巴河，以杀其势，遂使正河水缓，并趋支流”。此后，除小黄决口一度泛溢入颍之外，开封至归德一段主要河道连续北移，最北曾移至定陶县以北。

① （明）宋濂. 世祖纪//元史（卷十四）. 北京：中华书局，1976：292.

（六）1314 年议闭小黄村河口

延祐元年（1314 年）八月，河南等处行中书省言："今相视上自河阴，下抵归德，经夏水涨，甚于常年，以小黄口分泄之故，并无冲决，此其明验也。详视陈州，最为低窪，濒河之地，今岁麦禾不收，民饥特甚。欲为拯救，奈下流无可疏之处。若将小黄村河口闭塞，必移患邻郡。决上流南岸，则汴梁被害；决下流北岸，则山东可忧。事难两全，当遗小就大。如免陈村差税，赈其饥民，陈留、通许、太康县被灾之家，依例取勘赈恤，其小黄村河口仍旧通流外，据修筑月堤，并障水堤，闭河口，别难拟议。"①河决小黄村（今祥符区杜良乡黄铺，位于黄河南岸），分流南下，经陈留、通许、太康、陈州，合颍会淮。这股河逐渐西移，到延祐五年（1318 年）已迫近汴城。

（七）1319 年开封出现护城堤

延祐五年（1318 年）正月，河北河南道廉访副使奥屯言："近年河决杞县小黄村口，滔滔南流，莫能御遏。陈、颍濒河膏腴之地浸没，百姓流散。今水迫汴城，远无数里，倘值霖雨水溢，仓猝何以防御！方今农隙，宜为讲究，使水归故道，达于江、淮，不惟陈、颍之民得遂其生，而汴城亦可恃以无患。"②这一建议起到实效，开封城北修建了一道护城堤（图 3-4），城东修建了黄河大堤，致使开封城直至元末都未出现比较大的黄河决溢灾害。

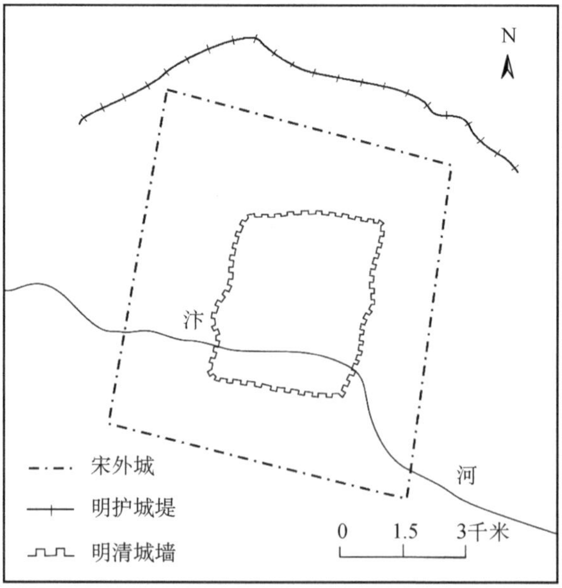

图 3-4　1319 年开封城市简图

---

① （明）宋濂. 河渠志二 • 黄河//元史（卷六十五）. 北京：中华书局，1976：1622-1623.
② （清）毕沅. 元纪十七//续资治通鉴（卷一百九十九）. 北京：中华书局，1957：5428.

延祐六年（1319 年）创修河堤、护城堤，完善开封城北、东面的黄河防御。大司农司下都水监移文汴梁分监修治，自六年二月十一日兴工，至三月九日工毕。黄河大堤总计“北至槐疙疸两旧堤，南至窑务汴堤，通长二十里二百四十三步”。创修护城堤一道，长七千四百四十三步，下地修堤，下广十六步，上广四步，高一丈，六十尺为一工。①

第三节 明清开封黄河泛滥的地理过程

明代黄河总体来看河道紊乱，变迁频繁，忽南忽北，游移不定。大部分时间夺淮入黄海，小部分时间北流经寿张穿过运河流入渤海。在这一大背景下，黄河在开封附近的泛滥活动极为频繁。据《开封市黄河志》和《开封市郊区黄河志》中“大事记”的整理，共计 30 个年份有黄河洪水灾害事件发生，且开封历史上 7 次黄河洪水入城事件中，就有 4 次事件发生在明代。经嘉靖万历年间治河后，黄河形成单股河道汇淮入海，黄河决溢泛滥灾害转移到下游，此后开封附近的河患较之前明显减少。

一、明清开封的行政区域

明代，洪武元年（1368 年）五月汴梁路改称开封府，八月建北京。十一年（1378 年），京罢。领州四，县三十。开封府是明代河南布政司变化最大的政区（郭红和靳润成，2007）。洪武初年的开封府由元汴梁路和归德府合并而成。洪武元年五月永城县属开封府，十一月又改属归德州。洪武元年末，开封府有直辖县 16、州 9、州辖县 26，西至钧州，东至邳州宿迁县，地域辽阔，州县众多。洪武二年正月，济宁府虞城县改隶归德州。开封府辖县是明代开封的行政区域。现将此后的府辖县和属于今开封辖境的仪封、考城的变化情况，论述如下②：

洪武二年（1369 年）四月，开封府辖县有祥符③、陈留、杞县、通许、太康、尉氏、洧川、鄢陵、扶沟、中牟、阳武、原武、封丘、延津、安城（治所在今河南原阳县原武镇东南）、兰阳等 16 县，仪封属睢州。洪武四年（1371 年）八月，府辖县增加考城和柘城 2 县，府辖县为 18 个。洪武十年（1377 年）五月，考城、柘城划出，增加仪封县，府辖县为 17 个。洪武十三年（1380 年）一月，府辖县仍为 17 个，考城属睢州。正统年间（1436—1449 年），安城县废，府辖县为 16

① （明）宋濂. 河渠志二·黄河//元史（卷六十五）. 北京：中华书局，1976：1623.
② （清）张廷玉等. 地理志//明史（卷四十二）. 北京：中华书局，1974：977-993.
③ 元代汴梁路附郭县为开封、祥符二县，洪武元年开封县并入祥符县。

个。嘉靖二十四年（1545年）六月，府辖县未变化，考城县属睢州。隆庆五年（1571年），府辖县增加新郑县。此后，开封府辖县就稳定在17县，即祥符（附郭）、陈留、杞县、通许、太康、尉氏、洧川、鄢陵、扶沟、中牟、阳武、原武、封丘、延津、兰阳、仪封、新郑。

清代，开封府辖县沿袭明代旧制，仍为17县。雍正二年（1724年）八月，新郑、原武、延津划出，开封府辖县为14个。雍正十二年（1734年）八月，太康、扶沟划出，增加新郑、密县，府辖县为14个。乾隆四十八年（1783年），阳武、封丘划出，府辖县为12个。乾隆四十九年（1784年），改仪封县为仪封厅，府辖县未变化。道光四年（1824年）十二月，裁仪封厅并入兰阳县，同时改兰阳县为兰仪县，府辖县为11个。宣统元年（1909年），改兰仪县为兰封县，府辖县未变化，仍为11个，即祥符（附郭）、陈留、杞县、通许、尉氏、洧川、鄢陵、中牟、兰封、密县、新郑（牛平汉，1990）。

二、黄河泛滥开封的过程

明代的黄河河道极不稳定，主流有时走元末贾鲁故道，在徐州以下经清河县汇淮入海，有时经颍水至寿县正阳关入淮，有时经涡河至怀远县入淮，有时又东北流至山东寿张冲入运河。而且在相当长的时间内都是多支并流，此淤彼决，在今豫东、鲁西南、皖北、苏北一带游荡摆动，形成异常复杂的局面（王渭泾，2009）。明政府在前期治河仍沿用金元时期的治河方略，即北岸筑堤、南岸分流，确保漕运。对黄河本身的治理较为薄弱，黄河决溢频繁发生，灾害程度不亚于金元时期。明中期潘季驯治河之后，治黄方略发生重大转变，由“分流”转向“合流”治理，黄河决溢灾害有所减轻。

明代是我国历史上黄河决溢最频繁的时期之一。据统计，从洪武元年（1368年）至1644年明王朝灭亡共计276年，黄河发生决溢的年份有112个，平均2.5年就有1年发生决溢灾害。明代前期河患多发生在河南境内，尤其集中于开封上下。据《明实录》《明史》《明史纪事本末》的记载统计，洪武至弘治的130多年中，有决溢灾害的年份就有59个，其中十之八九都在兰阳、仪封以上的河南各地，仅开封（包括祥符县）就有26次之多。弘治年间河南境内北岸堤防逐渐形成，随后南岸也修了堤防。黄河由颍河入淮的河道也逐渐淤塞，明后期的河患向下游转移，尤其集中在曹县、单县、沛县、徐州等地。弘治八年（1495年）刘大夏治河后，黄河流经开封、归德、徐州入淮，使得开封附近的河道约相当于今日的河道，后虽时决时塞，但没有大的改变（李长傅，2007）。现以1495年为时间界限，将黄河决溢泛滥开封的过程分为前、后两期，再结合黄河洪水入开封护城堤和城区等大事件，予以过程呈现。

（一）1368—1495 年的黄河泛滥

1368—1495 年是黄河河道在开封附近决溢最为频繁的时期，开封城市受灾较为严重。据统计（表 3-1），开封历史上曾有 19 次黄河洪水入城、入护城堤事件，明代占了 14 次，而发生在这一时期的灾害次数竟达到 12 次之多。黄河洪水曾于 1387 年、1399 年、1461 年等 3 个年份冲入城内，于 1397 年、1404 年、1410 年、1414 年、1478 年等 5 个年份冲入护城堤，甚至在 1448—1492 年，黄河在开封四周横流，将开封隔在黄河北岸。另外，还出现两次“迁城之议”，可见这一时期开封城受到黄河的威胁严重。

表 3-1　开封历代重大洪水统计

朝代	时间	性质
战国	公元前 225 年	入城
元	至元二十年（1283 年）	入城
明	洪武二十年（1387 年）	入城
	洪武三十年（1397 年）	入堤
	建文元年（1399 年）	入城
	永乐二年（1404 年）	入堤
	永乐八年（1410 年）	入堤
	永乐十二年（1414 年）	入堤
	永乐二十年（1422 年）	土城堤数溃
	天顺五年（1461 年）	入城
	成化十四年（1478 年）	入堤
	成化十八年（1482 年）	水围，有“迁城之议”
	弘治二年（1489 年）	有“迁城之议”
	1448—1461 年、1461—1492 年	改道
	万历三十四年（1606 年）	入堤
	崇祯十五年（1642 年）	入城
清	乾隆二十六年（1761 年）	入堤
	嘉庆二十四年（1819 年）	入堤
	道光二十一年（1841 年）	入城

据姚汉源（2003）的研究，元至正二十六年（1366 年）黄河自东明县北徙，明洪武初自山东之郓城、鱼台（今鱼城）间汇入运河，因利用以通漕运。后屡次决溢，多放任不治。决口多在封丘以上，主流有向南之趋势。至洪武二十四年（1391

年），决原阳县之黑洋山（在今原阳县西北 20 里），南北分流。二十五年又决，主流遂南自颍水入淮。至永乐九年（1411 年）虽挽河东流而向南的趋势明显，直到正统十三年（1448 年）北决冲入运河，已是 50 余年之后的事情了。

1. 洪武年间开封黄河泛滥灾害事件

洪武元年（1368 年），开封城是可以与黄河通航的。三月，明大将徐达在济宁西 20 里耐牢坡开口引黄河水，北伐水军即由此溯黄河，经郓城、曹州境西攻汴梁，走了 13 天。四月，朱元璋率兵溯黄河至汴梁，自扬州至开封乘船走了一个月（实际 28 天）。秋七月南还，闰七月至南京，走了 12 天。他走的路线是淮扬运河，过淮入黄河，至济宁转向西南至开封。回程似由开封经蔡河、淮河、邗沟，未走黄河（姚汉源，2003）。

此后，洪武八年（1375 年）至二十四年（1391 年），决口地点有 20 余处，大多数在荥泽、原武、阳武、中牟、祥符、封丘、陈留、兰阳、仪封、归德一线，也有在此线以南的杞县、睢州、宁陵、西华、项城等地。可见黄河干流又向南摆，恢复了贾鲁河故道，并不时南决走颍、涡等水入淮（中国科学院《中国自然地理》编辑委员会，1982）。洪武八年正月，河决开封太黄寺堤，发民夫 3 万堵塞。这次决口系南流入颍，蔡河被淤。洪武十七年（1384 年）八月，河决开封府东月堤，自陈桥至陈留，横流数十里。

洪武二十年（1387 年）黄河洪水入城事件，是明代黄河洪水第一次进入开封城内。“夏六月，河决开封城，自安远门入，淹没官民廨宇甚众。”[①]康基田《河渠纪闻》卷八则记载略为详细：“至是决水灌城，乘虚而入，城内如釜底，民居廛市尽沉水中，中原财赋聚集之地，一没而尽，非常之异变也。”明初开封“外城毁内城存”，洪武年间曾将内城包以青砖，此次黄河洪水能从内城北门安远门灌进砖城内，可见黄河来水量较大，城市受灾严重。

洪武二十四年（1391 年），黄河出现了一次大的改道，对开封城市影响不小。四月，“河水暴溢，决原武黑洋山，东经开封城北五里，又东南由陈州、项城、太和、颍州、颍上，东至寿州正阳镇，全入于淮。而贾鲁河故道遂淤。又由旧曹州、郓城两河口漫东平之安山，元会通河亦淤。明年复决阳武，汜陈州、中牟、原武、封丘、祥符、兰阳、陈留、通许、太康、扶沟、杞十一州县，有司具图以闻。发民丁及安吉等十七卫军士修筑。其冬，大寒，役遂罢”[②]。这次黄河在原武黑洋山

① （清）沈传义，俞纪瑞，黄舒昺．河渠志//祥符县志（卷六）．清光绪二十四年（1898 年）刻本．
② （清）张廷玉等．河渠志一・黄河上//明史（卷八十三）．北京：中华书局，1974：2014．

（今原阳县西北 20 里）决口后的河道分为三支：一支是从决口折向南流，经开封城北五里，后折南经陈州（今淮阳县[①]）、项城、太和、颍上，至寿州正阳镇入淮，由于这次决溢造成新的河道水量较大，这条新的河道被后人称为“大黄河”；一支仍走今天河南封丘南、开封以北、兰考之间，再经过商丘北、虞城南后经今徐州入泗水，后汇淮河入海的贾鲁故道，因这时故道的水流较小，被后人称为“小黄河”；另外一支走今天山东境内，淤塞运河（图 3-5）。这是历史上著名的一次黄河大徙，也是黄河干流第一次走颍河。1391 年的黄河决溢改道使黄河主河道已在开封城北五里走河，城市受黄河的威胁逐渐增加。

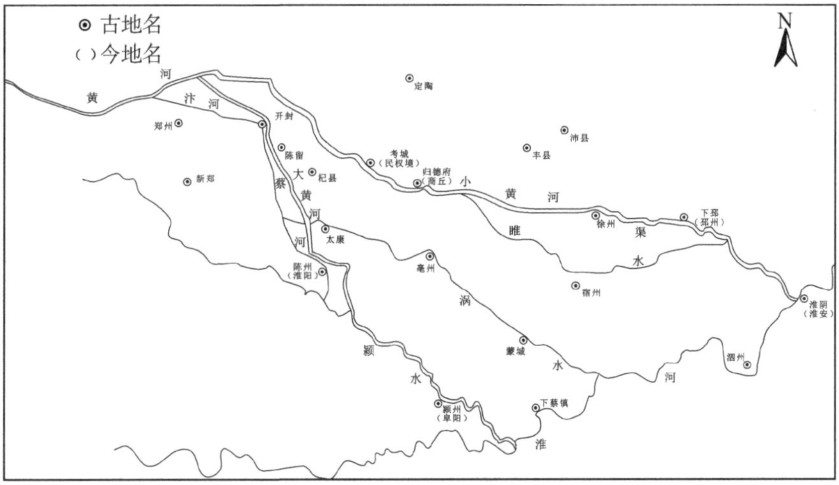

图 3-5　1391 年黄河河道流向示意图

1397 年和 1399 年，分别出现了黄河洪水入开封护城堤、入城事件。洪武三十年（1397 年）八月，“决开封，城三面受水。诏改作仓库于荥阳高阜，以备不虞”。十一月，蔡河南徙入陈州。“先是，河决，由开封北东行，至是下流淤，又决而之南。”1391 年决河由开封城北东流，先在下游淤积，改向南决，遂浸及开封城，蔡河因此淤堵，也南徙至陈州（图 3-6）。建文元年（1399 年），黄河“复决，冲塌土城，水从封丘门流入里城，官廨民庐淹没倾圮，而城内之水久积不涸”[②]。这是明代黄河洪水第二次决入开封城内。

① 淮阳县于 2019 年 8 月改为淮阳区。

② （明）李濂撰，周宝珠，程民生点校. 河渠//汴京遗迹志（卷五）. 北京：中华书局，1994：71.

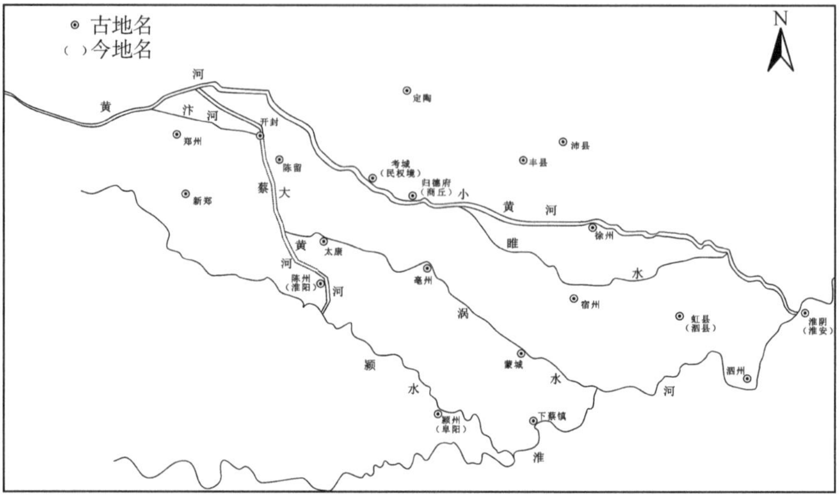

图 3-6　1397 年黄河河道流向示意图

2. 永乐年间开封黄河泛滥灾害事件

从洪武二十四年（1391 年）至永乐九年（1411 年）这几十年间，黄河继续在河南境内肆虐，不断决溢，决溢地点主要在今开封附近。据不完全统计，这一时期黄河决溢竟达到数十次之多。洪武二十四年的黄河改道，黄河主泓流经开封城北五里，随着下游的淤垫，黄河时有南决的可能，因此在永乐年间的 1404 年、1410 年、1414 年、1422 年等年份出现了黄河泛滥洪水入护城堤事件。

永乐二年（1404 年）十月，“河决开封，坏城”①。《明太宗实录》记载，“河南守臣言开封府城为河水所坏，命发军民修筑”。永乐八年（1410 年）秋，“河决开封，坏城二百余丈。民被患者万四千余户，没田七千五百余顷。帝以国家藩屏地，特遣侍郎张信往视。信言：‘祥符鱼王口至中滦下二十余里，有旧黄河岸，与今河面平。浚而通之，使循故道，则水势可杀。’因绘图以进。时尚书宋礼、侍郎金纯方开会通河。帝乃发民丁十万，命兴安伯徐亨、侍郎蒋廷瓒偕纯相治，并令礼总其役。九年七月，河复故道，自封丘金龙口，下鱼台塌场，会汶水，经徐、吕二洪南入于淮。是时，会通河已开，黄河与之合，漕道大通，遂议罢海运，而河南水患亦稍息”②。1410 年的黄河泛滥洪水灾害，使得开封城遭到部分毁坏，大河改道。直至永乐九年，黄河才重新回归洪武时期故道，走菏泽、鱼台一线进

① （清）张廷玉等. 五行志一//明史（卷二十八）. 北京：中华书局，1974：446 .
② （清）张廷玉等. 河渠志一//明史（卷八十三）. 北京：中华书局，1974：2014-2015.

入运河。

永乐十二年（1414 年）《明太宗实录》载，“秋八月辛亥黄河溢，坏开封府城二百余丈，遣官修筑。闰九月甲子，修开封土城堤岸百六十余丈”。永乐十四年（1416年）“七月，开封州县十四河决堤岸”①，黄河再次在河南出现支流改道，开封附近河道决口，东南流经杞县、睢县、柘城汇入涡河入淮（图 3-7）。

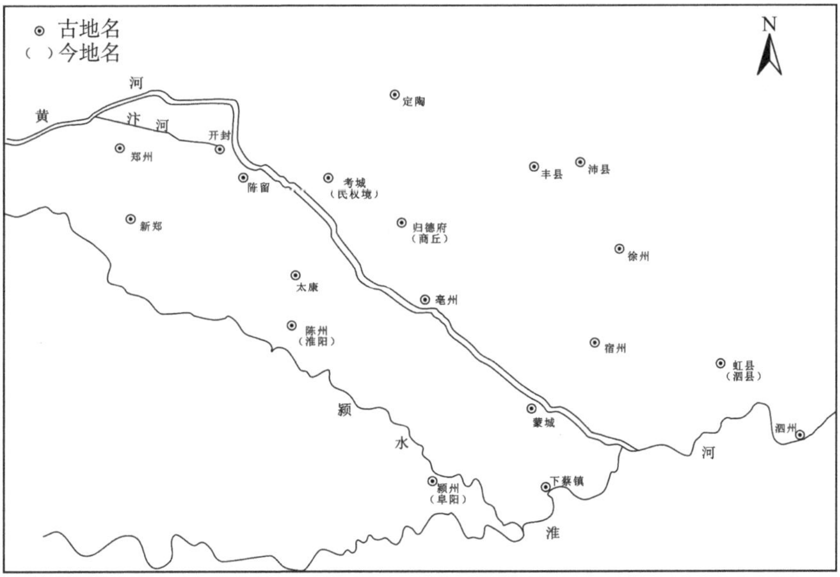

图 3-7　1416 年黄河河道流向示意图

永乐二十年（1422 年）十月壬寅，工部言：“河南开封府仁和门外土城，堤旧离黄河五里余，河自边村经独乐岗南入淮。比河决而西，荡啮城堤，虽屡修筑，旋被冲决，宜浚故道，以弥其患。”（《明太宗实录》）《明史·河渠志》亦载：“工部以开封土城堤数溃，请浚其东故道。报可。”

3. 正统年间开封黄河泛滥灾害事件

明前期黄河大规模决溢改道发生在正统至弘治年间，地点十之八九依旧在河南境内。正统十年（1445 年），《明英宗实录》载：“九月庚子，河决金龙口、阳谷堤、张家黑龙庙口，上命山东三司亟修完工。”光绪《祥符县志》卷六《河渠志》还记载：“溢入祥符，湮没民田。”决口还未及堵住，时年“十月辛亥，河南睢州、祥符、杞县、阳武、原武、封丘、陈留河决”（《明英宗实录》）。黄河在封丘决口

① （清）张廷玉等. 五行志一//明史（卷二十八）. 北京：中华书局，1974：447.

改道。正统十三年（1448 年），黄河决于陈留，陈留决口不久，河患漫及新乡、荥泽。两处均大规模决口，河流主要分为南北二股：南股决自孙家渡口（今郑州古荥乡孙庄，黄河南岸最西一个决口），南夺颍入淮，是为干流，分流由开封城南由涡入淮；北股决自新乡八柳树，经原阳、延津、封丘、长垣、东明、鄄城、范县等地，冲沙湾流入运河。“小黄河”贾鲁故道水流微弱，到这时已严重淤塞，需不时疏浚（图 3-8）。

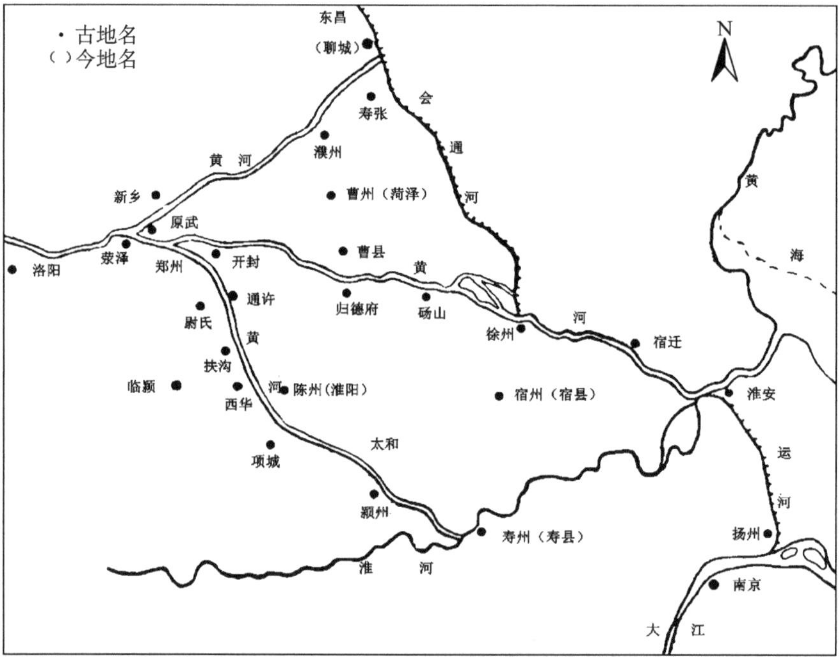

图 3-8　1448 年黄河河道流向示意图

资料来源：水利部黄河水利委员会《黄河水利史述要》编写组，1982：241

1448 年黄河决口，开封城西走河。在此黄河泛滥环境下，开封城市的当政者积极采取了增筑护城大堤的工程措施，以减轻黄河洪水灾害。正统年间，于谦在城西、北、东三面修筑长四十余里、宽六丈、高两丈余的护城堤。景泰二年（1451 年）王暹又在城南边续筑护城堤，使之成为开封城外一个环形的大围堤。至此，开封城就形成了“护城堤—土城（即北宋外城）—内城（砖城）—萧墙—紫禁城”五重城的城市形态结构（吴朋飞和邓玉娜，2014）。

4. 天顺年间开封黄河泛滥灾害事件

天顺元年（1457 年）三月，修祥符护城大堤。光绪《祥符县志》卷六《河渠志》对此次修筑记载详细："三月，工部奏河南祥符县护城大堤冲决千余丈，不即修筑，恐妨城垣，请令三司于无灾州县起夫修筑。从之。"

天顺五年（1461 年）发生了明代黄河洪水第三次入开封城事件。与前两次相比，这次黄河泛滥使城市受灾程度更为严重，当政者对城市排水系统进行了一次大改造。具体的受灾情况，七月初四记载："河决汴梁土城，又决砖城，城中水丈余，坏官民舍过半。周王府宫人及诸守土官皆乘舟筏以避，军民溺死无算。"①《明史·五行志》记载："河决开封土城，筑砖城御之。越三日，砖城亦溃，水深丈余。周王后宫及官民乘筏以避，城中死者无算。"②朝廷命工部侍郎薛远前来开封救灾和堵塞决口，薛远"乃命官督夫下椿捲埽，作截水堤二百四十余丈。浃旬堤就，决口绝流，而水趋故道，盖首事于是年九月十二日，而以明年二月二十六日辍工"（《行水金鉴》）。薛远在堵塞决口的同时，还"恤灾户、蠲田租，公廨民居以次修理"。

1461 年黄河洪水入城事件，使得开封城内积水久难排出，于是在城东南置石闸泄水。天顺六年（1462 年）春二月，作石闸成。光绪《祥符县志》记载："天顺五年，客水暴至，突入城北门，水深丈余，官民舍宇尽没，上遣薛君远往拯治之。先于决口上流，作截水堤二百四十余丈，水趋故道。复于土城东起独峦冈，讫猫儿冈，凿渠二千三百七十八丈，引水东注。复于土城东南扬州门浚旧渠，起太平冈，直抵陈留，渠长一万二千四百八十丈，以泄城中积水。又筑路于大梁、仁和等三门，以通车马。又作闸于扬州门，以限内外之水。工竣，吕原作记志之。"③另外，吕原的《扬州门新造石闸记》也详细记录了这次黄河水患的发生及解除灾害的经过④。

5. 成化弘治年间开封黄河泛滥灾害事件

成化十四年（1478 年），开封又发生了一起黄河洪水入护城堤事件。根据《明宪宗实录》记载，这一年，南北直隶、山东、河南等处五月以后骤雨连绵，河水泛溢，平陆成川，禾稼漂没，人畜漂流，死者不可胜计。九月癸亥，黄河水溢，冲决开封府护城堤五十丈，居民被灾者五百余家。十一月，巡抚河南右副都御史李衍等奏："河南地方，累有河患，皆由下流壅塞，以致冲决散漫，淹没民居。今宜自开封西南隅新城，下抵梁家浅旧河口七里，疏浚壅塞，以泄杏花营上流水势。又自八角河口直抵南顿，分道散漫，以免祥符、鄢陵诸县，睢、陈、归德诸州淹

① （清）张廷玉等．河渠志一//明史（卷八十三）．北京：中华书局，1974：2019-2020.
② （清）张廷玉等．五行志一//明史（卷二十八）．北京：中华书局，1974：449-450.
③ （清）沈传义，俞纪瑞，黄舒昺．河渠志//祥符县志（卷六）．清光绪二十四年（1898 年）刻本.
④ （明）李濂撰，周宝珠，程民生点校．艺文二//汴京遗迹志（卷十五）．北京：中华书局，1999：283-285.

没。其冲决堤口，则俟水落之日兴工修筑。工部覆奏，上仍命衍等斟酌行之。”1448年黄河决口后开封城西走河，到这时在开封决溢洪水冲进护城堤内，李衍解决洪灾的建议是在城西南疏浚旧河一道，分杀水势。成化十五年（1479 年）正月，开封堤不久即塞。成化十八年（1482 年），有一条黄河洪水围开封城的记录，有待证实。《明宪宗实录》记载：“五月丁巳，河南开封府州县黄河水溢，淹没禾稼。”而《淮系年表》则说道：“五月，河溢开封府州县，水围汴梁城，城几垫，增筑汴堤。”当时的情况非常严重，人心恐慌，有迁城以避水患之议。

弘治二年（1489 年），黄河出现了一次大决口。黄河下游河道在原武至开封之间出现多处决口，《明史·河渠志》记载：“五月，河决开封及金龙口，入张秋运河，又决埽头五所入沁。”①《明史·五行志》亦载：“河决开封黄沙冈抵红船湾，凡六处，入沁河。所经州县多灾，省城尤甚。”②这次决口后全河流量的十分之七向北决出，十分之三向南决出。基本上形成南、东、北三面分流的局势，向南的水流在中牟至开封县界内又分成两股，一股经尉氏等县，由颍水入淮，另一股经通许等县，由涡河入淮。此外还有一支南决的水流东出今商丘，南流至亳州，也汇入涡河。北决的正流东经今原阳、封丘、开封兰考等地，东趋徐州入运河。这大致上就是贾鲁河过去的流路，也是古汴河的旧道，所以人称“汴道”。另有一支北决的水流，冲入了张秋一带的运河。从弘治二年（1489 年）开始，黄河下游形成了比较固定的汴、涡、颍三条河道，以汴道为干流（图 3-9）。

1489 年的黄河大决口，对开封城市影响很大。据记载，五月“河决开封及金龙口，入张秋运河，又决埽头五所入沁。郡邑多被害，汴梁尤甚”③。在开封附近的决溢地点为“开封府黄沙冈、苏村、野场，至洛里堤、莲池、高门冈、王马头、红船湾等处”，开封四周皆水，受灾严重。当时开封是河南的首府和周王府治所在地，竟然有人提出“欲迁开封城以避其患”。后在布政司徐恪的坚持下，才免于迁城。可见当时黄河泛滥决溢对开封城市的严重威胁。

弘治三年（1490 年），白昂主持治河，在黄河北岸从阳武至封丘、祥符、兰阳、仪封至曹县一线筑了一条长堤，以防河水北决入张秋运河，即现在黄河北岸的大堤的前身。可见今兰考东坝头以上河道在 15 世纪末已经形成。筑塞决口 36 处，并疏浚入濉、入涡、入颍、入运诸道以分洪（中国科学院《中国自然地理》编辑委员会，1982）。白昂治河虽然取得了一定的成效，但不久兰阳、封丘金龙口等地又出现决口。弘治七年（1494 年）由刘大夏负责，重新整治河道。刘大夏对于河堤大事加固重修，同时也进一步疏浚河道，但对河道的基本态势未作明显的

① （清）张廷玉等. 河渠志一//明史（卷八十三）. 北京：中华书局，1974：2021.
② （清）张廷玉等. 五行志一//明史（卷二十八）. 北京：中华书局，1974：450.
③ （清）张廷玉等. 河渠志一//明史（卷八十三）. 北京：中华书局，1974：2021.

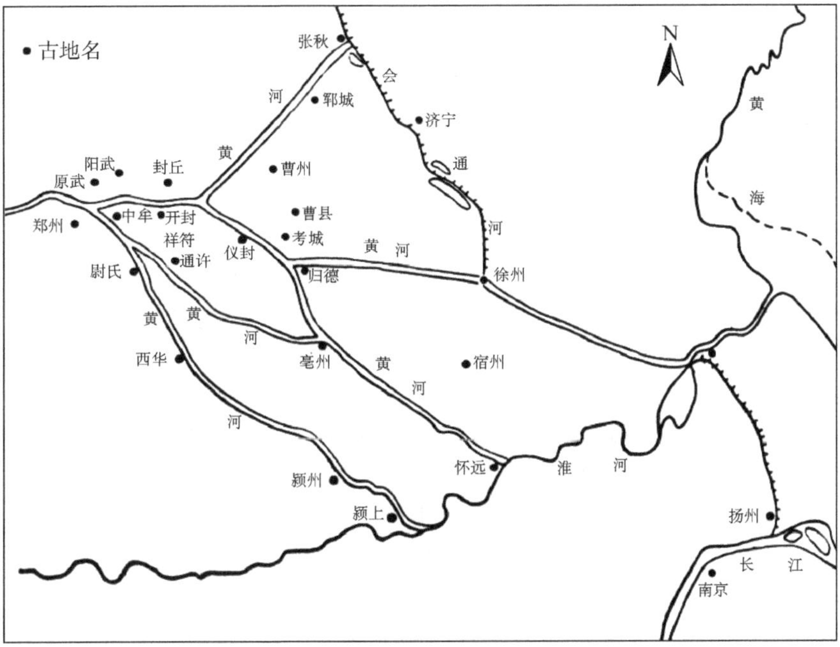

图 3-9　1489 年黄河河道流向示意图

资料来源：水利部黄河水利委员会《黄河水利史述要》编写组，1982：242

改变，依旧基本维持着白昂治河后的状况（辛德勇，2011）。刘大夏是在确保漕运畅通的前提下治河的，先堵筑张秋溃口。弘治八年（1495 年）塞黄陵冈、金龙口（荆隆口）等决口 7 处，又在黄河干流北岸从胙城历滑县、长垣、东明，曹州（治今菏泽）、曹县，抵虞城县界，筑一道长堤，凡 360 里，成为太行堤。在太行堤之南，又从于家店（今封丘荆隆口西于店）经荆隆口、铜瓦厢、陈桥抵小宋集（今兰考东北宋集）筑一道 160 里内堤，前后二堤相辅，成为黄河北岸的两道防线（中国科学院《中国自然地理》编辑委员会，1982）。而在黄河南岸则不筑堤，“东南则以疏为主”。因此，在明代前期黄河主要以汴道为干流，同时存在濉、涡、颍数股并流的局面。

总之，1448 年黄河决口后开封城西走河的河道，在 1478 年泛滥决溢导致开封发生了一起黄河洪水入护城堤事件，但 1489 年黄河大决口后经过白昂、刘大夏治河，此河道已不行黄河水，被今河南贾鲁河所替代。1495 年刘大夏太行堤的修筑，黄河流经开封、归德、徐州一线入淮，使得东坝头以上黄河河道固定下来，开封附近的河道约略相当于今日的河道，后虽时决时塞，但没有大的改变。

（二）1495—1911 年的黄河泛滥

1495 年刘大夏治河后，开封附近的黄河河道相对固定，但黄河的威胁并没有解除。在正德至嘉靖前期，黄河下游仍呈多支分流的局面，当时比较稳定的泛道共有 5 条，可分为南路和东路两大流向。南路共有 2 条河道，一条由涡河入淮，一条由濉河入泗入淮；东路共有 3 条河道，一条由贾鲁故道经徐州入泗入淮，一条由曹县东流经沛县入运河，一条是从流经曹县、沛县这一派上分出，经谷亭（今鱼台）入运河（辛德勇，2011）。到了嘉靖二十五年（1546 年）之后，只剩经徐州入泗入淮的一条河道，其余的河道基本上都堵塞了。万历年间（1573—1619 年）潘季驯采取“束水攻沙”的方式将河道固定下来，形成单一的下游河道。

在这一时期，开封城只遭受 1 次黄河洪水入堤事件和 1 次黄河洪水入城事件。这与嘉靖万历年间之后黄河险工移至黄陵冈至曹单一带河道，特别是曹县境内有关。另外，还与开封护城堤防的修筑有很大的关系，开封“护城堤—土城（即北宋外城）—内城（砖城）—萧墙—紫禁城”五重城的形态结构决定了除非发生不可抗拒的天灾人祸，否则黄河洪水是很难进入开封砖城内的。从 1495 年起，算上整个清代的话，也仅有 5 次黄河泛滥洪水影响到开封城：万历三十四年（1606 年）、乾隆二十六年（1761 年）、嘉庆二十四年（1819 年）这三次是黄河洪水进入护城堤内，崇祯十五年（1642 年）、道光二十一年（1841 年）这两次是黄河洪水进入开封砖城内。1642 年事件，是人为扒开黄河大堤所引起的大灾难，而 1841 年事件，有人为疏忽管理和因行政条块分割治河者治理不力的原因。

第四章　开封重大黄河泛滥事件的地理复原

历史上黄河频繁决口、泛滥和改道，对下游平原地区的地理环境、社会经济和居民生活产生了巨大的影响。韩昭庆（1999）曾据沈怡的《黄河问题讨论集》，整理出“历代黄河决溢地点统计表”，黄河流域共有 112 座城市在历史上曾出现黄河决、溢灾害。这当中有不少遗漏，实际数目远超此数，张蕾（2008）在博士学位论文《黄泛平原古城洪涝灾害经验与适应性景观——以明清归德府七城为例》中指出，“即使是南宋建炎二年（1128 年）至清咸丰五年（1855 年）黄河南泛夺淮期间所形成的黄泛区，也包含了河南东部、山东西部、江苏和安徽的广大区域，包含县级以上的建置城市约 138 个”。这些城市中，以黄泛平原唯一的省府级城市开封城受黄河洪水灾害最为严重。据整理（表 3-1），历史上开封城曾 7 次被河水灌入，10 余次被河水进入护城堤内，还有在开封附近的黄河决溢泛滥更是不计其数。

开封城市是研究黄河环境变化与人类应对机制的极佳标本，应引起高度关注（吴朋飞等，2012）。开封历史上的 7 次河水入城灾害事件，是城市发展史上重大的挑战事件之一，只有对其进行全方位的深入剖析，才有助于客观评价黄河泛滥变迁对开封城市生命周期的影响。根据文献记载的详略和收集资料的情况，本章选取 7 次河水入城灾害事件中的 3 次（2 次毁城，即前 225 年和 1642 年；1 次围城，即 1841 年）进行典型案例分析，以推进对黄河与开封关系的新认识。

第一节　战国“引河沟灌大梁”的地理复原

战国大梁城是开封城区的第一个都城，是开封城市发展生命周期的第一个兴盛期（吴朋飞，2013）。大梁城的毁灭，缘于秦统一六国灭魏战役中王贲“引河沟灌大梁”，这是我国古代战争史上利用水攻的著名战例之一。灾后，大梁城沦为县级治所城市，500 多年后才有机会崛起，此事件是开封城市发展第一个生命周期中由盛转衰的关键节点。关于此次水攻，文献记载极其简略，后人对如何“引、灌”往往缺少关注，或简而略之（刘顺安，2006，2008），实际仍未解决问题。本节内容基于历史地理学和自然地理学的“地理环境要素复原”方法，有望解决如何“引、灌”这一悬而未决的重大问题。首先对战国大梁城的城垣范围及城门进行考证复原，确定大致位置；再对“引河沟灌大梁”前后开封附近的水道予以地图复原；最后通过二者的变化蠡测王贲“引河沟灌大梁”的引水地点和引灌方式。

一、战国大梁城的城垣范围和城门

早期开封附近池沼密布，河道纵横，地势低洼，此自然环境不太利于城市的发展，故城市的起源远远晚于郑州、商丘（李长傅，1958）。战国魏都大梁城之前的开封城市历史，各种文献记载错综复杂，有“浚仪始于禹时”“大梁城始筑于西周毕公高”“开封今城为郑庄公始筑”“周梁伯之故居”“魏夺自楚国”等说法。本书赞同徐伯勇（1983）的详细辨析，认为东周郑庄公时期，现今开封城区所在位置附近属于卫国属地，春秋时期属于阳武高阳乡，楚悼王十一年（前 391 年）归魏国大梁。魏惠王六年（前 364 年），魏惠王将都城从安邑迁到大梁，使得大梁城一跃成为魏国后期的都城。大梁城经过魏国六王 141 年的发展，成为当时有名的商贾大都。《史记·穰侯列传》曾记载，“以三十万之众，守梁七仞之城”，可见战国大梁城的规模是相当宏伟的。

关于大梁城的城墙和城门之所在，首先对此问题进行研究的是李村人（1957），他在《开封名胜古迹散记》中根据夷门、高门的位置进行定点并推断出东墙和西墙，在此基础上推算大梁城的南城墙，绘制出战国大梁城的大致位置示意图。这一结论部分为李长傅（1958）的《开封历史地理》所参考。刘顺安（2006）的《战国魏都大梁》又进一步提出大梁城由宫城和郭城两部分组成。葛奇峰（2012）又指出了大梁城的宫殿区、手工业作坊区的相对位置。本书再讨论前贤所用证据，并补充如下考证。

（一）夷门及东城墙

汉武帝时司马迁曾到浚仪县来访求“大梁之墟”，指出有个“夷门”是“城之东门”，就是侯嬴监守的地方①。这个夷门相传是大梁城十二门之一②，因附近有夷山而得名。到明代，才有文献指出“在府城安远门内，以山平夷而名”③，再后来又认为“在安远门内夷山之上”④。另外，“上方寺，在城之东北隅安远门里夷山之上”⑤。故李长傅（1958）认为“考今铁塔在夷山上，夷门在铁塔附近，即大梁

① （汉）司马迁. 魏公子列传第十七//史记（卷七十七）. 北京：中华书局，1982：2385.

② （唐）李吉甫著，贺次君点校. 河南道三·汴宋节度使·汴州//元和郡县图志（卷七）. 北京：中华书局，1983：177.

③ （明）陈循，彭时. 河南等处承宣布政使司·开封府上//寰宇通志（卷八十三）. 玄览堂丛书续集，北京大学台湾文献中心。

④ （明）李濂撰，周宝珠，程民生点校. 宫室//汴京遗迹志（卷八）. 北京：中华书局，1994：118.

⑤ （明）李濂撰，周宝珠，程民生点校. 寺观//汴京遗迹志（卷十）. 北京：中华书局，1994：155.

城的东壁抵现在的铁塔”。李村人（1957）认为“应在今城里北边铁塔附近之西北方，也就是‘虚左亭’旧址所在处，由此南北，大概就是大梁城东面城墙旧址”。熊伯履和井鸿钧（1958）认为“在今开封城东北隅，也就是北门以东地带，因而魏大梁城东门的夷门，它的位置大约在相当于今开封城的北门或稍东”。

20 世纪 50 年代研究开封的三位著名学者都指出夷门在铁塔附近，但具体位置仍有些差异，究竟孰是孰非，需进一步辨析。明代李濂的《汴京遗迹志》记载：“夷山在里城内安远门之东，以山之平夷而得名也，亦名夷门山。……今北门内地势颇高，似是夷山。”①葛奇峰（2012）再根据周宝珠宋铁塔建在夷山之巅的结论认为“铁塔之处就应该是战国时期大梁城夷门之所在”。而李濂《汴京遗迹志》对明代北门内高地是否是夷门，用“似是”一词，是持谨慎态度的。

本书也认为夷山并不一定就在明代安远门内，因为明代开封砖城北墙是在金代展筑北扩后修筑而成的，夷山是一个地势较高的区域，即使后来的铁塔建在山上，也很难判断夷山到底是在今城内还是城外；再则战国时夷山可能较高，绝非后来所见的平夷，古今地理面貌已发生很大的变化，故认为今铁塔附近的城内城外区域都有可能是夷山的范围。战国时夷山范围较大，究竟在大梁城城内还是城外，就成为判断夷门位置的关键所在。夷门若在夷山之巅的话，则大梁城东墙城垣要修筑在山上，显然实际情况不太可能。本书初步认为夷山在战国大梁东门之外，夷门因夷山而得名。如此判断不错的话，那么夷门的位置就应在今铁塔之西，明代安远门或稍东的位置，李村人（1957）、熊伯履和井鸿钧（1958）的观点较为合理。因此，战国大梁城的东墙应在今铁塔以西、北门以东区域的南北一线推求。另外，开封市文物工作队根据 1981 年彩红外影像发现，在今开封城区东北部的小李庄附近发现一条南北向的条痕，认为其可能与大梁城的东墙有关（刘春迎，2006a），有待证实。

（二）高门及西城墙

大梁城的西边有一个门名叫高门，多是根据清代周城的《宋东京考》的记载：“高门，在固子门外西北二里，即梁惠王故城之门也。门已废久，至今土人犹名其乡曰高门，亦曰梁王城。”②其实，明代还有个“高门堤”也可用来判断高门和大梁城西墙的位置。据记载：“高门堤，在固子门外西北，西连落藜堤，因在梁惠王古城高门之北，故名。”③这两处文献所提到的固子门，即宋代外城西墙上的固子

① （明）李濂撰，周宝珠，程民生点校. 山岳//汴京遗迹志（卷四）. 北京：中华书局，1994：54.

② （清）周城. 宋东京考. 单远慕点校. 北京：中华书局，1998：201.

③ （明）李濂撰，周宝珠，程民生点校. 河渠三 • 附京畿沟洫暨堤闸渡口潭泊//汴京遗迹志（卷七）. 北京：中华书局，1994：104.

门，明代仍存在[①]。开封市文物考古研究所于2003年钻探发现，北宋东京城外城西墙上的固子门位于今天河南大学金明校区的东北角（葛奇峰和董志强，2003）。依此再向西二里，约略在搬迁前的东陈庄一带，即高门位于今河南大学金明校区西北角的药学院、护理学院附近，大梁城的西墙应该位于通过高门的南北一线。其实，高门的位置最早定位是在堌门村西偏北三里处的喜台村附近，“从喜台村东边南北着就是大梁城的西边城墙”（李村人，1957）。开封市文物工作队根据1981年彩红外影像并与1972年、1977年航片比较，发现在今开封城区西部的东陈庄附近有较为明显的3道条痕，最东面的一道条痕应为北宋东京外城西墙的映像，西面的两道与根据史籍记载所推测的大梁城西墙的位置较为接近，认为其可能与大梁城的西墙有关（刘春迎，2006a）。如此，西城墙的位置应在搬迁前的东陈庄、喜台村南北一线推求。

（三）南城墙

李村人（1957）认为，从这东西两门距离的远近和方向推算，大梁城的南城墙当在今之相国寺的南边，汴河故道的北边。但是相国寺址原是信陵君故宅，再从相国寺前门东去过两个街口，路北天主教堂处是从前名祠堂院，再前名鄢陵王府，是战国时朱亥故宅。信陵君与朱亥是战国的大员，他们的宅第就不应在城外，因此可证明，当时大梁城的南城墙应在今相国寺再南，汴河故道以南之地。此结论的前一部分被李长傅（1958）所采纳，后人遂据此将大梁城南城墙“假定到汴河北岸，今相国寺南”。之后，很少有人再注意到李村人（1957）结论后一部分的合理性。本书赞同此观点，因为汴河是“引河沟灌大梁”后改道所形成的河流，大梁城的南城墙应该在汴河故道之南，下文有详述。

（四）北城墙

大梁城的北城墙缺乏可凭依的文献记载，是根据东西南三面城墙的距离和方向推断出来的（李村人，1957）。还有“推算在今城北5里”（李长傅，1958）、“今城墙外约3—5华里左右一线为其北城墙”（刘顺安，2001）、“可能位于今北门外2.5公里左右”（葛奇峰，2012）等观点。从开封市大比例尺地图上看，夷门和高门，东西相对，近似成一条直线，或可看作大梁城的东西各三座门中的中间正门，据此本书绘制出北城墙的相对位置。

至此，战国魏都大梁城大约是兼跨今开封城西北部及城北西北部一带，其城垣和城门的大致范围如图4-1所示。

① 郑之鍪. 续东京梦华录//（清）沈传义，俞纪瑞，黄舒昺. 建置志·城池//祥符县志（卷九）. 清光绪二十四年（1898年）刻本.

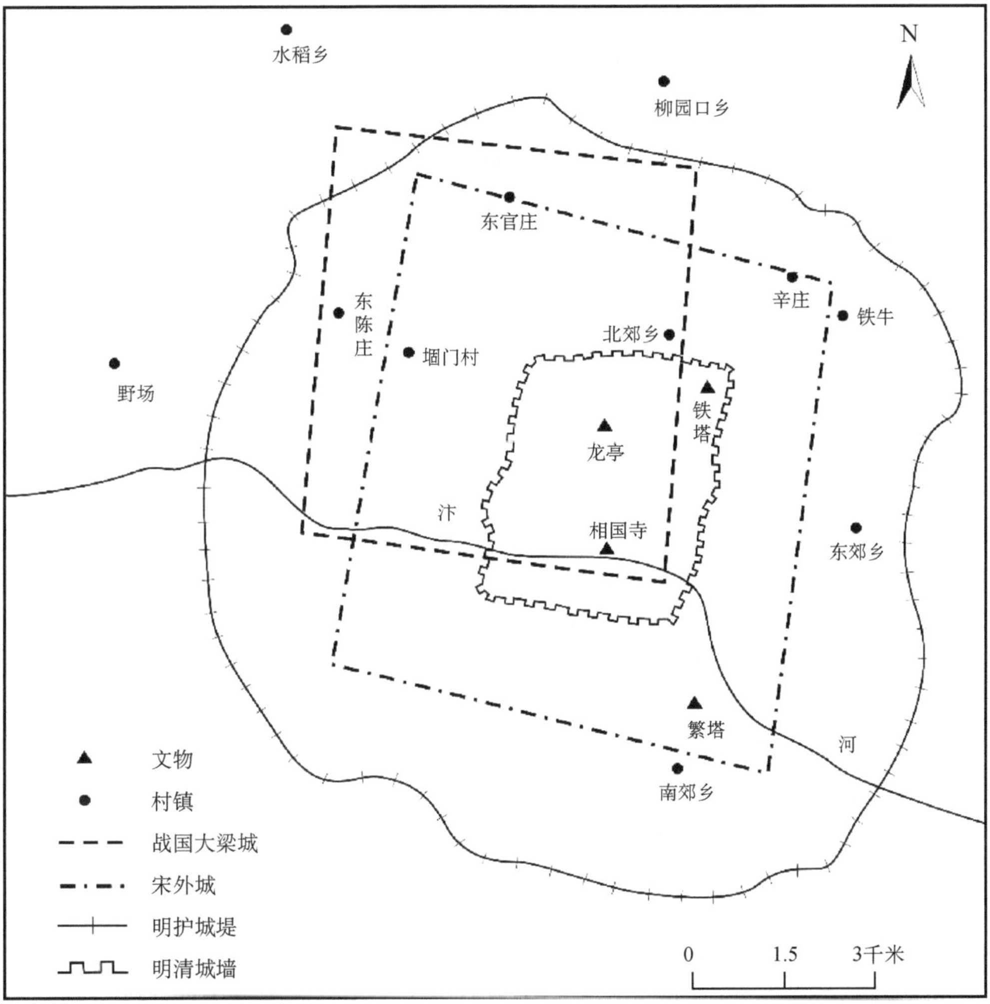

图 4-1　战国大梁城城垣示意图

二、“引河沟灌大梁”前开封附近的水道

（一）春秋时期的河网水道

春秋时期，黄淮之间有河、济、淮、泗四条主要河流，其间还有众多支流。只有济水和黄河相通，但并不与黄河各支流相接。所以，黄淮间只有各支流的短程航道，没有沟通整个区域的航运网络。姚汉源（2003）指出：“当时，鸿沟这一地区分属郑、宋、陈、蔡、楚诸国，无通航需要，也没有通力合作疏浚开河的可能。战国时魏国统一这一地区，有需要也有可能联通各河成为一个水系。”另外，

开封附近遍布湖沼，西有荥泽、圃田泽、萑苻泽，西北有沙海，东南有牧泽，南有蓬泽。

开封附近这些纵横交错的河网水系，加上低湿的地理环境，使开封在成为魏都大梁之前是个不起眼的带有军事色彩的边境城邑——仪。仪邑与开封故城也因为有蓬泽的阻隔，使得这两座城市各不相属①。不过，正因为仪邑处于郑、卫、宋等国的边界接壤之地，战略位置重要，才被魏惠王看中，定为魏国后期的都城。

（二）魏都大梁后水道的改造

魏惠王六年（前 364 年）定都大梁后，惠王急于改变黄淮间互不通航的水系和开封附近低湿的环境，主要采取凿通黄河与大梁之间的鸿沟水道和开辟垦耕蓬泽等措施，来改变城市发展的不利因素。该段工程分两个阶段进行。

第一阶段：《水经注》卷二十二《渠水》引《竹书纪年》载："梁惠成王十年（前 360 年），入河水于甫田，又为大沟而引甫水者也。"甫田即圃田泽，魏惠王首先凿通了黄河与圃田泽之间的水道，即荥泽与圃田泽之间的河道。因为鸿沟的上源，从河口到荥阳北一段，是利用了济水故道，在那里接受了自荥阳西南流来的旃然水（索水），再流入荥泽，济水自荥泽东流，鸿沟自荥泽东南流入圃田泽（史念海，1988）。魏惠王凿通了荥泽与圃田泽之间的河道，然后"又为大沟而引甫水"，即从圃田泽引出水向东流向大梁，是为大沟。对于大沟与圃田泽的关系，北魏郦道元指出"浦水盛则北注，渠溢则南播"，说明当时渠水位于圃田泽的北部，而在战国时大沟则是从圃田泽直接引水，两者是有差异的。

第二阶段：《水经注》卷二十二《渠水》引《竹书纪年》载："梁惠成王三十一年（前 339 年）三月，为大沟于北郛，以行圃田之水。"这里"北郛"指大梁城北郭，表明大沟是从大梁城外城城内北部穿城而过的（葛奇峰，2012）。魏惠王主要是将从西边圃田泽引出的大沟水再次东延流入大梁城外郭城内的北部，是大沟的东延工程。本书认为魏惠王之所以要分两次开凿鸿沟，很大程度上是因为第一期工程时，大梁城还没有外郭城。梁惠成王十年（前 360 年），距离"新都大梁"后仅 4 年。新都肯定是利用原先的仪邑城，在今开封老城区内，当时还没有外郭城。到了三十一年（前 339 年），距离新都已经 25 年，此时大梁城有了很大发展，出现了外郭城，这才有了引大沟水进入郭城内北部。至此，从黄河荥阳河口到大梁城之间的鸿沟上段河道已经凿成。此段河道称鸿沟水道、蒗蕩渠（也作蒗荡渠、蒗渠、蒗荡渠、狼汤渠）、官渡水，大梁城北部的一段河道又称浚仪渠（图 4-2）。

① 周宝珠在论述开封、大梁和浚仪的历史变迁时指出其实在古开封与浚仪之间是经常有一水相隔的，为古代行政区划提供了自然条件。见：周宝珠. 宋代东京研究. 开封：河南大学出版社，1992：5.

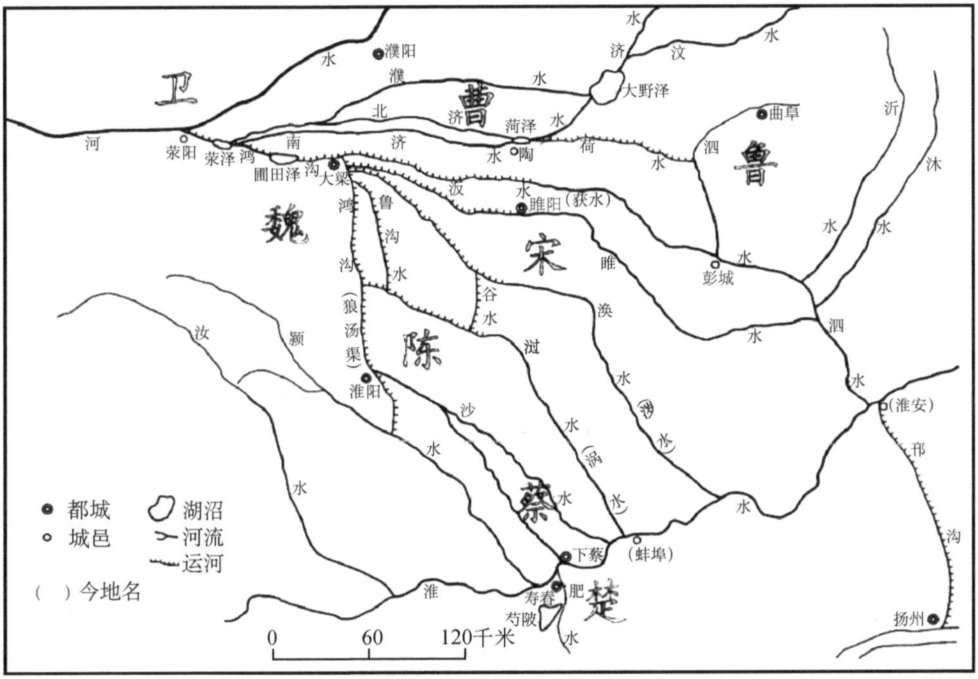

图 4-2　战国时期鸿沟水系图

资料来源：陈桥驿，2008：309

北宋时，“汴都地势广平，赖沟渠以行水潦”①，这同样适用于战国大梁城。魏惠王两项措施的实施，使得城市附近的积水得以疏导，沼泽之地逐渐变成沃野，大大改善了大梁城周围的水系湖沼环境，向着城市发展的有利方向发展。特别是大沟和鸿沟下段（鸿沟的下段，在大梁附近主要沟通了沙水、汳水、涡水等，与其下流接纳的小支流共同构成了鸿沟系统诸水，这就是历史上有名的鸿沟）的开凿，使济、濮、濉、涡、汝、泗、淮等水系相互贯通，从而构成了发达的水运网。所有这些支流与鸿沟主干一起构成了以大梁为中心，四通八达的水陆交通网。《史记》卷二十九《河渠书》载：“自是之后，荥阳下引河东南为鸿沟，以通宋、郑、陈、蔡、曹、卫，与济、汝、淮、泗会。于楚，西方则通渠汉水、云梦之野，东方则通（鸿）沟江淮之间。于吴，则通渠三江、五湖。于齐，则通菑、济之间。”相互贯通的水运网，促进了大梁城市商业的迅速发展，进而也促进了大梁城市的全面发展。

同时，鸿沟还具有灌溉农田、改良土壤的功能。《史记》卷二十九《河渠书》就载：“此渠皆可行舟，有余则用溉浸，百姓飨其利。至于所过，往往引其水益用

① （明）李濂撰，周宝珠，程民生点校．河渠三・附京畿沟洫暨堤闸渡口潭泊//汴京遗迹志（卷七）．北京：中华书局，1994：98.

溉田畴之渠，以万亿计，然莫足数也。”另外，张汉洁认为，梁惠成王十年（前360年）引黄河水入圃田泽，蓄水溉田，种稻改土，肥田增产，所谓“黄潦膏凝，禾稼茂止，久淤之地，而利十倍”，即指此也。这是古代引黄放淤，种稻改土的最早典范①。

总之，鸿沟的疏凿，使得黄淮间从“互不通航”到沟通“河济淮泗”，同时鸿沟又兼具排涝、航运、灌溉、改良土壤等作用，促进了大梁城的全面发展。《战国策·魏策四》中记述：“魏之大梁、秦之咸阳、楚之郢，皆出入大贾小商之地。”大梁城出现初步的繁荣，是开封城市发展史上的第一个顶峰（吴朋飞，2013）。鸿沟水系的疏通，对大梁城及其各支流主要城市的繁荣起到了很大的作用。

三、大梁城附近的水道和微地貌

（一）荥阳河口至大梁城之间的鸿沟主道

要探讨大梁城毁那场惨绝人寰的灾难，还需对城市周围的微地貌和水系进行更细致的分析。战国鸿沟的开凿，使大梁城一跃成为黄淮间的水运网络中心，但要“引河沟灌大梁”，视野只能放在大梁城西边和西北边的河流，其东面的泒水、沙水及支流等河流不再考虑。前已提及，魏惠王沟通了荥阳河口至大梁城之间的鸿沟主道，其实这一段河道在其沿途还陆续截拦汇纳了其左、右侧的一些天然河流，来补充运河水量。据《水经》卷二十二《渠水注》的详细记载，以该河道为中心，在大沟的南面流入大沟的河流有五池沟水、不家沟水、清池水、官渡水、役水；在大沟的北面汇入大沟的河流有十字沟、渊水、阴沟水。这些河流绝大多数流程短、流量小，只能起到增加大沟水量的作用；而十字沟、阴沟水则是直接从黄河分出流入大沟，水量较大，需重点关注。

十字沟，据《水经》卷二十二《渠水注》载，“又有一渎，自酸枣受河，导自濮渎，历酸枣迳阳武县南出，世谓之十字沟而属于渠，或谓是渎为梁惠王之年所开，而不能详也。”史念海（1998）指出：由酸枣县（今河南延津县古墙村）西南黄河崖边和濮渎（就是前面所提到的那条别濮水）一块引出的十字沟，就是南流到鸿沟里的。这条十字沟中间截过了南济和北济两条水道。作为人工开凿的水道，这样截过其他的水道并不是不可能的，其目的显然是要增加鸿沟的水量。

《水经》载：阴沟水，出河南阳武县蒗渠。《水经》卷二十二《渠水注》载：“阴沟首受大河于卷县，故渎东南迳卷县故城南，又东迳蒙城北……故渎东分为二，世谓之阴沟水……俱东绝济隧。右渎东南迳阳武城北，东南绝长城，迳安亭北，又东北会左渎。左渎又东绝长城，迳垣雍城南……又东迳开光亭南，又东迳清阳

① 张汉洁. 我国历史上治黄改碱儒法斗争. 河南黄河河务局（内部资料），1975：26.

亭南，又东合右渎。又东南迳封丘县，绝济渎。东南至大梁，合蒗荡渠。梁沟既开，蒗荡渠故渎实兼阴沟、浚仪之称，故云出阳武矣。东南迳大梁城北，左屈与梁沟合。俱东南流，同受鸿沟，沙水之目。其川流之会左渎东导者，即汳水也。盖津源之变名矣。故《经》云：阴沟出蒗荡渠也。”史念海（1998）同样指出：这条阴沟水是由卷县故城（今原阳县原武城西北圈城）之南由黄河分出，经过蒙城（今原武城西南）之北东流，在蒙城东北还曾分成左右两渎。不过不远就又合成一条，经封丘县至大梁城（今开封市西北）北和蒗荡渠（即蒗荡渠）相合，构成鸿沟的又一个上源。当然，这段阴沟水也和十字沟一样，是要截过南济和北济的。虽然用人工的力量可以截过两条济水，但能维持多长的时间难说，所以郦道元叙述的时候，就已称为故渎了。本书将鸿沟主道、十字沟、阴沟水的相对位置，编绘成图 4-3，便于下文的进一步分析。

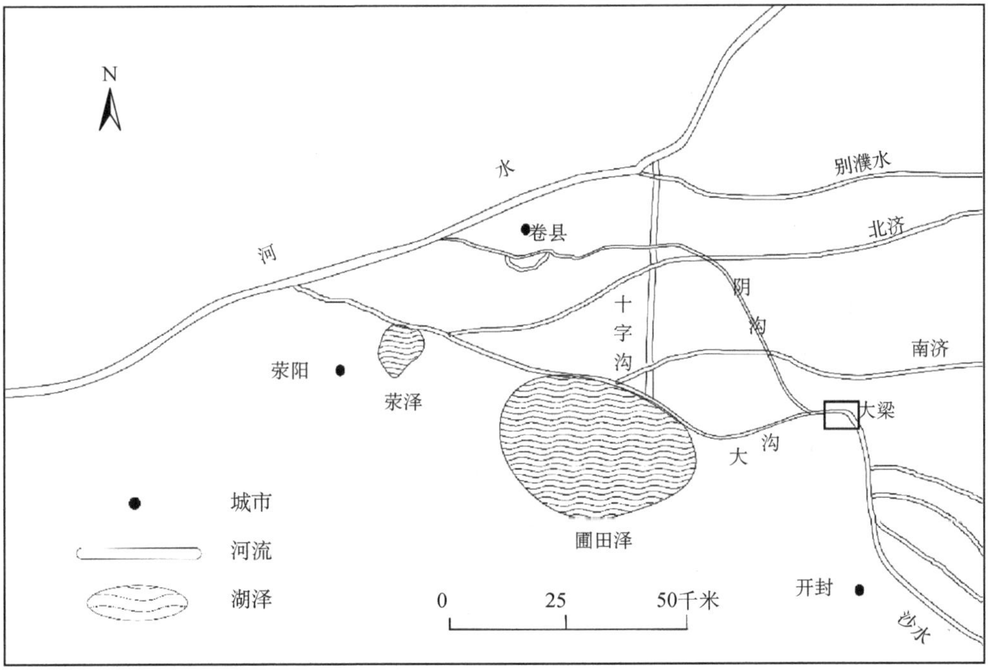

图 4-3　荥阳河口至大梁城鸿沟主道示意图

（二）大梁城附近的微地貌

开封位于地势平坦的豫东平原腹地，一马平川。若就城市微地貌而言，战国大梁城附近还是有些浅丘和高冈的，不过今已不明显，这是历代人工活动和金元以来黄河淤埋的结果。大梁城西部、北部的微地貌有可能会改变水系的流向，故将这些冈丘予以整理（表 4-1）。

表 4-1　开封附近地貌名称及方位里数

地貌名称	方位				
	西南	西	西北	北	东北
冈	凤城冈 3 里；七里冈 7 里；望牛冈 10 里；杏花冈 15 里；井家冈 15 里	苏家冈 5 里；药局冈 20 里；八里冈 30 里；狼城冈 30 里；狮子冈 35 里	牟驼冈 15 里；黑冈 25 里；接沙冈	牛尾冈 1 里	角桥冈 5 里；南神冈 20 里；杨子冈 20 里；霍赤冈 20 里；长腰冈 25 里；仙游冈 25 里；沙窝冈 25 里；袁家冈 25 里；百冈 30 里；槐疙疸冈 30 里；兔白冈 40 里
堆	青堆；大营堆；王家堆	—	申家堆	—	—
坡	—	—	胭脂坡	幕天坡	—
合计	8	5	5	2	11

资料来源：（明）李濂《汴京遗迹志》卷九《冈堆坡陂关梁井墓》，（清）周城《宋东京考》卷二十《冈》

地貌的改变是缓慢的过程，除非有外营力作用才会在较短时间内出现显著变化。表 4-1 中是文献记载的以明清开封砖城为地理坐标的城市西、北部的典型冈丘地貌类型，在战国大梁城时应该也是存在的。明代，开封城内地形有起伏，有“三山不令显，五门不令相对”之说[①]。三山是指土街为一山，即今南北土街；爪儿隅头为一山，即大小爪儿隅头，在今大梁门里一带；夷山为一山，在城东北铁塔一带。这三处地势较他处略高而又不太高，所以说是“不显”。这三处高地，实际上为战国“引河沟灌大梁”提供了基准控制面。另外，牟驼冈“在城西北十五里，宋天驷监牧养御马驼骡之所”。其位置约在水稻乡堤角村以西，南达花生庄，西界沙门，北临南北堤、黑池，面积约 4 千米^2[②]。这也将鸿沟的上源阴沟水限定在牟驼冈之西。

四、“引河沟灌大梁”后开封附近河道的流向

《史记·魏世家》载：“三年，秦灌大梁，虏王假，遂灭魏以为郡县。”《史记·秦始皇本纪》记载：“二十二年，王贲攻魏，引河沟灌大梁，大梁城坏，其王请降，尽取其地。”两处文献记载说的是同一件事，极其简略，并没有交代如何“引”“灌”。前人对此问题关注不多，目前仅见刘顺安（2006，2008）对此提出了一些看法：“王贲很可能是引用黄河水经鸿沟来‘围灌’大梁的。具体地讲采取了三大步骤：首先，利用大梁一带西北高、东南低的地势（至今开封地势仍如此），在地势高出大梁地面的鸿沟地段开挖沟渠，向大梁城方向引水。其次，又在大梁城四周及鸿沟开挖的沟渠处两岸修筑大堤，使水面升高，并达到一定高度。最后，注水于大堤和城墙之

① 孔宪易校注. 形势纪第二//如梦录. 郑州：中州古籍出版社，1984：3.

② 开封市人民政府地名办公室，开封市地名词典编辑部. 河南省古今地名词典·开封市地名词条选编(4). 内部资料，1988：327-329.

间，来达到灌城之目的。”此观点对引灌的地点和方式交代的都不具体，有进一步探讨的空间。本书认为，可根据河灌大梁后的结果，来反推河灌大梁时的场景。

王贲灌大梁后，鸿沟在开封附近的流向，《水经》卷二十二《渠水注》载：“渠水东南迳西赤城北，左则故渎出焉。秦始皇二十二年，王贲断故渠，引水东南出以灌大梁，谓之梁沟。又东迳大梁城南，渠水又北屈，分为二水。汴东注，沙南流。其水更南流，迳梁王吹台东。渠水于此，有阴沟、鸿沟之称焉。”这里“故渎”是指阴沟水，“故渠”是指王贲灌大梁之前渠水经大梁城外城郭内北部的河道。据此，鸿沟经大梁城北的一段，即大沟，改为流经大梁城南而北屈，再南折经汉代扶沟（今扶沟县东北约 20 千米）。谭其骧于 1982 年主编的《中国历史地图集》将其绘制为“梁沟”。《元和郡县图志》则记载为枯遮梁沟，“秦始皇二十二年，王贲引水灌大梁城于此沟”①。

根据汴河堤、斗门村、赤城、牟驼冈、沙海等已知地名或考古资料，我们在开封市 1∶1 万比例尺地图上将渠水和故渎的相对位置固定。同时，梁沟或枯遮梁沟（即后来的汴河）有考古发掘资料，汴河西水门位置，在北郑门之北，土城之南，在今西郊乡土城村南，南距新郑门遗址约 900 米的外城西墙上探到一处城墙缺口，为汴河上西水门遗址。汴河西角子门遗址南距明清城墙西南角约 920 米（小西门北侧），该段河道与城外由二建综合加工厂处（天龙玻璃厂附近）延伸过来的河道相呼应（刘春迎，2004）。这样，“引河沟灌大梁”前、后鸿沟在大梁城附近的流向，可以地理复原编制成图（图 4-4、图 4-5）。

五、王贲引河沟灌大梁城的地理过程蠡测

根据前文对开封附近水系、地貌、城垣及城门的复原和灌大梁后鸿沟水道的流向，本书认为，水量、流速决定了王贲决堤的位置和方式。

（一）王贲灌大梁的引水地点

城墙、城门及城内的高地（三山）决定了王贲不可能从战国大梁城的东北部、东部引水灌城，只能在大梁城西部或西北部寻找引水口。“引河沟灌大梁”肯定是利用黄河水增加水量，不大可能直接从荥泽、圃田泽方向引水，单凭一条大沟并不能满足条件，因为大沟需要经过两个比较大的湖沼，水量和流速都不能保证。故只能从其他流入大沟的流量比较大的支流寻找答案，如十字沟、阴沟水等。如图 4-3 所示，十字沟距离大梁城较远，也可暂不考虑，而阴沟水是极有可能的。阴沟水流入大沟的水口地点比较关键，若在此处截流，横筑一道土坝，将西来的大沟水和西北来的阴沟水拦截在此蓄高，再向东南方向开口，这样水量和流速都有保证。

① （唐）李吉甫著，贺次君点校. 河南道三·汴宋节度使·汴州//元和郡县图志（卷七）. 北京：中华书局，1983：177.

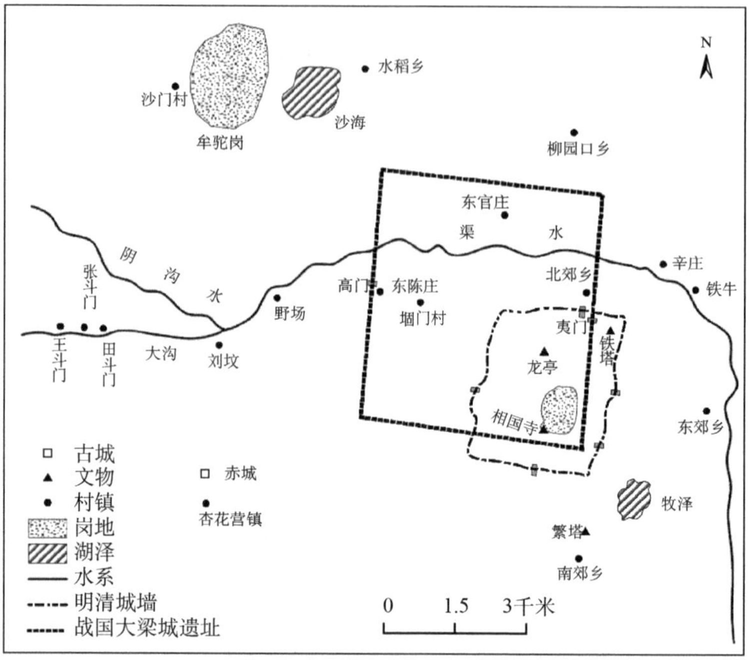

图 4-4 魏惠王凿通鸿沟后开封附近的河道

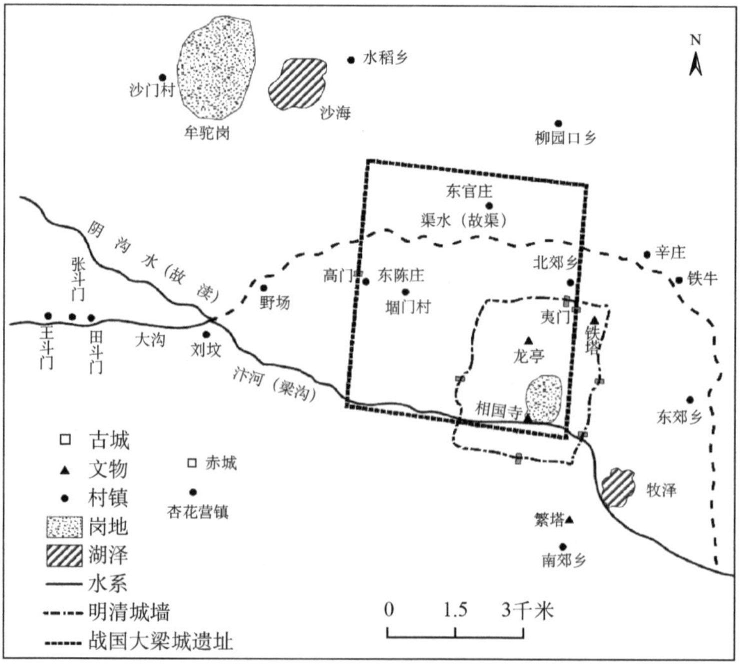

图 4-5 “引河沟灌大梁”后开封附近的河道

根据王贲灌大梁城后的河道走向（图 4-5）和《水经》卷二十二《渠水注》的记载，“赤城”是判断王贲“引河沟灌大梁”的关键节点之一，“故渎”和“故渠”都在赤城北略偏东。宋《太平寰宇记》记载：“赤城，在浚仪县西南一十五里。”本书认为，可根据牟驼冈来大致推断赤城的位置。牟驼冈和赤城，一北一南，都距城十五里。在开封市 1∶1 万比例尺地图上推求，赤城约在今西吕庄、毛寨附近。据此，王贲灌大梁的引水地点，亦即大沟与阴沟水的交叉口，约略在开封西郊今刘坟、野场附近（图 4-6）。

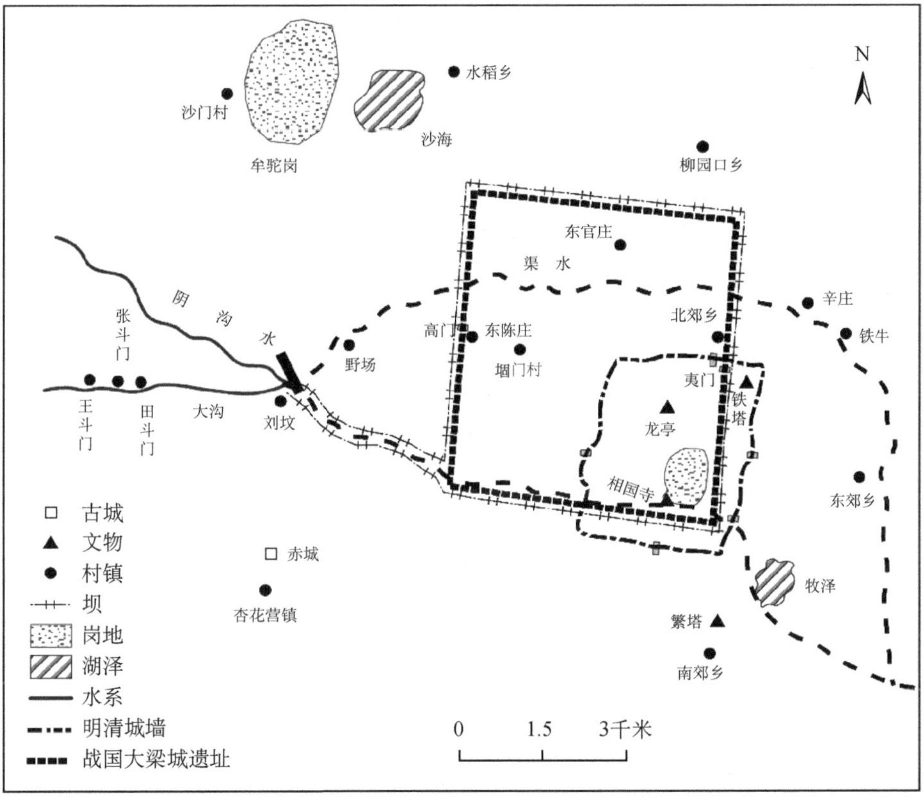

图 4-6　王贲引灌大梁城示意图

（二）王贲灌大梁的筑坝方式

解决了水源和水量后，还需要探讨“灌”的问题。按照刘顺安（2006，2008）的观点是“在大梁城四周及鸿沟开挖的沟渠处两岸修筑大堤，使水面升高，并达到一定高度。最后，注水于大堤和城墙之间，来达到灌城之目的”。但是，该方法工程量浩大，尤其处于战争特殊时期，更重要的是还要保证大梁城毁人亡之后形成的新河道——梁沟基本走向与后来的汴河河道一致。故此观点值得商榷。本书认为，秦军当利用渠水（大沟）与阴沟水交叉口向东南方向的南部修筑大坝，将河沟水引向大梁城西城墙的西南角（有一个偏角，不同时期的开封城一直呈东北—西南偏向 10°—15°），冲开城墙后灌入大梁城内，使得城坏人亡（图 4-6）。

此时王贲挖开的鸿沟距魏惠王开凿时，已行水一百余年，渐成为地上河，也便于向东南开口引灌。同时，灌城后的泛滥洪水形成一道“西北—东南”走向的河道，这很有可能就是梁沟，亦即后来的汴河河道。城内“三山”高地将灌入城内河流的流向逼向东南，此高地上的建筑物当破坏程度较小，后成为浚仪县的治所所在地，一直为后世所利用，这是开封城内的龙脉所在。

六、几点认识

开封是历史上著名的黄泛之地，土质以砂和粉砂为主，地下水位浅，致使开封市区及近郊范围内的早期考古工作开展十分困难。战国大梁城，作为开封城区都城史上的第一个都城，考古工作者至今未找到有关该城的蛛丝马迹，只初步估算淹埋在今地面以下 14 米左右。通过本书对王贲“引河沟灌大梁”古地理环境的研究工作，得到以下几点认识：

（1）战国大梁城的南城墙，应还在汴河故道以南。王贲灌大梁的引水地点为阴沟水汇入大沟的交叉口附近，约略在今开封西郊刘坟、野场附近；筑坝方式是从该引水口向东南流向的河道的两侧筑坝，直冲大梁城西南角，大水冲坏城墙导致城坏人亡，并非前人研究认为的围绕大梁城筑坝一周，按照当时的战争形势和工程量，都非易事。

（2）开封城池的沿用有一定的延续性。本书认为今开封古城区，很可能就是魏惠王迁都之前的仪邑城址所在地，因为这一带至明末之前始终是古城区，地势比较高，王贲灌大梁当对这一区域的建筑物破坏较小；二是秦灭魏之后所设浚仪县城也在古城区，直至唐代为李勉扩筑汴州城所利用。

（3）战国大梁城的城市环境，实际上存在诸多不利因素，其重要性在于军事战略地位和交通便捷。魏惠王迁都大梁城后，形成西安邑、东大梁哑铃形的疆土版图。后东败于齐，西遭秦攻，又经过桂陵、马陵之战的重创，魏国大伤元气。西方秦国的迅速崛起，秦灭魏是大势所趋，但不利的城市水环境实为魏国埋下隐患。《史记·苏秦列传》载有苏代的言论：“决荥口，魏无大梁”“陆攻则击河内，水攻则灭大梁”等。唐代司马贞《索隐》则进一步解释：“荥泽之口与今汴河口通，其水深，可以灌大梁，故云无大梁。”另外，《战国策·魏策三》也载魏公子无忌的言论：“秦有郑地，得垣雍，决荥泽，而水大梁，大梁必亡矣。”魏国尽管采取了补救措施，如修筑长城于大梁城的西边“经阳武到密”，就有拱卫大梁，防范秦军决荥泽之水以灌大梁的目的（刘顺安，2006，2008），仍摆脱不了被水攻毁城的命运。

第二节　崇祯河决开封的地理复原

一、明末黄河与开封的地理形势

北宋之前，黄河流经今河南省北部，距离开封较远。南宋建炎二年（1128 年）东京留守杜充在滑县李固渡掘开黄河，使得黄河主泓大变，开始了长达 700 余年的南流期。黄河遂在黄淮大地上，或决或塞，迁徙不定，再造了这一区域的地理环境。开封位于黄河冲积平原的西部边缘，遭受黄河灾害频仍。明代开封河患尤甚，黄河不断浸及城池，主泓忽在城南、忽在城北，河流改道、泥沙淤积，改变了城市附近的地理面貌，形成了“城外高、城内低”的盆地景观。

明洪武初，开封城墙在金宣宗兴定三年（1219 年）拓展后的内城的基础上，外部全部用砖包砌，城周长度与金末相同，为“二十里一百九十步”，城墙高 3 丈 5 尺、宽 2 丈 1 尺，城外有宽 5 丈、深 1 丈的护城河围绕。洪武十四年（1381 年）竣工的周王府，城周“三里三百九步五寸”，城墙高 5 丈，王城外面还有一道萧墙“周围九里十三步，高二丈许”。北宋东京城的外城城墙基址和残门一直到明末还存在，如《如梦录》记载：“外城曰土城，周四十八里二百二十三步，仅余基址，有门不修，以土填塞，备防河患。”①郑之鎏的《续东京梦华录》也记载：“去城七八里许，有土城，仅有土基，孔道存焉。”②白愚的《汴围湿襟录》中记载：“（官军）恐民兵暗逃，将土城周围峻削，路口把守闭塞，镇以棘，畜以犬，昼夜严防。”③崇祯十五年（1642 年）李自成农民起义军七月十七日围攻开封时，“铲土城至尽，下掘深沟，以防我兵”④。开封护城堤，位于黄河大堤与开封城之间，城北的一段最早创建于元延祐六年（1319 年）；明正统年间于谦在城西、北、东三面修筑长四十余里、宽六丈、高两丈余的护城堤；景泰二年（1451 年）王暹又在城南边续筑护城堤，使之成为开封城外一个环形的大围堤。至明末，开封城已形成“护城堤—土城（即北宋外城）—内城（砖城）—萧墙—紫禁城”五重城的城市结构（吴朋飞和邓玉娜，2014），这在中国乃至世界上是绝无仅有的。

---

① 孔宪易校注. 城池纪第一//如梦录. 郑州：中州古籍出版社，1984：1.

② 郑之鎏. 续东京梦华录//（清）沈传义，俞纪瑞，黄舒昺. 建置志·城池//祥符县志（卷九）. 清光绪二十四年（1898 年）刻本.

③ 刘益安. 汴围湿襟录校注. 郑州：中州书画社，1982：45.

④ 刘益安. 大梁守城记笺证. 郑州：中州书画社，1982：96.

明弘治二年（1489 年）黄河已在开封城北走河，河道也大体上稳定下来，其后南北两岸纷纷修筑堤防。弘治三年（1490 年）白昂治河时，筑北岸阳武长堤，自原武经仪封（今兰考境）至曹县，以防大河进入张秋运河。这就是现行河道北岸大堤的前身。弘治八年（1495 年）刘大夏治河，又在北岸自延津以下至江苏沛县，加修了太行堤，作为二道防线，以防大河北侵。弘治三年（1490 年），在开封黄河南岸大修黄河堤防。“若汴梁之旧堤，岁渐卑薄，乃以佥事臣俊、都指挥臣刘胜董之。增其高以尺计者自五而至七，益其广者皆五丈。保障既固，而向尝为迁省之议者无事于行矣。”①《开封市郊区黄河志》记载，明弘治三年（1490 年），开封形成接近现在大堤的完整堤防，河患下移。②弘治七年（1494 年）刘大夏重新整治了河道，故李长傅（2007）认为，在明弘治八年（1495 年）经刘大夏治理后，已相当于今日的河道。后虽时决时塞，但没有大的改变。本书认为河道虽已基本固定，但河身却在不断地壅高。此后开封城北的黄河渐渐淤积，至崇祯十五年（1642 年）实际已形成“悬河”。现今上界回回寨和下界齐寨的大堤临背高差分别是 4.22 米和 5.08 米。若以龙亭附近为参照面，黄河柳园口河床则高出近 12 米。这样的地形，黄河一旦决口，开封城市必遭殃。

随着黄河悬河的逐渐形成，当时开封黄河南岸出现几处著名的险工。明代潘季驯指出：“河南黄河南岸，逼近省城，藩封重地，最为吃紧。如荥泽县之小院村、中牟县之黄炼集、祥符县之瓦子坡（今中牟瓦坡）、槐疙瘩（今开封县军张楼西）、刘兽医口（今郊区杨桥一带）、陶家店（今郊区双合铺一带）、张家湾（今郊区张湾）、时和驿（今郊区老刘店一带）、兔伯堽（今郊区土柏岗）、埽头集（今开封县埽街），陈留之王家楼（今开封县王楼）……俱为要害。”③

黄河大堤、护城堤、砖城三重防洪设施的修筑，构成了明末开封城抵御洪水的适应性城市景观。明代中后期，开封城“城外高、城内低”的盆地景观已经形成。如潘季驯的《河防一览》卷十二《河上易惑浮言疏》中记载：“滨河州县，河高于地者，在南直隶则有徐、邳、泗三州，宿迁、桃源、清河三县，在山东则有曹、单、金乡、城武四县。在河南则有虞城、夏邑、永城三县，而河南省城则河高于地丈余矣。惟宿迁一县已于万历七年改迁山麓，其余州县则全恃护城一堤以为保障。”其地上河之情形显而易见。另外，白愚《汴围湿襟录·自叙》中也说到：“城在釜底，仰视黄流，其地最称可患。”④当时开封城市防洪若稍有疏忽，便极有可能酿成大祸。明末崇祯十五年（1642 年）河决开封事件就是在这样的背景下发生的。

---

① （明）谢肇淛：《北河纪》卷三《弘治庚戌治河记》.

② 开封市郊区黄河志编纂领导组. 开封市郊区黄河志. 内部资料，1994：95.

③ （清）傅泽洪辑录. 行水金鉴第三十六卷·河水//行水金鉴（第三册）. 上海：商务印书馆，1937：515.

④ 刘益安. 汴围湿襟录校注. 郑州：中州书画社，1982：1.

二、崇祯河决开封的历史背景

1642 年河决开封事件发生的重大历史背景就是明末李自成起义军三次攻打开封城。第一次，崇祯十四年（1641 年）二月十二日，李自成亲率三万兵马奇袭开封，七昼夜猛攻，遭到明朝官军抵抗，结果因李自成左眼中箭失明而不得不撤兵。第二次，崇祯十四年十二月二十三日，李自成联合罗汝才，统率五十万大军再次攻打开封。在开封城下，经过二十天的激战对垒，双方损失惨重，不分胜负。因朝廷调来援兵，李自成起义军再次撤围。第三次，崇祯十五年（1642 年）五月二日，李、罗联军率百万之众第三次攻打开封。李自成吸取前两次失败的教训，采取围城打援的战术，将开封孤城围得水泄不通长达五个月。城内弹尽粮绝，但仍拒不投降。

崇祯十五年九月十四日夜，正值汛期，距离开封城北七里的黄河南岸马家口和朱家寨两处同时决口，洪水直扑开封城，城内百万军民十之八九死于非命，一万多起义军也被巨浪卷走，千里沃野顿成泽国，受灾百姓不计其数，成为人类历史上极为罕见的惨剧。《河南自然灾害》将此次灾害与铜瓦厢、花园口决溢事件并列为黄河决口泛溢史上“最为典型，危害最重”的三大事件（温彦，1994）。

关于河决的原因，当时人记载不一，现代人的看法也存在很大分歧。归纳而言，主要有李自成掘河说、明官方掘河说、李自成与官方皆掘河说、自然因素说（展鹏飞，1992；李程远，2017）。关于当时人的记载，展鹏飞和李程远在研究中对记载的文献列举得很清楚，此处不再赘述。方楫（1956）最早对此问题进行研究，认为明政府是这场灾难的直接祸首。此后，孙祚民（1964）、方福仁（1983）、柳义南（1983）都支持此观点，该观点也成了学术界的主流观点。王兴亚（1984）认为，当年的七月间，明朝官军在朱家寨凿渠引水护城，对本已“久不修治”的黄河大堤造成了新的损害；到九月间加之黄流暴涨诸因素，致使河堤溃决。孙月娥（1986）进一步详述：河决开封“虽在九月十四日夜间，但实际上，却是在六、七月间双方相继扒掘河堤直接酿成的恶果”。在当年六月中旬到七月三日中间，攻守双方出于各自目的，先后扒掘河堤，为后来黄河决溃埋下了祸根。到了“是年八、九月份，阴雨连绵，黄河水量骤增，九月十四月，洪峰已达开封地段，原为淤沙填塞的朱家寨口和马家口立即溃决”。展鹏飞（1992）认为这一观点更接近事实，并补充了部分证据。李程远（2017）则从史料鉴别、战况分析、实地考察三方面论证，认为李自成是掘河灌城的罪魁祸首。

本书不纠缠于史料问题，只注重掘河的可能性和最后的结果。明末掘河之前的开封城，经过李自成起义军的三次攻打，处于战事状态，形势危迫，高度紧张。双方采取极端手段，都有可能性。可能范沛潍（2004）的观点更接近事实：明末开封大水，是一场人祸天灾。即官军、起义军均先决堤，但因其时黄河水量较小等诸多因素未能成灾。日后黄河水量大增，于是冲垮曾被官军、起义军掘过但并未修复的堤防，一场空前的灾害出现。

三、崇祯河决开封的空间再现

1642年河决开封的决口地点发生在朱家寨、马家口，当时人的文献记载比较一致，今人也较为认可。但关于马家口、朱家寨的具体地点，前人的探讨不多，今仅见李曾三（1985，1986）、孙月娥（1986）和《开封市郊区黄河志》当中有论述。

（一）马家口与朱家寨两口门的距离

《明史·河渠志》记载："河之决口有二：一为朱家寨，宽二里许，居河下流，水面宽而水势缓；一为马家口，宽一里余，居河上流，水势猛，深不可测。两口相距三十里，至汴堤之外，合为一流，决一大口，直冲汴城以去，而河之故道则涸为平地。"①据此，此次决口的地点为马家口和朱家寨，且两口门相距三十里。不过，李曾三（1985，1986）和孙月娥（1986）都根据灾后堵口的工部侍郎周堪赓《河工情形疏》和《报堤工将竣疏》的记载，认为马家口与朱家寨两者之间的实际距离为"三四里"。

崇祯十六年（1643年）正月十五日，负责堵口工程的工部侍郎周堪赓在给皇帝的奏折《治河奏疏·河工情形疏》中说："臣泛小艇上下周流探看，得河之决口有二，一为朱家寨，宽二里许，居河下流，水面宽而水势缓；一为马家口，宽一里余，居河上流，水势猛厉，深不可测。上下两口相距三四里。"另据周堪赓三月初三的奏折《报堤工将竣疏》："自朱家寨北岸起至马家口东岸止，筑长堤一道，绵亘凡四百余丈。"李曾三（1985）认为，这里所说的"四百余丈"，也充分说明了两口相距绝不是三十里，而是三四里。显然，《明史·河渠志》等史书摘录此段奏折时，误载为"两口相距三十里"。

（二）马家口与朱家寨的具体位置

孙月娥（1986）认为决堤地点只能在柳园口附近，"朱家寨距城十里，其地点应在黄河柳园口或该口稍偏东南处。马家口在朱家寨上游三四里处，当在城北的柳园口稍偏西处"。另外，根据光绪二十四年《祥符县志》附图中自黑岗至柳园口的地名，带有"朱""马"二字的地名判断，紧邻柳园口的朱场和马庄附近比较符

① （清）张廷玉等. 黄河下·河渠二//明史（卷八十四）. 北京：中华书局，1974：1325.

合周堪赓所说的决口方位。孙月娥推断的决口地点（即图 4-7 中的大马庄和朱厂村），本书认为是有问题的。根据光绪《祥符县志》附图来判断明代的决口地点，孙月娥的推断犯了“以今论古”地理的错误。因为清末开封城北的黄河大堤及村庄已非明末的形势，孙月娥所提到的柳园口险工是道光二十一年（1841 年）黄河决口后，于 1842 年林则徐合龙后的新黄河大堤，因此“紧邻柳园口的朱场和马庄附近”这一决口地点的判断，不能等同于明末。

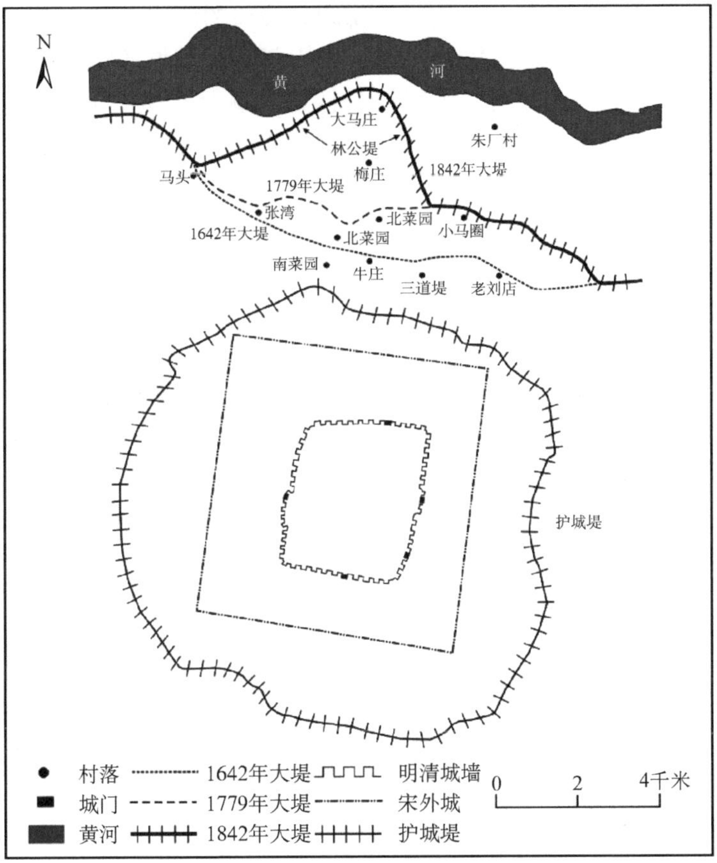

图 4-7　1642 年河决开封形势图

要探讨明末朱家寨、马家口的决口地点，必须将今开封城北的黄河大堤回归到明末的形势。按照《开封市郊区黄河志》的记述，开封城北黄河河道基本上稳定于 1489 年，但南岸的黄河堤防却有三次比较大的变动。今柳园口一带临背高差只有 3.62 米，是黄河大堤两次向北推进的结果。第一次推进是清乾隆四十四年（1779 年），在明清大堤以北 2 千米一线，即王周庄和梅村之间，修筑新堤，而将横贯牛庄的老堤废弃。第二次推进是清道光二十一年（1841 年），堵塞张湾决口，又向北推进 2.5 千米筑堤，即现在的柳园口大堤。其临背高差已形成三级台阶，再加淤背宽 800 米，“悬河”景观就难窥全貌了。[①]按此，将黄河大堤的三次变动情形在地图上予以示意呈现（图 4-7），回到明末开封城北黄河大堤的地理环境，定位两个口门的地理位置才符合客观事实。本书认为，李曾三（1986）和《开封市郊区黄河志》中考证的“马家口决口口门在今牛庄村西头，朱家寨决口口门在今三道堤村的东边”可能更接近事实。

朱家寨与马家口两处口门，均位于柳园口渡口的南岸。马家口在上游，朱家寨在下游，这与有关文献的记载是一致的，但口门距开封城的距离有不同的说法。朱家寨与开封城之间的距离有“城西北十七里”“城北十里”“距城八里”“距城七里”等说法，如《河工摘要》和《行水金鉴》认为“在城西北十七里”，《明史纪事本末》认为“距城十里”，《明实录》《明史》《怀陵流寇始终录》等均认为“距城八里”，《守汴日志》、乾隆《续河南通志》、光绪《祥符县志》认为“距城七里”。李曾三（1986）与《开封市郊区黄河志》，根据《守汴日志》和《豫变纪略》等记载的掘朱家寨“使逆流而上”“自北门至朱家寨仅七里，每里三百六十步”，认定朱家寨在开封城东北七八里。李曾三（1986）指出：口门距城七里比较确切，十五里显然有误；八里是从水边计算，“依河为寨”，是指城距黄河远近的概括，而非距离朱家寨、马家口的具体里程。经现场查勘，朱家寨在今三道堤村与老刘店之间残留的明代废堤上（图 4-7），决口遗迹与历史记载崇祯十五年（1642 年）决口的宽度相同。故认定今郊区柳园口乡三道堤村东即为明代朱家寨。[②]

确定了朱家寨的具体位置后，马家口决口地点也就比较容易解决。根据周堪赓《治河奏书》中马家口、朱家寨“上下两口相距三四里”以及朱家寨口门“宽二里余”、马家口口门“宽一里余”，按照明代计量单位折算，确定了马家口的具体位置。经现场查勘，在朱家寨口门以上 2256 米处（折合明代 4.03 里），即张湾以下的北菜园与牛庄之间明代废堤上，有一“宽一里余”的口门遗迹。故认定牛庄村西为明代马家口（图 4-7）。但未搞地质钻探，有待进一步考证。[③]

（三）崇祯河决后的洪水流路

据《治河奏疏·原序》记载，周堪赓在崇祯十六年（1643 年）“正月八日抵汴，亲行相度，马家口决口在开封西北，为黄河上游，水深猛；朱家寨决口在东北，为下流，稍平缓。两决口相距四里，合于城之北隅灌城，南奔入淮”。据此，朱家寨和马家口两口门被扒开后，形成两股洪流“合于城之北隅灌城”。对于如何

① 开封市郊区黄河志编纂领导组. 开封市郊区黄河志. 内部资料，1994：54.
② 开封市郊区黄河志编纂领导组. 开封市郊区黄河志. 内部资料，1994：291.
③ 开封市郊区黄河志编纂领导组. 开封市郊区黄河志. 内部资料，1994：291-292.

“合”，需要进行进一步分析。

朱家寨、马家口均在开封城东城墙与西城墙向北的延长线内，决口南流的两股洪水仅存在冲堤毁城的可能性。马家口在开封城西北，决口后可以向南或东南流，直冲南面的护城堤和城池，而朱家寨位于开封城东北七八里，怎么才能与马家口会合呢？《守汴日志》和《豫变纪略》等记载：掘朱家寨“使逆流而上”，这样使得黄河洪水在此有向南拐弯，改变方向的可能性。仅此，如若没有人工干预，洪水会直接向南或顺着护城堤向东南流走，不会与马家口洪水会合冲破护城堤（图 4-8）。明末白愚的《汴围湿襟录》中有“掘河淹城条”载：在明军掘堤以后，农民军“亦于朱家寨顶冲河口，直对北门挖掘小河一道”①。这一史料表明，朱家寨洪水经过了人工干预开挖河道，使决口后的黄河洪涛人为逼向西南流，因此两口门决口后的黄河洪涛才有可能合二为一，冲堤毁城（图 4-9）。

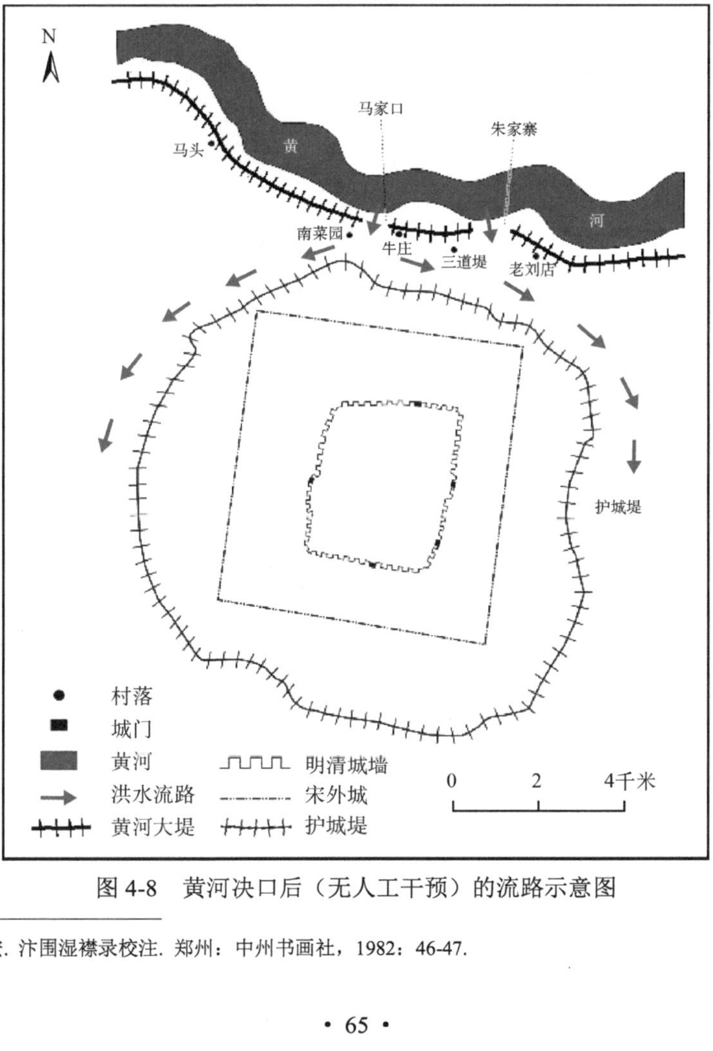

图 4-8　黄河决口后（无人工干预）的流路示意图

① 刘益安. 汴围湿襟录校注. 郑州：中州书画社，1982：46-47.

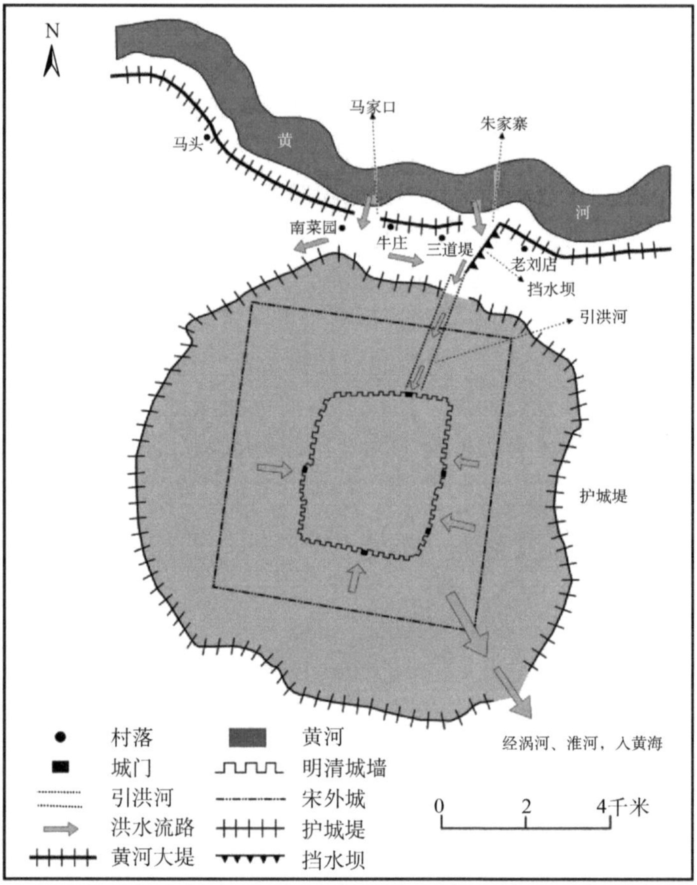

图 4-9　黄河决口后（有人工干预）的流路示意图

四、崇祯河决开封的影响

1642 年黄河决口事件后的开封城，“荡为泥沙，汴于是无城并无池矣”，黄河河水“排山倒海决堤沦城，举粉堞朱楼悉委西风一浪”“此古今未有之奇厄”。①此次洪水对开封及其下游州县的影响较大，“直走亳州、泗州，凡六七百里尽成巨浸”（《河工奏疏》）。有人在开封到固始间“凡行六日，不见一人。途中草长数尺，不虞盗贼，止防狼兽”②。1642 年河决开封事件是开封城市衰落的重要转折点，直接影响主要体现在人口损失、建筑物破坏、城内湖泊形成等，深远影响是当时省城开封元气大伤，皇城意味尽失。

① （清）李同亨修，张俊哲，张壮行纂．城池//祥符县志（卷二）．顺治十八年（1661 年）刻本．
② （清）计六奇撰，魏得良，任道斌点校．明季北略（上）．北京：中华书局，1984：320-321．

（一）人口的损失

十四日夜，黄河决堤，十五日黎明至城下，十六日河决开封。决河时间为夜间，所以损失惨重。“城居釜底，河流一泄，怒浪巨涛吼若雷鸣。北门顷刻冲没，合城男妇哀号，王府士庶，尽升房垣，贼亦乱窜。及至夜半，水深数丈，浮尸如鱼。哀哉百万生灵，尽付东流一道。”①“只存钟、鼓两楼及各王府屋脊、相国寺寺顶、周府紫金城。惟壂所居土街，乃夷山顶，水及门基，门内皆干地，避水者满集。”②十八日，推官黄澍“遣善泅家丁李用、柳体直过河请救，泛一木水上，三昼夜始达土堤。监军道王燮得推官手书，连夜督二十余船，自乘小船从北门扬帆直入。高巡抚、黄推官各乘舟到紫金城上，见周王，抱头痛哭，遂请王北渡，官眷五六百人同行。百姓有在城头、屋角、树杪者，俱渐次渡过河北，柳园煮粥食难民”③。李自成农民起义军“漂没万余，乃拔营西南去”④。

河水入城之后，城内来不及逃生的都葬送于洪涛中，“居人溺死者十有八九，救援不及一二，叫苦连天，呼救满河，如鱼之游于沸鼎之中，可怜数十万无辜生灵，尽葬鱼腹之内”⑤。“全河入城，一望无涯。强壮者犹能移就大城，老弱者尽葬鱼腹。”⑥开封城内出现了买卖人肉的惨相，“有郑姓二人素业屠宰，合党数人，日将孤弱难民拉杀数口，如屠猪然。解肢剖腹，哀号之声不忍闻视。立锅煮熟以卖，远处之人架梳来买，每斤卖得银数两，日得簪珥银钱数百金。彼时在楼之人虽众，莫敢劝阻”⑦。无锡优人王某曾在周王府中教戏，亲遇水难，逃归后写道：“水既浸入城，百姓多死，悉栖城堞上，久绝粮，城上俱卖人肉，凡三日夜，周王禁止之。……凡水面苔藻风浪飘至，争取食之，有得生者；有以布食而生者。”⑧在这次洪水之中，开封城中“士民溺死者数十万”，洪水退后，“城中遗民，尚余数万，贼浮舟入城，尽虏以去”。⑨守城推官黄澍在给崇祯皇帝的奏折中说：“自四月二十八日，贼困城下，消息不通”，“汴梁百姓，周王宫眷而外，臣七月初旬以点保甲为名，实在人丁三十七万八千有零。至九月初旬再一查点，衹存奄奄待毙者三万余人耳。城中白骨山齐，断发地满，神号鬼哭，天日为昏，盖死于饿者十之九”⑩。又说“七月间贼谣言决河以惑我众，然自七月至九月初旬，城下俱无水，

① 刘益安. 汴围湿襟录校注. 郑州：中州书画社，1982：56-57.
② （明）李光壂撰，王兴亚点校. 守汴日志. 郑州：中州古籍出版社，1987：33.
③ （明）李光壂撰，王兴亚点校. 守汴日志. 郑州：中州古籍出版社，1987：33.
④ （清）张廷玉等. 流贼//明史（卷三百九）. 北京：中华书局，1974：7958.
⑤ 孔宪易校注. 著者原序//如梦录. 郑州：中州古籍出版社，1984：14.
⑥ 刘益安. 汴围湿襟录校注. 郑州：中州书画社，1982：59.
⑦ 刘益安. 汴围湿襟录校注. 郑州：中州书画社，1982：59.
⑧ （清）计六奇撰，魏得良，任道斌点校. 明季北略（上）. 北京：中华书局，1984：321.
⑨ （明）张岱. 石匮书后集. 北京：中华书局，1959：29.
⑩ （清）傅泽洪：崇祯十五年江西道御史黄澍奏疏//《行水金鉴》卷四十五. 上海：商务印书馆，1937：657.

九月十四日水到城下，十六日四门齐坏，洪流万丈”。对于黄澍奏折中的数字，大多数人认为开封城内原来有37万，洪水过后只剩3万，溺死了34万（程子良和李清银，1993；刘春迎，2009）。徐福龄和温善章（1987）考证认为，开封从四月二十八日到九月十六日，已被困5个月之久，《明纪事本末》中记载，“八月，开封久困，食尽，人相食”。黄澍在七月初旬查点开封人丁是37万余人，到九月初，只剩3万余人，即奏章中所述“盖死于饿者十之九”。但朱家寨及马家口决河是九月十五日左右，说明在黄河未决口之前（九月初旬），城内只有奄奄待毙3万余人，过去所提这次开封决口溺死34万人，是把饿死人数误认为是溺死人数。《开封市人口志》认为，崇祯年间，开封人口密度为每平方千米10 277人，崇祯十五年（1642年）开封水淹后，平均每平方千米不足500人（开封市计划生育委员会，1991），亦可见人口损失之大。

（二）建筑物的破坏

1642年河决开封事件，致使开封全城被毁。大水灌进城内，对建筑物的损坏非常严重，对此诸多文献均有记载。如“举目汪洋，抬头触浪。其仅存者：钟鼓二楼、周府紫禁城、郡王假山、延庆观，大城止存半耳。至宫殿、衙门、民舍、高楼略露屋脊”①。“巍然波中可见者，惟钟鼓两楼，及各王府屋脊、相国寺顶、周王府紫禁城，上方寺铁塔而已。”②

《如梦录》中记载：周府宫阙一旦拆毁，俱为瓦砾之场，荆棘丛生，芦苇满地，百花园俱为牧场；松柏果木，任人斨伐，令人见之，无不仰天长叹，潸然泪下，目不忍睹。大木梁檩解上，琉璃砖瓦、小木入官变价，暗地侵渔，一物无存，止遗紫禁城一座，石狮、钟、鼓二楼阁。③《如梦录》中还备录有在1642年开封城灾事件中遭受破坏的各类寺庙祠观等（表4-2），共计110座，其目的是“如此光景，岂可泯没，是以造成一册，不辞琐碎，详细开载，使后人见之，如睹当日风景也”。

表4-2 《如梦录》备录的开封寺庙祠观

建筑类型	名目	数量/座
寺	祐国寺（即上方寺）、香山寺、相国寺、卧佛寺、观音寺、龙华寺、清风寺、国相寺（即繁塔寺）、白云寺、铁佛寺、华严寺、宝相寺、孝严寺、大佛寺、天王寺、绽梅寺（在南门外，今讹为寨门寺）、千佛寺、回灵寺、礼拜寺	19

① 刘益安. 汴围湿襟录校注. 郑州：中州书画社，1982：57.
② （清）郑廉. 豫变纪略. 杭州：浙江古籍出版社，1984：138.
③ 孔宪易校注. 节令礼仪纪//如梦录. 郑州：中州古籍出版社，1984：92.

续表

建筑类型	名目	数量/座
庙	三皇庙、玉皇庙、日光庙、星君庙、府城隍庙、县城隍庙、泰山庙、玄帝庙、济渎庙、关圣庙、二仙庙、梓潼庙、三灵侯庙、武庙、旗纛庙、东岳庙、五瘟、天仙、回龙、大圣、文武二庙、阎王、八腊、三官、姜太公、皮场公、大王、洪山、玄坛、岳王等庙，土神、三神、盐神、狱神、院中白眉神、宫中罕神、库神、财神、禄神、机神等庙	40
观	三清、延庆、玉阳等观	3
宫	大道、五龙等宫、泰山行宫、玄帝行宫	4
堂	观音、吕公、延寿、庆安、白衣、老君、三圣、安乐、万寿等堂	9
阁	玉皇、观音、梓潼等阁	3
楼	钟、鼓、魁星、明远、瞭望、既济、避水、广嗣等楼	8
庵	吕祖、水月、海潮、开天、总圣等庵	5
书院	玉泉、东坡、乐义、西亭、南浦、宏文等书院	6
祠	土地、张仙、十贤、包公、少保、信陵、许公、张公、五公、烈女等祠	10
坛	天地、社稷、孤魂等坛	3
合计		110

资料来源：孔宪易校注. 节令礼仪纪//如梦录. 郑州：中州古籍出版社，1984：92-93.

另外，《薛孟谐笔记》中也提到灾后的开封城“故宫废署，蔓草离离”，能回想起来的有22处，即周府王城也；王城东北隅，故宋艮岳址，今百花园也；上洛王府，小嵩山也；开封府，古南衙址也；衙后大石榴也；上方寺，铁塔也；原武王府古奇石寿藤也；相国寺八十一间合殿也；永芝府石也；永芝府所藏法书、名画也；周府藏书金石刻也；城南繁台、吹台也；城西宝相寺也；应城王府名园甲第也；张林宗法幢庵也；城隍庙金碧殿宇也；蔡河遗迹也；宣武军节度使，今为都司也；南薰门丽谯也；城西金梁桥也；岳王庙也；府学坊额虞永兴所书“攀龙鳞附凤翼”六大字也。其余固不胜屈指矣。[①]这些都“一望沮洳，不可问矣”。

此次黄河洪水淹灌开封城，水退之后形成很厚的淤积层，在今开封城地下的文化层中留下了厚厚的印记，至今仍清晰存在。例如，州桥始建于唐建中二年（781年），后历经五代、宋、金、元，在明末崇祯十五年（1642 年）的这次大水患中被深深地淤没于地下，州桥桥面距现今地表深4.3米，桥底距地表约11米。经开封宋城考古队的分析判断，州桥上部具有明代特征，下部石桥墩及河底铺砌为宋时所建，应属宋代桥基。这说明明代的州桥是在宋代州桥的基础上修筑而成的（李克修和董祥，1998）。新近开封老城区内外考古发现的蔡河湾明代院落、老君台街明代院落、双龙巷明代院落、中山路明周王典仪所（开封市文物考古研究所，2017）、

① 孔宪易校注. 如梦录. 郑州：中州古籍出版社，1984：105-106.

城隍庙街明代高台建筑、龙亭御路明周王府大殿、永宁王府等遗址①，埋藏深度多在地表以下 4.5—5.5 米及更深处，城内淤积层为黄褐色纯净的黏土层，城外为沙土层。马建华等（2016）在铁塔南侧的河南大学明伦校区、西郊北宋外城固子门西侧的河南大学金明校区、明代周王府西南的河南大学第一附属医院、周王府南门外西侧万博广场钻取的沉积物岩芯表明，1642 年黄河泛滥沉积物埋深范围分别为 1—3.2 米、4—7.8 米、0.9—3.2 米和 1.4—4.6 米。

（三）崇祯洪水对开封城市衰落的深远影响

大水过后，开封元气大伤，20 年后的康熙元年（1662 年）才重建开封城，直到乾隆嘉庆年间才逐渐恢复。顺治二年（1645 年）清军占领开封，承袭明制，开封仍为省会所在地。清初的开封极为荒凉，破落不堪，对此相关文献的描述记载很多。如“自壬午之变，城为断壍，池为平原。举当日出政育才建节之地，初以浴鱼龙，继而窟狐兔者几数年矣”②。《重修河南省城碑记》记载：“至于明季，巨寇冯陵浊波引灌，而遗址殆尽矣”等。顺治十二年（1655 年）正月，王沄携周亮工由南京赴北京，路过开封，亲眼看到水退后情形，他在《漫游纪略》卷二里写道：“予策马行，见道上有二鸱吻出地，问之则文庙也。南至相国寺，大殿檐溜当胸，释迦巨像，裁露肩肘。北至虚左台，相传古夷门也，铁塔岿然傍空而立，黄沙、白草、残照、颓城，徘徊久之，凄然魂断。”顾嗣立的《味蔗诗集》里也记载：“近时居人耕地丈余，见前朝学宫宛然，祭器俱存，今丁祭所用，皆出诸土中旧物也”，足见开封城受灾程度之深。

崇祯河决开封的口门直至清顺治元年（1644 年）才被堵塞。清初开封城“巍巍金汤，委诸泥沙，官无驻节之地，民无栖身之所”③。“邑大夫驻节河朔，士民旋故里者如晨星寥落。”④河南省署、开封府、祥符县等各级衙署不得不流散他处办公。当时，河南巡抚都察院驻节杞县；分守河北道移驻卫辉府；分巡大梁道移驻禹州；提学道先移驻卫辉府辉县，再移鄢陵；南汝道驻节信阳州；开封府署先移封丘，再移延津；南河同知署，移驻柳园；祥符县署移驻埽头集。水退后，逐步入城。顺治《祥符县志》记载：明代开封“坊街市巷，民居星罗……自壬午河决沦陷，旧所有者百不存一，迩来官署民廛轫构未半”⑤。在清初开封城的恢复过

① 葛奇峰. 1642 年和 1841 年开封城水患的考古学观察//古都开封第三届历史文化及现代价值研讨会论文集. 2017：207-213；开封市文物考古研究所. 开封市卧龙街明代建筑遗址发掘概况. 王三营在古都开封第三届历史文化及现代价值研讨会上的报告，2017.

② （清）李同亨修，张俊哲，张壮行纂. 城池//祥符县志（卷二）. 顺治十八年（1661 年）刻本.

③ （清）马士騭. 汴城围陷记//（清）沈传义，俞纪瑞，黄舒昺. 丽藻志//祥符县志（卷二十）. 清光绪二十四年（1898 年）刻本.

④ （清）李同亨修，张俊哲，张壮行纂. 艺文//祥符县志（卷六）. 顺治十八年（1661 年）刻本.

⑤ （清）李同亨修，张俊哲，张壮行纂. 街巷//祥符县志（卷二）. 顺治十八年（1661 年）刻本.

程中，城内的各衙署大致有两种情形的变迁：一是仍在旧址；二是另觅新址（赵广军等，2017）。康熙元年（1662 年），在河南巡抚张自德、布政使徐化成倡导之下，所统官署捐资，方才重修开封城垣，“始移各衙门于省城，居民亦鳞集城乡”。直到康熙中期，城内多数地区仍然是“残闉颓垣，荒榛满目，巷鲜居人”[①]，居民较多的地方是“汴桥隅、大隅首、贡院前街、关王庙、鱼市口、火神庙、寺角隅、鼓楼隅”等处。但经过清初的发展恢复，特别是到了乾隆时期，开封的工商业得到了很大的发展，逐渐兴盛起来（邓亦兵，1986）。

崇祯河决开封事件对开封影响深远，灾后开封城破烂不堪，曾有“迁城之议”，后经过顺治、康熙时期的恢复发展，至乾隆、嘉庆时期开封城才逐步恢复了繁华。但由于城内湖泊形成，城墙内建城区面积进一步缩小，城市居住环境受限（吴朋飞，2014a，2014b）。随后道光二十一年（1841 年）黄河水围开封城 8 个月，对开封城造成了新的打击，又进一步制约了开封城市的发展。杜本礼等（1993）指出：“入清之后，开封虽然重建，但再也恢复不了古城的元气，从某种意义上讲，清之前的那个开封已不复存在，在残留的明城墙基础上重修起来的清代城墙，已失去明开封城墙所蕴含的皇城意味。”

第三节　道光汴梁水灾的地理复原

道光二十一年（1841 年），黄河在开封市附近决口南泛，波及豫、皖、苏三省，而以豫、皖受灾为重（李文海等，1990），约计 8 府 45 州县程度不同地受灾。其间，自六月中旬至次年二月，开封城被黄河水围困 8 个月之久，这在中国灾荒史上甚为罕见。在抗灾过程中，开封市的许多标志性建筑物，如城墙的望楼、城垛，校场、演武厅、孝严寺、西北城庙宇、东棚板街阴沟石块，贡院经房、号房等，因应急堵御被拆除，造成了城市景观和文化事业的一大浩劫。灾后，“城则断雉颓垣，几同废垒矣”[②]。这是开封城市发展史上又一个城市衰落的关键节点事件。前人的论著也曾涉及这次洪涝灾害，但重点多为灾害描述（王宗虞，1960；郑师渠，1996），或探讨决口原因（王质彬和王笑凌，1990），或着力于危机的应对（Dodgen，2001；陈业新，2011；吴小伦，2011b；田冰和吴小伦，2012；侯起秀，2015；李蓓蓓等，2015；李俊男，2016；孙建国，2017）。

任何灾害的发生都是在特定的地理空间上展开的，本书拟以《汴梁水灾纪略》[③]

① （清）管竭忠，张沐．贡院//孙富山，郭书学整理．开封府志整理本．北京：北京燕山出版社，2009：186.
② 邹鸣鹤．防守省城情形略//李景文，王守忠，李湍波．汴梁水灾纪略．开封：河南大学出版社，2006：150-157.
③ 此日记有内部发行本《道光汴梁水灾》和公开发行本《纪略》（李景文等，2006），本书采用公开发行本。

（以下简称《纪略》）为蓝本，在 1∶1 万地形图上对这次大洪水在开封附近的决口位置、具体流路与范围等予以空间再现，并结合黄河秋汛、地形以及诸多人为因素探讨灾害发生的原因，以便能加深这场洪水灾害对开封影响的认识程度。

1841 年黄河决口南泛的这场罕见灾害，在《清宣宗实录》，道光《起居注》和《上谕档》，《再续行水金鉴》，《清史稿》，《续碑传集》，《辛丑河决大梁守城书事》，《防守省城情形略》，《纪略》，光绪《祥符县志》，《清代黄河流域洪涝灾害档案》，《清代淮河流域洪涝档案史料》等资料中都有记载。其中，尤以《纪略》对灾害的描述最为详细和具体。清代开封痛定思痛居士的《纪略》长达 5 万余字，它以日记形式，逐日记载，并将当时所能见到的有关资料加以补充和整理而成书。该书记载的洪水事件，自道光二十一年六月十六日起，至道光二十二年二月十六日止，历时 8 个月。由于作者对待这一历史事件是持“只记所闻所见”和“事实无饰”的严肃态度，故记载是真实可靠的。根据《纪略》对灾害的描述，结合有关历史文献，考证出清代地名在今开封市的具体位置，再利用绘图工具在开封 1∶1 万地形图上，对黄河决堤，洪水围城、入城，以及洪水阶段性变化路线等进行空间场景再现。

一、大水围城的阶段性特征

（一）漫水灌城阶段（六月十六日至二十二日）

道光二十一年（1841 年）六月十六日午刻，祥符十一堡（今开封市北张湾东）决口。黄河水溢出南下，冲坏护城堤（约今北官庄附近），6 小时后，大水直冲城墙，整个城市被浸泡在洪涛之中。十七日，“城外黄水弥望无际，四顾不见村落；沿城壕一带，大柳树皆径十围，干杈俱没”。

此时，黄河大溜尚未掣动，属漫堤决溢之水，故水流不急，但水量很大，整个护城堤内全是河水（图 4-10）。开封城东南的水门涵洞，因堵御不及时，大水灌进城内。开封城南因有护城堤阻挡，水无退路；城内西南地势低洼，产生回溜，进而冲破南门，城外之水遂灌进城内。

对十六日至十九日入城河水的流向，光绪《祥符县志》卷六《河渠志·黄河》记载：“由南门溢入，分东西两股：西股由城根注西南坡，经臬署、抚署、城隍庙、行宫，逾西北至龙亭、满营与东水合；东股由城根入蔡河，折而东北，逾宋门、曹门，经县学、梓潼阁、司备仓、相国寺、七神庙、眼光庙、铁塔寺至北门与西水合。”依之可绘制成图 4-11。至此，城内积水严重，除布政司署、粮道署、开归道署、开封府署和数条街道无积水外，余皆深八九尺、四五尺、二三尺不等。民房倒塌无算，城内居民纷纷登上鼓楼、城墙等高处避水。

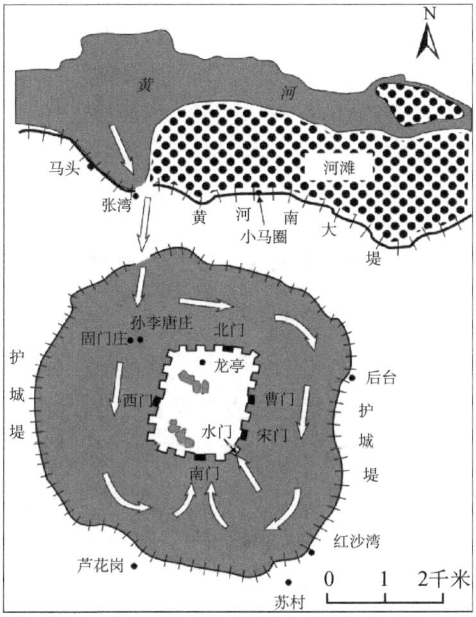

图 4-10　黄河决溢水围开封城示意图

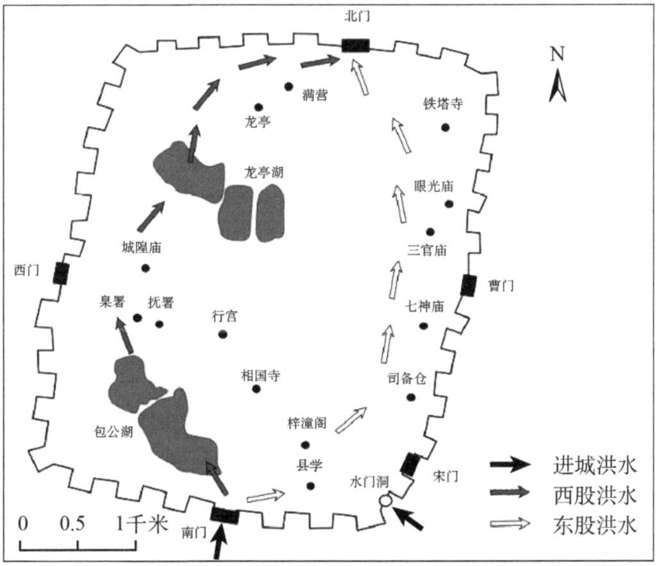

图 4-11　大水在开封城内流向示意图

十九日，因“东南隅苏村口、红沙湾以北冲开堤口数处”，护城堤内水大落，南门水势渐缓，才将南门堵御完固。城东南隅的水门洞口，“内外潭深丈余，水如鼎沸鼍吼”，经过两昼夜奋战，至二十二日，才堵塞坚固。至此，入城洪水才被完全堵挡在城墙外面。此阶段，城墙被水损坏严重，城内四面皆水，难民露栖无所，二十二日被迫开放城东北最高处的贡院，供官民避水。

十六日至二十日是黄河涨发的一个汛期，灌堤入城的大水属于漫水决堤，口门仅“刷塌二十余丈，幸据正河尚有一千余丈，并未掣动大溜”①。从整个洪水灾害事件来看，这是唯一的一次大水灌进开封城内。

（二）大溜分股浸城未入城阶段（六月二十日至七月十五日）

六月二十二日夜酉刻，河水复发。时值夏汛，水势较大，黄河大溜偏南，由东北大沟直趋下注，缺口立即刷宽八十余丈，掣溜七分②。二十三日，70%的黄河水南下，自城北护城堤入，斜向南行，刷成深槽，直冲而下，顺堤由西南一带（注：应为东南一带）苏村缺口而出③。因城西北孙李唐庄附近地势较高，城外之水实际分为 3 条：“一条正南去，由苏村缺口而出；一条斜趋东南，分溜抵东城下；一条直射西门。”④大水入堤后的行经路线如图 4-12 所示。

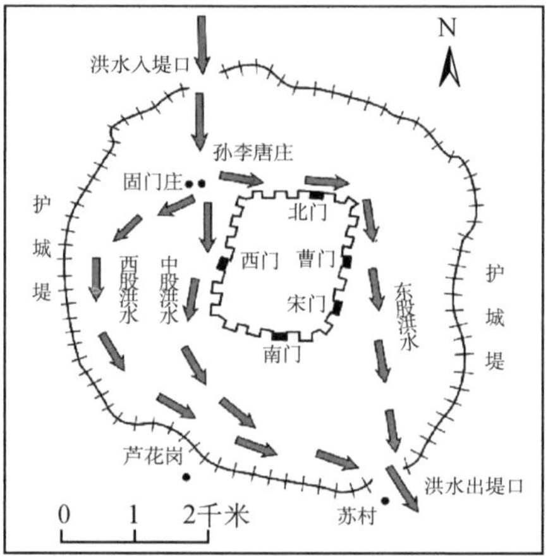

图 4-12　大溜入堤后三股洪水行经路线示意图

此时，黄河大溜掣动，口门增大，河水灌进护城堤内，因固门庄、孙李唐庄附近地势较高，形成三股洪水严重危害城垣，河南巡抚牛鉴帅率军民进行了多次堵御。据《纪略》记载统计，西门堵御洪水 8 次，北门 8 次，东门 11 次，主要措施为抛砖，筑砖坝、挑水坝、磨盘鸡嘴坝、月坝等。大溜分股实际上起着分泄洪

---

① 水利电力部水管司、科技司，水利水电科学研究院. 清代黄河流域洪涝档案史料. 北京：中华书局，1993：623-629.

② 中国水利水电科学研究院水利史研究室. 再续行水金鉴·黄河卷 2. 武汉：湖北人民出版社，2004：801-810.

③ 水利电力部水管司、科技司，水利水电科学研究院. 清代黄河流域洪涝档案史料. 北京：中华书局，1993：623-629.

④ 蒋湘南. 辛丑河决大梁守城书事//谭其骧. 清人文集地理类汇编（第四辑）. 杭州：浙江人民出版社，1987：690-694.

峰的作用，未能全射城垣。

二十五日之后，黄河口门搜刷愈宽（一百余丈），下游正河已断流①。溜势全逼城垣，三股洪水对开封西、北、东三门的威胁陡增。如三十日，“大溜自城西北复分二道：一由北门而东，一由西门而南。西门水势偏近城墙，大溜汹涌，砖坝数道复被冲散……是时大溜过大，城内危险，官弁议决城南芦花岗堤，以泄其势。乘船前往，而堤外居民防守甚严，置鼓为号，遇有船只即鸣鼓惊众，千余人持械以待，终不能决。”后经采取不间断的抛砖、修筑挑水坝等，开封城西、北、东三面的防洪工程设施得到不同程度的加强。

（三）大溜冲射危及城西北隅阶段（七月十六日至八月十五日）

七月中旬，黄河来水甚旺，以开封城西北隅的险情最为突出。根据《纪略》记载，此阶段（30 天）西城（包括西北隅）针对洪水冲击所采取应急措施共计 13 次。这一阶段的严重灾情归咎于七月十七日洪峰势无阻挡，孙李唐庄被冲走，“西股、北股并归中股，直冲省城西北角第九炮台至十四炮台一带。大溜奔腾，排山倒峡，城根刷动坐蛰之处比比皆是”②。蒋湘南在《辛丑河决大梁守城书事》也记载：“孙李唐庄被冲去，三条归一，直注城西北角，城根倏坼，抛砖压石均不能胜，不得已以用砖用石之法改为沿城厢埽。”此后，黄河洪峰三股并为一股，直冲城西北隅（图 4-13），城市危在旦夕，全城的防护重点遂以城西北隅为中心。巡抚牛鉴自七月十七日“住宿城西北隅，不下城矣”。

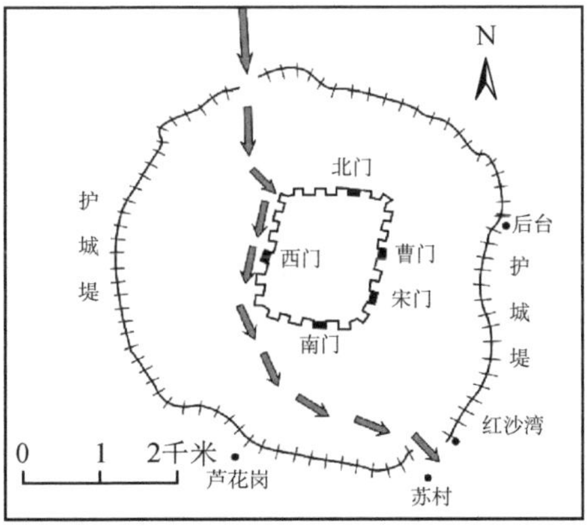

图 4-13　护城堤内大溜三股并流示意图

七月二十日，城西北隅“塌去城墙五丈余，立土存者仅厚三尺”。巡抚牛鉴甚至做好了城不可保的准备，“已密派兵二百名持铁镢赴南门，约以放炮为号，水进

① 中国水利水电科学研究院水利史研究室. 再续行水金鉴 • 黄河卷 2. 武汉：湖北人民出版社，2004：801-810.

② 邹鸣鹤. 防守省城情形略//李景文，王守忠，李湍波. 汴梁水灾纪略. 开封：河南大学出版社，2006：150-157.

城时，听号炮一响，即速决东南隅，以泄水势”。二十一日同样危险，“水势直射西城。西城倾塌凡数处，自五丈至十余丈不等，土不崩者仅余尺许厚”。后百姓踊跃，众志成城，才堵御稳固。二十二日，五门居民俱自备资粮赴城西北隅助工。在各阶层的努力下，开封城艰难地挺过了一次次的险情。

八月二日，曹、宋、南三门去河水皆远，均次第露成干滩。整个城市的防护中心，主要集中在西门和北门。特殊的水灾环境造就了东乡后台、南乡芦花岗两个渡口，形成重要的交通要口。据《纪略》云：“连日城内铺店逃者愈众，其不去者，或移于东西城上贸易，或移至东乡后台庄。是时东河附堤而行，后台依附东堤已成渡口，城内店铺多半移于此处，人烟丛集，几成大镇。”

此阶段开封以下黄河正河断流，黄河大堤决口的口门进一步被刷宽，全河之水灌入护城堤内，将孙李唐庄冲走，使得城堤内洪峰三股合一，直冲城垣西北隅，危矣！这是整个水灾事件中开封城池遭受河患破损最为严重的阶段。在城池吃紧之际，开挖引河起到了挑水远离、疏泄洪水的作用。例如，七月二十七日，“筹派夫千余名，持长铲于西门外挖掘沟渠”；八月二日，民夫数千人于“西门外窑庄口开支河，自龙门口起约十六七里”。官民、士绅协力采取多种非常措施，才将城市保护下来。

（四）堵御黄河决口阶段（八月十六日至次年二月八日）

1841年中秋节之后，黄河大汛已过，开封城市遭受的水灾逐渐减轻。《纪略》对灾情的记录不再像之前的几乎每天记载，而是选日记载。例如，八月十六日至三十日，只记载了3次水灾。十六日，前任两广总督林则徐抵达开封，驻扎在祥符六堡（今小马圈，图4-14）督导堵口工程。二十一日，北河水复西趋，逼近城墙。二十五日，河水复大发，近城。二十六日，东河水复涨。是时，河溜稍平，东西两股洪水渐成河形，由城西北隅分路，一路自西门外南趋，依南堤而东；另一路自北门外东趋，依东堤而南。两股洪水汇于东南苏村堤口及红沙湾堤口而出。据此可绘出该阶段开封护城堤内水流形势图（图4-15）。

九月之后，黄河长水递消，大溜日渐松缓，水情趋于稳定，很少会发生大的涨水，加上经过前三个阶段的城池“沿城厢埽”防护，洪水已被逼而远离西、北、东三门。东西两股渐成河形，实际上起着引洪分泄作用，故开封城池渐趋稳定。虽时有水灾发生，但对城市已构不成重大威胁，工作重点逐步转移到以堵御黄河大堤决口为中心。九月一日，筹备堵口工程。十月二十日，西坝开工。十一月二日，东坝开工。道光二十二年（1842）正月初四合龙时，由于引河水流不畅，故合而复开，大溜仍拥逼口门。直到二月八日寅时才完成合龙。

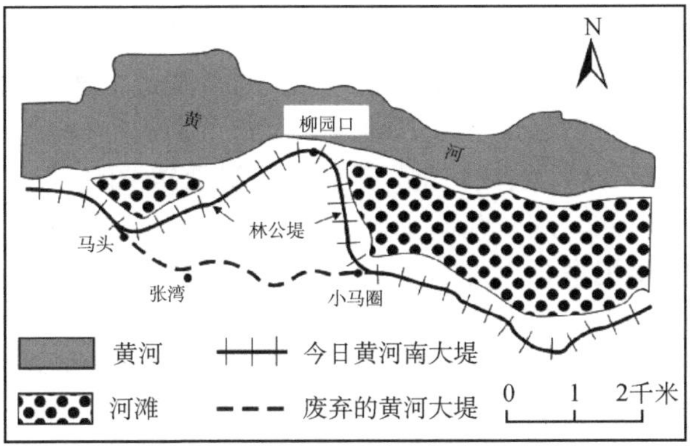

图 4-14 合龙后（今日）的黄河大堤

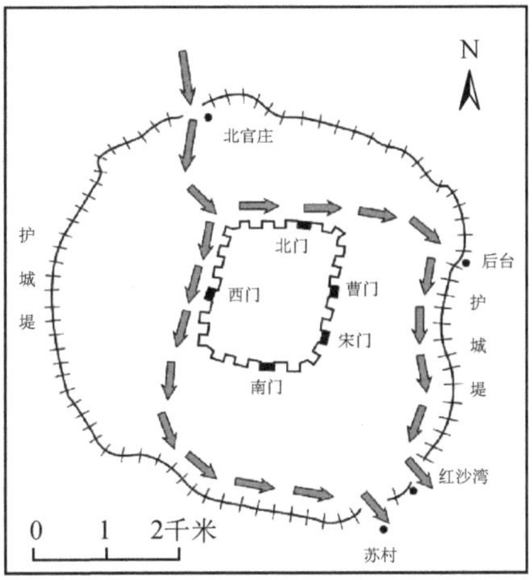

图 4-15 河溜平稳后护城堤内水流形势图

今日开封黄河南大堤从马头至小马圈一段（约 7 千米），被称为前进堤或林公堤，就是当时林则徐主持堵御黄河决口而新筑的黄河大堤。因当时决口口门较大，堵御困难，遂在马头和小马圈分别筑西坝和东坝，最后在柳园口附近合龙（图 4-14）。

二、道光汴梁水灾发生的原因

（一）自然因素

1. 水情

1841 年桃汛至伏汛期间，黄河水势陡涨，大河奔涌，险象迭现。时任东河总督的文冲奏称：“本年入夏以来，黄河来源甚旺，各厅纷纷报险。”甘肃宁夏硖口、陕州万锦滩、武陟县沁河、巩县洛河等处水尺记录显示水情异常。统计豫省黄河及沁洛涨水四十六次共十一丈三尺一寸，较从前盛涨最大之年尤为猛骤，以致溃坝、塌堤极险之处，不一而足。以万锦滩水尺记录为例，“实属从前所未有”“罕见”之语很多。祥符三十一堡决口前，报告水尺记录异常的有五月的一、六、十、十八日，六月的五、六、八、九、十一、十四日。决口后，陕州万锦滩的黄河水仍在异常涨发，主要记录有六月的十八、二十二、二十四、二十九、三十日，七月的四、七、十一、十二、十六、十七日，以及八月的二十九、三十日。王涌泉和侯琴（2008）研究表明，1841—1843 年是黄河连年大水的年份，并根据 1841 年万锦滩最大的涨水纪录，即六月十一日（7 月 28 日）一日间“九尺六寸”（3.2 米），求得 1841 年最大洪峰流量为 2.95×10^4 米^3/秒。黄河决口前后万锦滩水尺记录表明，1841 年黄河中上游的连续降雨，导致黄河水多次涨发，形成异于平常年份的洪峰和泥沙，使得开封附近疏于管理的黄河河道的水量亦异涨，加速了黄河决溢的过程。另据《纪略》记载，开封自六月十八日起连续阴雨、雷电天气，直至七月十三日“天大晴朗，万里无云。自被水以来第一良辰”。显然，灾后开封气候因素一定程度上加重了灾害的灾损度。

2. 地形

开封城北的黄河河道，在明弘治八年（1495 年）经刘大夏治理后，已相当于今日的河道。后虽时决时塞，但没有大的改变（李长傅，2007）。虽然河道是基本固定了，但河身却在不断地壅高。明末实际已形成“悬河”景观，至清代中期更为明显。《纪略》中很清楚地记录了黄河、护城堤与开封城市的地形情况，“地濒大河，居非乐土。岸崩具建瓴之势，城卑有游釜之尤”。“就目下漫口形势而论，河身高于堤外数丈，水势建瓴下注。”省城形如釜底，城外地势节节较高。“城内形势中高四洼，而西南尤洼，东北隅独高。”今若以龙亭附近为参照面，黄河柳园口河床则高出近 12 米。这样的地形，黄河一旦决口，开封城市必遭殃。

黄河大堤与开封城之间的护城堤，经过元延祐六年（1319 年）、明正统年间（1436—1449 年）和景泰二年（1451 年）的续筑，在开封城外形成一个环形的大围堤。这个护城堤现高 5—6 米，底宽 20 米，周长 40 千米，全部用夯土筑成。环形护城堤的修筑，确实对城市防洪起到了作用，此后至 1841 年，只有 1642 年和 1841 年两次黄河洪水入城事件。但也正因为护城堤的存在，1841 年灌入护城堤内的河水苦无出路，或灌入城内，或浸城 8 个月。护城堤的存在，也是开封城市致灾不可忽视的因素。

（二）人为因素

如前所述，1841 年春汛至秋汛期间，黄河水尺记录的涨水异常，且已有预报，但并未引起河督和河南巡抚的足够重视，也没有采取相应措施，这是导致黄河决口的重要原因。

黄河大堤祥符三十一堡（张湾口门）属无工之堤，土性沙松，东高西低。决口之前，厅官高步月曾请河督文冲划拨护堤经费加固堤防，文冲“以其地为无工处所，不介意”。“视河工为儿戏，饮酒作乐，厅官报置不问。”决口后，河官步际桐目睹水势浩大，恐冲开大堤，省城受害，出300贯钱付河营守备王进孝，责令防守河堤，以保省垣。王进孝则“尽肥己囊，归家聚赌”，错失机会。另外，六月十九日之后值决口水落，步际桐和高步月复请河帅赶紧堵御口门，河帅择期二十五日才准开工，以致有二十三日大溜掣动全河复围汴梁之险。

黄河大堤决口之后，布政司张祥河与知府方宗钧迅即赶赴城西北护城堤，发现“河兵无一人在者”。方宗钧欲雇民夫堵御，民夫“以不饱所欲，不肯为力”，导致失事，坏护城堤。

此外，信息不畅也影响到灾害的迅速果断处理，如六月十六日黄河决堤，到二十六日开封城内官员才得到确切消息。受行政管理条块分割的影响，面对河患，“同在一省”的河督文冲与豫抚牛鉴难相谋事，堵口、迁城、防御重点等存在差异，很大程度上影响到这次灾害的迅速解决（陈业新，2011）。

所以，整个灾害的人文因素，不外乎无工之堤，缺少物料；护河官员的贪污腐败，信息不畅以及行政管理条块分割的影响等。“虽由天灾，实为人祸”，是这次大水灾害的真实写照。

灾害的发生是自然因素和人文因素综合作用的结果。该年黄河水情异常，清中期开封附近壅高的河床和疏于管理的黄河河道，受灾之后开封持续的阴雨天气，以及决口后不断增大的口门等是重要的自然因素。黄河与开封之间的黄河大堤、护城堤、城墙等3个关键位置，在灾害发生前疏于管理、灾害发生后未及时堵御，是最主要的人文因素。限于文献资料，本书仅对1841年河决开封的流路进行了空间再现，而对不同阶段洪水的具体淹没范围缺乏定量表达，这将是今后工作进一步的研究方向。总之，本书的研究，对于重新解读这场灾害事件及其发生的地理背景、今日黄河水患治理具有重要参考价值，也为黄河变迁对开封城市兴衰影响提供了一个重要案例。

第五章　黄河泛滥对开封地理环境的塑造

历史上，黄河频繁决口、泛溢和改道，对下游平原地区的地理环境和社会经济生活产生了巨大的影响。例如，洪水和泥沙吞没了农田和城镇，留下了大片碱地、沙荒地；黄淮海平原上河流淤浅和水运交通衰落；平原洼地湖泊变迁（邹逸麟，2005）。若要就具体的区域或某几次黄河决口事件进行系统研究，难度很大，其受限原因不外乎三点（韩昭庆，2010）：一是文献中遗留的相关描述微乎其微；二是古人因受时代的限制，无法以符合现代科学的方式来记录或描述历次黄泛对其流经地区造成的影响；三是与灾后统治阶级不注意灾情的调查有关，故多数文献只留下“漂没民舍无数”“民遭垫溺者不可胜计”等大而化之的模糊字眼，使得我们对年代久远的历次黄泛带来的负面影响已难窥全貌，更谈不上深入研究。好在今人已将整个历史时期黄河与开封关系概括为：黄河河道的南移，使开封城池紧靠险工河段，开封成为首当其冲的受害者；黄河河道的变迁、洪水浸淹，破坏了历史时期形成的鸿沟——汴河水道系统；黄河在开封一带的频繁迁徙和泛滥，使开封周围的自然地理日趋恶化，城市环境受到严重破坏（范沛潍和李润田，2010）。这也为我们的研究提供思路。

北宋“靖康之变”后，开封政治地位下降。由国都降为河南省会级别的府城，其政治经济地位已非国都时期那样重要，但在国家治理体系以及河南省内却仍发挥着重要作用。金元以来南泛的黄河对开封城市地理环境的改变很大，使城市发展偏离了正常的轨道，形成黄泛平原典型城市的生长路径。开封城地理环境在黄河决溢泛滥背景下，发生了天翻地覆的变化，可以说黄河泛滥重塑了开封城的地理环境。本章主要从城市区域环境、城市河流和湖泊三方面来呈现黄河对开封的改造功能。

第一节　黄河泛滥对城市区域环境的影响

北宋时期，虽然黄河与开封的相对距离较远（约 80 千米），但两者关系非常密切，可以说，“黄河是东京的防卫线”（赵宝俊，1986）。1128 年杜充决河，其目的是以水代兵来保护开封城，是从大区域综合考虑城市防御安全的。金元以来黄河在开封附近的决溢泛滥使得城市区域环境发生较大变化，主要体现在城市周边地区农业生产环境和城市建成区环境两个方面。

一、农业生产环境

一个地区的自然条件，很大程度上决定并制约着农业生产的发展状况和发展水平。在中国封建社会，农业的发展水平是衡量社会经济发展的一项重要指标，对大多数城市而言，农业是支撑城市发展繁荣的重要保证。但金元以来渐次南泛的黄河频繁出现泛滥决溢，使得开封所处区域的农业生产环境多次遭到破坏，在一定程度上影响了开封城市的发展。

金代黄河泛滥对开封农业生产环境的影响甚微。元代黄河多次在开封周边地区决口，泛溢成灾，开封城市发展受到一定的影响，最直接的表现是对农业生产环境的破坏。元代汴梁路直管 17 县中，只有鄢陵县未见黄河决溢灾害。其余各县在黄河河患灾害的影响下，有可能出现土地沙化、盐碱化，土壤质量严重下降。开封周边地区作为开封城市的腹地，农业经济遭受严重破坏，城市失去依托，加深城市经济恢复的难度（韩茂莉，2001）。

至元十八年（1281 年），元世祖下令“括回回炮手散居他郡者，悉令赴南京屯田”。至元二十六年（1289 年）“十一月朔，回回昔宝赤百八十户，居汴梁者，命宣慰司给其田”。这样将大量回民迁到汴梁屯田，由牧改农，开封城郊的农业生产遂逐步恢复。随后，开封城市才逐渐恢复（吴朋飞，2016）。

明清时期，黄河在开封附近的决溢泛滥较元代更为频繁，严重影响到开封周边地区各州县的农业生产。频繁的河患除冲毁良田，吞噬人口，淹没村落外，大量淤积滞留的黄河泥沙还使得该地区土壤的土质发生重大变化，土壤沙化和盐碱化很严重，给农业生产带来严重影响。这种情况在明人诗歌中的记载比比皆是，如杨慎的诗句“广武城边河水黄，沿河百里尽沙岗”[①]，描写了土壤的沙化情况。崇祯十五年（1642 年）开封遭受黄河洪水灌城之后，“幅员百里，一望浩渺”，开封及其以下的豫东平原尽成泽国。其后水涸沙淤，“昔之饶裕，咸成碱卤，土地皆为石田”[②]。

清代，开封城市周边地区的土壤沙化和盐碱化依然没有改观。清代治水专家靳辅曾说到，黄河“平时之水，沙居其六，一入伏秋，沙居其八”（黄河水利委员会黄河志总编辑室，1988），所以每次黄河决溢泛滥之后，会有大量的泥沙排泄于两岸并随处沉积，肥沃的农田往往因为粗沙覆盖变成不堪耕种的沙地。雍正三年

① 田金祺修，赵东阶总纂，赵国光，张登云协纂. 艺文//汜水县志（卷十二）. 民国十七年（1928 年）上海世界书局铅印本.

② 周玑纂修. 田赋志//杞县志（卷七）. 乾隆五十三年（1788 年）刊本.

（1725 年），中牟、阳武、封丘等县曾几次被冲淹，水灾过后，这些县的土地“有被漫涨流为支河者，有水去沙停变为沙滩者，有地土变为盐碱者”[①]。乾隆二年（1737 年），河南巡抚尹会一曾说道，“臣查豫省地方，每多咸碱飞沙之地，小民因难以垦种，大半荒弃。不知盐碱之地，挖去三尺，必无碱味，飞沙之地，挖去三尺，必有湿气”[②]。“豫省开、归、陈、汝四府滨河斥卤之地，不生五谷，出产硝斤，贫民藉以煎熬，易米度日。”[③]

具体到开封辖区各州县的灾后农业环境，文献记载较多。吴小伦（2013）通过对受黄河水患影响较大的郑州、中牟、祥符、陈留、杞县、兰阳、仪封、阳武、原武、封丘、延津等 11 个沿黄州县的土质沙碱具体情形的整理，认为“除延津、兰阳、仪封外，其他州县的土地沙化基本上集中在明代后期或清代。这也说明，明代前中期开封境内的田土尚处于相对良性的状态，随着黄河决徙的日益加剧，愈来愈多的泥沙沉淀于沿黄州县，沙化或碱化最终成为明代后期及清代开封辖区沿黄州县所面临的新的耕作环境”。这一研究虽然是不完全的记录举例，但一定程度上反映了黄河泛滥对开封城市周边地区土壤变化的影响。

重大黄河决口泛滥灾害对土壤沙化的影响尤为明显，如道光二十一年（1841 年）、道光二十三年（1843 年）和光绪十三年（1887 年）的三次决口事件。道光二十一年（1841 年）六月三十日，开封遭受黄河水患后，城外“溜所过成泥沙”，曹、宋门外淤沙皆丈余，“村落全无”[④]，“护城堤内为害最大，田庐之淤有深至二丈者，旧日附郭村庄十无一二”[⑤]。时人朱琦有诗描绘了此次河决后的惨状：“传闻附郭三万家，横流所过成荒沙。”[⑥]道光二十三年（1843 年）六月二十六日，黄河决中牟李庄口，“东北一带地尽成沙，死人无算，村庄数百同时覆没”[⑦]，“大溜所经，深沙盈丈，县境东北膏腴之壤皆成不毛之地矣”[⑧]。“由朱仙镇起，旁流直至城下，数十里田舍淹没。贾鲁河亦淤，商贾舟楫不通。水落后淤积愈甚，境中沃壤悉变为沙卤之区矣。”[⑨]决口十年后灾情依旧，咸丰元年（1851 年）王懿德在奏书中仍称“祥符至中牟一带，地宽六十余里，长逾数倍，地皆不毛，居民无养生之路等语。河南自道光二十一年及二十三年两次黄河漫溢，膏腴之地均被沙压，村庄庐舍荡然无存，迄今已及十年，何以被灾穷民仍在沙窝搭棚栖止，形容枯槁，

① 清世宗实录（卷三十），雍正三年三月丁未，北京：中华书局，1985：448.
② 尹会一. 敬陈末议疏//尹少宰奏议. 北京：中华书局，1985：27.
③ 尹会一. 河南疏一//尹少宰奏议（卷二）. 北京：中华书局，1985：14.
④ 李景文，王守忠，李湍波. 汴梁水灾纪略. 开封：河南大学出版社，2006：26.
⑤ （清）沈传义，俞纪瑞，黄舒昺. 河渠志 • 黄河//祥符县志（卷六）. 清光绪二十四年（1898 年）刻本.
⑥ 李景文，王守忠，李湍波. 汴梁水灾纪略. 开封：河南大学出版社，2006：175-176.
⑦ （清）吴若烺修，路春林等撰. 舆地 • 祥异//中牟县志（卷一）. 同治十年（1871 年）刊本.
⑧ （清）吴若烺修，路春林等撰. 舆地 • 山川附沟渠//中牟县志（卷一）. 同治十年（1871 年）刊本.
⑨ （清）沈传义，俞纪瑞，黄舒昺. 河渠志 • 黄河//祥符县志（卷六）. 清光绪二十四年（1898 年）刻本.

凋敝如前”[①]。这两次重大黄河决口使豫东地区许多州县受灾极其严重，如中牟的积沙厚达一丈有余，县境东北的膏腴之地皆成不毛之地，原有的沟渠均被堙塞，西北各乡土地也大半变为沙卤。中牟至仪封宽约60里、长达200余里的土地均被沙压。通许县境内，西北诸乡良田也均变成沙卤，长年飞沙滚滚，难以耕作，耕地抛荒十余万亩，该县沙丘多至48处，名曰岗，有延绵至数里者（河南省地方史志办公室，2001）。

光绪十三年（1887年）八月，黄河在郑州决口，这是铜瓦厢改道后最大的一次黄河水灾。当时被黄河洪水淹灌之地，据河南巡抚倪文蔚奏称“全溜东趋，由沙河、陈州经安徽之颍、泗，挟淮水入洪泽湖，直抵江南扬州府，至所属之东台县入海。三省地面约二三十州县尽在洪流巨浸之中，田庐人口漂没无算”（李文海等，1990）。其中，以中牟、扶沟、尉氏、西华、淮阳、祥符等地为甚，“所过州县，但觉一片汪洋”。中牟60%—70%，扶沟、尉氏、西华、淮阳80%—90%的土地被淹。[②]祥符至中牟的许多农田因此而成为不毛之地，中牟“被沙淤者童土不毛，浸斥卤者，石田无用，其它平衍可耕之区殆十不五六”（河南省地方史志办公室，2001）。县北部“白气茫茫，远望如沙漠，遇风作小丘陵，起伏其间”[③]。县南部“多薄沙不能耕种，沙壅成岗，每风起沙飞，其如粟如菽者，刺面不能正视，轮蹄所过，十步之外，踪迹莫可辨之”[④]。朱仙镇周围原来土地肥沃，此时积沙深达数尺，除部分尚能勉强种植花生外，其余“变成无法耕种之壤沙”（金陵大学农学系，2009）。此次郑州黄河决口，造成“以后五六十年，郑州以东至西华、宁陵等十余州县的四百数十万亩土地，一直是不毛的沙丘”（河南省地方史志办公室，2001）。孙金玲（2014）指出，明清以来黄河决溢泛滥引起的土地沙化后果一直影响到民国乃至当代。20世纪60年代焦裕禄在兰考沙区调查后得出了风沙危害的八条罪状：毁灭庄稼、填平水井、堵塞河道、封断道路、逼人搬家、没村绝户、伤人害畜、掀坟扒墓。可见，土地沙化一旦形成，危害形式多种多样，严重破坏了当地的生态环境。卢勇（2008）的研究也认为明清时期以黄河水患为主的自然灾害逐渐改变了淮河流域经济发展的轨迹。

如上所论，黄河决溢泛滥会给开封所处区域的农业生产带来巨大的灾难，导致城市周边农业生产环境的破坏。明代前、中期之前，黄河水患对开封附近农业生产环境有一定的影响，但总体状态良好（吴小伦，2013；邢馨月，2016）。明中期之后，频繁的黄河水患使得开封所处区域沃壤变瘠土，不利于农作物的生长，

① 中国第一历史档案馆编. 咸丰朝上谕档·第1册·咸丰元年. 桂林：广西师范大学出版社，1998：22-23.

② 水利电力部水管司、科技司，水利水电科学研究院. 清代黄河流域洪涝档案史料. 北京：中华书局，1993：911.

③④ 萧德馨修，熊绍龙纂. 地理志//中牟县志（卷八）. 民国二十五年（1936年）中牟明德堂石印本。

给农业生产带来了毁灭性的打击。这也给城市手工业、商业带来了不同程度的影响，导致原料供应不足，商业衰退，大大削弱了开封城市存在和发展的基本经济基础，使整个开封城市的经济停滞不前甚至衰退（邢馨月，2016）。黄以柱（1983）认为黄河水患的频发，大量泥沙的沉淀，土质沙碱的趋重，使得开封周边地区的耕作环境日益恶化，农业发展受到深度羁绊，特别是晚清至民国时期，开封所处的豫东地区成为河南境内农业生产最为落后的地区。

二、城市建成区环境

金代黄河南泛使得开封紧邻险工，治河成为日常事务，加速了北宋开封漕运四渠中的广济河淤废，导致东明、胙城、长垣等政区的改隶（吴朋飞，2015）。

（一）金代黄河南泛对开封城市无直接影响

黄河南泛自 1171 年开始影响开封市境，没有波及开封城池，故无直接影响。金后期迁都汴京后，始终将黄河作为重要的防御线。

金朝定都燕京，开封不再是全国的首位度城市，只是作为一个区域性中心城市。金初，南北对峙，黄河南徙，放任自流。在战争常态下，谈不上经济发展。当时，金都燕京的漕粮主要依靠御河转运河北、山东的粮食，对于改道后的黄河并不重视。因而，北宋开封高度繁荣所凭依的“四大河流”，在金代只能任其自身发展。汴河因战争无人组织管理，下游已断流；广济河则因黄河的南泛，破坏无遗。这对开封来说，失去了一个重要的交通条件，开封联系外界的距离大大拉长。但开封仍有护城河及附近相连的河流可以近距离通航。范成大在出使时，路过开封，有《护龙河》一诗，自注云：“在新宋门外，中有纲船数十艘。”诗中有“新郭门前见客舟，清涟浅浅抱城楼”[①]，这说明金代开封还有一定的水路运输能力，虽不如北宋“天下之枢”那样的交通地位，但仍不失为一个交通发达的城市。贞祐二年（1214 年）金朝再次定都开封，又形成以开封为中心的漕运网络。此时，黄、汴、颍、涡、蔡、洧诸水的漕运也有所恢复和发展（吴宏岐，1994）。

金后期，贞祐二年（1214 年）开封成为都城后，军事防御压力陡增。为了巩固统治，抵御蒙古军的南下，迁汴后的第二年就有大臣以黄河做文章，提出“以河御敌”的防御设想。贞祐三年（1215 年）四月，单州刺史颜盏天泽提议“当决大河使北流德、博、观、沧之境”。贞祐四年（1216 年）三月，延州刺史温撒可喜亦建议：“新乡县西河水可决使东北”，由“浚州、大名、观州、清州、柳口入海”，即恢复北宋的“北流”故道。大臣们认为“河流东南旧矣。一旦决之，恐故

① （宋）范成大. 范石湖集（卷十二）. 上海：上海古籍出版社，1981：147.

道不容，衍溢而出，分为数河，不复可收。水分则浅狭易渡，天寒辄冻，御备愈难”①，也未必能起到“守御”的作用，最终否定了决河“北流”的建议。从此，黄河入淮的大势已成定局。贞祐五年（1217 年）夏四月，敕枢密院，沿河要害之地，可垒石岸，仍置撒星桩、陷马堑以备敌。

正大九年（1232 年）正月，金军主力被蒙古军击溃于钧州（今禹州市）三峰山，蒙古军乘胜进迫汴京。白撒不敢抵抗，派遣完颜麻斤出、邵公茂等率部民万人，开短堤、决河水，以固京城。“功未毕而骑兵奄至，麻斤出等皆被害，丁壮无二三百人得反者。”②完颜麻斤出在开封西北“决河水卫京城”的河道，即大定二十年（1180 年）河决卫州及延津京东埽，流至归德府境的黄河岔流。此河与在正大八年（1231 年），河决归德府西北敖游堌的河道是同一条河流。1233 年蒙古军占领开封，宣告“以河御敌”防御的失败。

（二）元代黄河南泛破坏开封城市水运环境和缩减城区面积

元代开封城市水运环境惨遭破坏，失去漕运的优越条件。至元二十七年（1290 年）十一月，“河决祥符义唐湾，太康、通许二县，陈、颍二州，大被其患”③。此次黄河河决后果很严重，使得开封汴河、蔡河等河均全部淤没，一是“自汴城迤东至陈留、杞县，汴河及堤皆为所淤，而水则入于蔡河”④。二是“西蔡河上源由是湮塞。其汴河下流亦皆淤塞，而不能东达淮泗，其水亦入蔡河焉。后以其水浅不能行舟，乃立闸以积水”⑤。此次河患使得宋代以来的开封水运环境遭到部分破坏，开封城市的水运通航大受影响。

元代黄河泛滥直接影响城市外城，致使开封城区面积缩小。至元二十年（1283 年）黄河河决，河水灌进开封外城，“崩城堰之”，开封免遭淹城。这一年“河决，灌太康，漂溺千里，庭珍括商人渔子船及缚木为筏，载糗粮四出救之，全活甚众。水入善利门，庭珍亲督夫运薪土捍之，不能止，乃颓城为堰。水既退，即发民增外防百三十里，人免水忧”⑥。此次黄河在原武决口，自开封以北向东南，泛溢杞县、太康，开封东北淹为巨浸。大水从外城东北之善利水门入城（图 5-1），总管张庭珍编木筏运灾民，日夜抢险堵口无法控制，被迫采取“崩城堰之”的办法，从而免除了开封被黄河淹没的危险。水退后，用三个月的时间发民夫筑城外的堤防，“起阳武黑石，东尽陈留张怒河”，赶修一道长 130 里的堤防作为开封的外围屏障。

---

① （元）脱脱等撰. 河渠志·黄河//金史（卷二十七）. 北京：中华书局，1975：681-682.
② （元）脱脱等撰. 白撒传//金史（卷一百一十三）. 北京：中华书局，1975：2487.
③ （明）宋濂. 五行一//元史（卷五十）. 北京：中华书局，1976：1052.
④ （明）李濂撰，周宝珠，程民生点校. 河渠二·汴河//汴京遗迹志（卷六）. 北京：中华书局，1994：83.
⑤ （明）李濂撰，周宝珠，程民生点校. 河渠三·附京畿沟洫暨堤闸渡口潭泊//汴京遗迹志（卷七）. 北京：中华书局，1994：92-93.
⑥ （明）宋濂. 张庭珍传//元史（卷一百六十七）. 北京：中华书局，1976：3921.

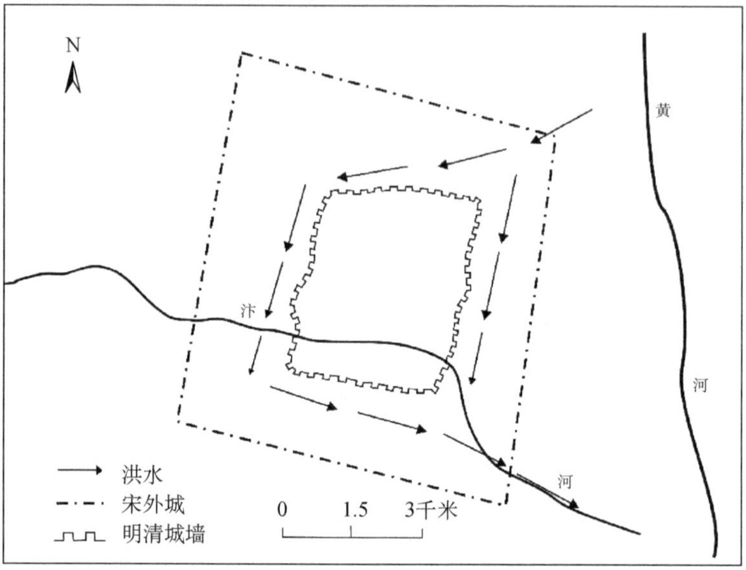

图 5-1　1283 年黄河洪水入城示意图

此次黄河洪水入城事件，是开封城市发展史上 7 次洪水进城的第 2 次，也是金元以来黄河泛滥首次对开封城市产生直接影响。因文献资料缺乏，此次黄河入城事件究竟对开封城的影响如何，无法定量表达。但根据开封历史上 7 次黄河洪水入城灾害事件的文献记载的特点分析，1283 年的洪水应该没有进入开封内城（明清砖城）。

（三）明清黄河南泛进一步缩减开封城区面积

按照第三章“开封黄河泛滥的地理过程”的论述和表 3-1“开封历代重大洪水统计”，明清时期开封城市遭受黄河洪水较为严重，出现 5 次入城，8 次入护城堤，为适应频繁黄河洪水的侵入被迫退缩于内城（砖城）内生存。明初开封“外城毁而内城存”①，城区面积大大缩小。原来外城之内、内城之外的建筑，在历次黄河泛滥中，破坏严重。城外东南的汴河、西北的蔡河，已遭黄河泛滥而淤塞，城内汴河、蔡河河道仍存在，整座城市通航能力大大下降。元代留下来的最大建筑，至今仍能看到的就是延庆观（朝元万寿宫）。开封外城与内城之间的建筑，除了上文提到的遭受 1283 年黄河洪水灾害之外，在元末战争中也破坏严重②，明初已是“仅余基址，有门不修”。明洪武初开封内城土城墙改为砖

① （明）李梦阳. 河南省城修五门碑记//（明）李濂撰，周宝珠，程民生点校. 汴京遗迹志. 北京：中华书局，1999：303-306.

② （明）宋濂. 察罕帖木儿传//元史（卷一百四十一）. 北京：中华书局，1976：3384.

城，一定程度上有防御洪水的功能，但在洪武二十年（1387年）、建文元年（1399年）、天顺五年（1461年）、崇祯十五年（1642年）仍遭黄河洪水入城，使城市发展环境大受影响，出现新的湖泊和空地，城市可资利用空间减少。崇祯十五年河决开封后，开封城内地貌发生重大变化，“城外高、城内低”盆地景观愈发明显，城内龙亭、包公等大型湖泊的出现，致使城市建成区的面积进一步缩减（吴朋飞，2014b）。

第二节　“宋四河”的湮废与贾鲁河的兴起

一、金元以来“宋四河”的湮废

北宋东京城是开封城市史和都城史上发展的最高峰，东京城高度繁荣的地理基础与“四水贯都”密切相关，即以汴河、惠民河（蔡河）、五丈河（又名广济河）、金水河等四条（简称“宋四河”）可以穿城而过的河流为纽带，形成以东京城为中心的河渠水道网络（图5-2），开封成为当时全国的水陆交通中心。

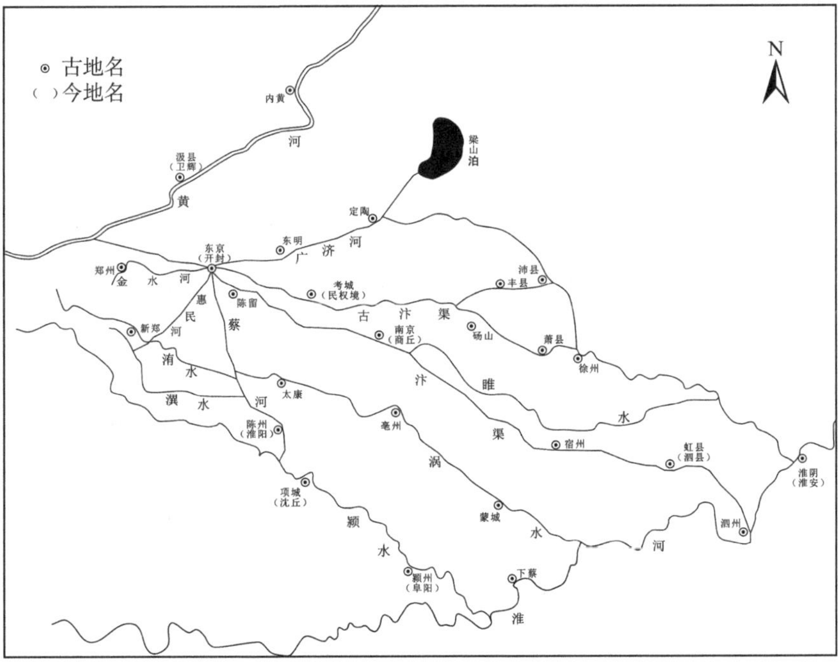

图5-2　北宋漕运四河

建炎二年（1128年）之后，黄河开始进入700多年的南泛期，"宋四河"中，最先遭到黄河泛滥淤塞的是五丈河。五丈河是"宋四河"中比较重要的一条水运通道。它自开封东北流，经陈留、东明、宛亭、济阴、定陶、雷泽，至济州合蔡镇后通梁山泊，可抵达郓州①。其下通过济水下游河道可至齐鲁地区，是北宋开封联系京东东路、京东西路州县的重要航道。北宋时期，五丈河就是一条河道较浅、容易淤塞的河流，宋朝廷为增加五丈河的流量，先后共进行7次水源的探索，同时不断地疏浚，以满足京东方向的漕运②。1128年杜充决河之后，黄河南泛冲溢，必定要横切五丈河南流，这对河道的通航产生了巨大影响。1128年、1168年、1171年、1177年、1180年、1187年、1194年、1232年、1234年等年份的黄河决溢南泛都与五丈河有关，事实上在金代五丈河已遭破坏。这是黄河变迁对开封府境和城市交通通道的重要影响。谭其骧于1982年主编的《中国历史地图集》大定二十九年（1189年）南京路图幅也显示，汴河、金水河、惠民河、蔡河等仍在，广济河已不存在。

随着黄河决溢南泛，河道逐渐南移，慢慢靠近开封，开封剩余的三河也渐渐遭到冲击。元代至元二十七年（1290 年），黄河决开封义唐湾，自汴城迤东至陈留、杞县，"西蔡河上源由是淤塞。其汴河下流亦皆淤塞，而不能东达淮泗，其水亦入蔡河焉。后以其水浅不能行舟，乃立闸以积水"③。

明初，开封仍是国家漕运转输的中心之一。洪武元年（1368 年），明北伐军曾通过黄河河道运兵攻打开封，还"命浙江、江西及苏州等九府，运粮三百万石于汴梁"，作为军粮。"其西北边则浚开封漕河饷陕西，自陕西转饷宁夏、河州。"④洪武二十四年（1391年）四月，"河水暴溢，决原武黑洋山，东经开封城北五里，又东南由陈州、项城、太和、颍州、颍上，东至寿州正阳镇，全入于淮。而贾鲁河故道遂淤。又由旧曹州、郓城两河口漫东平之安山，元会通河亦淤"。这次决口，东南至开封城北，主流折南挟持西蔡河南流，经陈州循颍水入淮，这是黄河主流首次夺颍水入淮河。会通河一段的淤塞，使得南粮北运较为困难。建文元年（1399年），黄河泛滥，汴河及闸俱被湮废。

永乐元年（1403年），户部尚书郁新奏言："近因淮河至黄河淤浅，以致馈运不通，请自淮安用轻舟运至沙河及陈州颍歧口，仍以大舟载入黄河，复陆运卫河以转输北京。"⑤这一建议被采纳，"始用淮船受三百石以上者，道淮及沙河抵陈州

① 《五代北宋五丈河流路复原》（未刊稿）。
② 《五代北宋五丈河流路复原》（未刊稿）。
③ （明）李濂撰，周宝珠，程民生点校. 汴京遗迹志. 北京：中华书局，1999：92-93.
④ （清）张廷玉等. 食货志三//明史（卷七十九）. 北京：中华书局，1974：1915.
⑤ 郑康侯修，朱撰卿纂. 舆地上•山水志//淮阳县志（卷一）. 民国二十三年（1934年）铅印本.

颍岐口跌坡，别以巨舟入黄河抵八柳树，车运赴卫河输北平，与海运相参”[①]。自迁都北京后，会通河淤塞影响南粮北运的漕路，永乐帝遂采用郁新所奏议的用西蔡河漕运之法。江南粮食沿淮河上溯，顺颍河至陈州颍岐口（在周家口东约 6 千米），再换大船转运，车运至卫河，输北京。永乐四年（1406 年），“成祖命平江伯陈瑄督转运，一仍由海，而一则浮淮入河，至阳武，陆挽百七十里抵卫辉，浮于卫，所谓陆海兼运者也。海运多险，陆挽亦艰”，可见这条陆挽漕路的运输耗费较烦。到了永乐九年（1411 年），原先淤塞的会通河得以疏浚贯通，南北大运河恢复全程通航，“自是漕运直达通州，而海陆运俱废”。这样，国家漕运主要通道不再辗转中原，河南只是在南粮北运中起着自身承运的作用。永乐十四年（1416 年）河决开封，正流由土城东北五里，经城东边村、独乐岗至怀远入淮。这时开封城西还有一股河，经尉氏、洧川汇颍入淮。到宣德六年（1431 年）这股河仍然存在。元至明初黄河在开封附近的频繁泛滥，对汴河、蔡河等造成了淤塞，但在开封以上的汴河仍通畅且水量可观。汴河自须水之荥泽，绕中牟县北，东经韩庄镇，东流入祥符界安家口，下流经祥符县南，又东南至泗州入淮。据《明史·地理志》，正统六年（1441 年），“改从此入河，后淤”。正统八年（1443 年），“尝浚（须水）以分决河之流，后亦堙”。显然，开封以上的汴河自 1442 年起也成为黄河的行洪通道，河道淤塞在所难免。

正统十三年（1448 年）河决荥泽孙家渡。当时河南巡抚王暹曾说：“黄河旧从开封北转流东南入淮。自正统十三年改流为二：一自新乡八柳树，由故道东经延津、封丘入沙湾。一决荥泽，漫流原武，抵开封、祥符、扶沟、通许、洧川、尉氏、临颍、郾城、陈州、商水、西华、项城、太康。没田数十万顷，而开封患特甚。”清代傅泽洪的《行水金鉴》也载：“河徙开封西北荥阳孙家渡口入汴河，至寿州入淮。”《开封市黄河志》更是指出：主流经原武至开封城西南分两股：一股经洧川趋临颍、郾城；一股经尉氏、通许、扶沟、太康、西华、商水、项城合颍入淮[②]。这样开封以上汴河发生变迁，黄河正流自荥泽孙家渡决口后，袭夺汴河河道，成为汴河的源头。这时，开封府城的“旧河、支河俱堙，漕河因而浅涩”[③]。1448 年河决荥泽孙家渡，使得河南省城开封用以沟通外界的水运通道淤塞全无。此后，开封城开始了增筑护城大堤和防水决城、泄水导流等系列措施，已无水运入城了，只能靠孙家渡河（后称贾鲁河）水运通道，沟通内外（图 5-3）。

---

① （清）张廷玉等. 食货志三//明史（卷七十九）. 北京：中华书局，1974：1916.
② 开封市黄河志编辑室. 开封市黄河志. 内部资料，1991：13.
③ （清）张廷玉等. 河渠志一//明史（卷八十三）. 北京：中华书局，1974：2020.

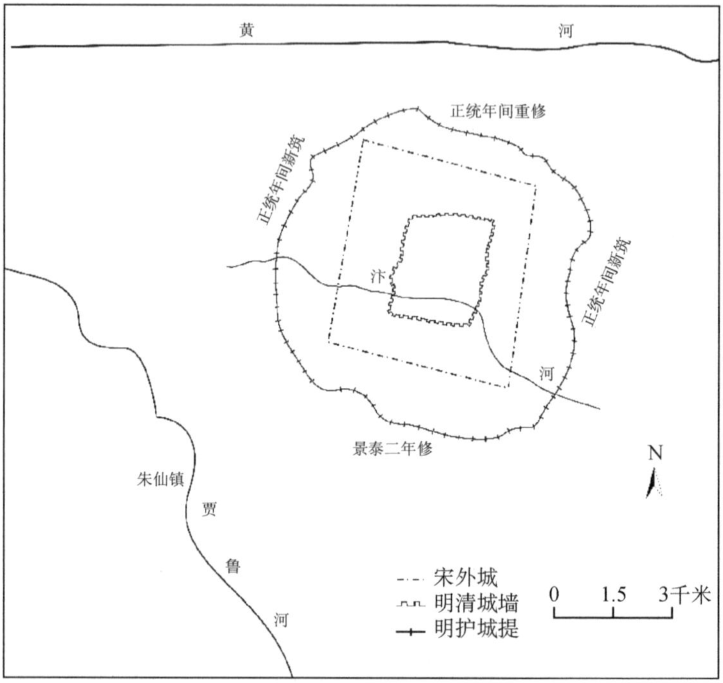

图 5-3　1495—1741 年开封附近的水道

由于黄河的不断泛滥，开封城市四周地势逐渐增高，形成“城外高、城内低”的盆地景观，城中积水无法宣泄，经常积涝为患。清乾隆四年（1739 年）夏秋大雨，开、归、陈、许六十余州县，湮为巨浸，平地水深数尺，开封城内水积月不退。巡抚尹会一提议先修浚城南门外的干河涯，以宣泄城内积水。再于中牟西贾鲁河北岸，别疏一道，导入祥符浅儿河，接浚至高家楼，纳干河涯之水，东入于涡。乾隆六年（1741 年），河南巡抚雅尔图奉敕开挖疏浚古汴河故道，宽 10 丈、深 1 丈、长 65 194 丈，竣工后乾隆赐名为惠济河（图 5-4）。

二、明清贾鲁河的兴起

孙家渡河（后称贾鲁河）的出现是黄河泛滥作用于开封的产物。翻开河南省地图册，我们会很容易找到这条以元代治水专家贾鲁命名的河流。今贾鲁河是沙颍河的一条支流，发源于新密市白寨乡杨树岗圣水峪，自西南向东北流至郑州市北郊再折向东南，流经中牟、开封、尉氏县，于周口市入沙颍河，全长 219 千米，总流域面积 5896 千米^2。今所见河道是 1938 年黄河决口花园口后，经疏浚而成的新道，再加上中华人民共和国成立后干支流上兴建了多座水库，已非历史本貌。

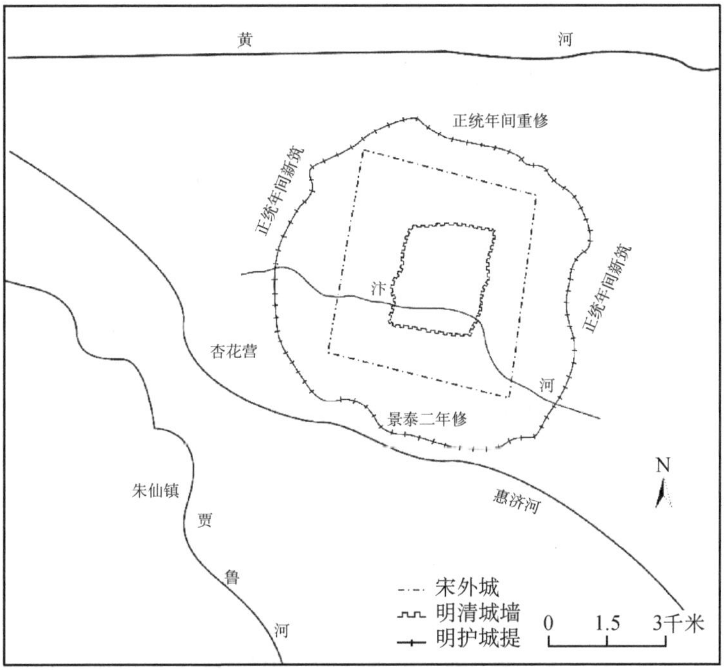

图 5-4 1741 年开封附近的水道

今贾鲁河，虽名贾鲁，是否是贾鲁所开挖，学术界尚存不同的意见。李长傅（1964）认为，现在的贾鲁河并非元代贾鲁所修，贾鲁河本名孙家渡河，是明代刘大夏所疏浚。另一种观点认为，贾鲁河就是元代贾鲁修的那条河，见《河南航运史》（河南省交通厅交通史志编审委员会，1989）等。本书赞同前者意见。元至正四年（1344 年）五月，黄河在今山东曹县白茅堤决口，六月又北决金堤，泛滥达 7 年之久，为害甚大。至正十一年（1351 年）四月，贾鲁受命以工部尚书总治河防使总领治河事宜，开始了黄河治理史上著名的贾鲁治河。《元史·河渠志》中欧阳玄的“至正河防记”主要记述了贾鲁治河的经过和工程设施。贾鲁施工后的黄河下游河道流经路线，岑仲勉（2004）《黄河变迁史》中叙述较为详细，邹逸麟（2005）又进行了补充并绘制出“元末贾鲁河流经示意图”。邹逸麟（2005）指出，河道经原武黑洋山、阳武、封丘荆隆口、中滦镇，至开封陈桥镇。再经仪封黄陵冈南，以下又经曹县新集、商丘丁家道口、虞城马牧集、夏邑韩家道口、司家道口，经萧县赵家圈、石将军庙、两河口，出徐州小浮桥入运河。贾鲁所治河道仅限于仪封、曹县之间黄陵冈、白茅堤以下至徐州的河段。开封以上向北的那股岔流并未堵塞，亦未加治理。这才是元末至正贾鲁所治河道，河道经行路线已很清楚，今贾鲁河可能并非贾鲁所为。

今贾鲁河是沟通黄淮重要的南北通道，它的产生与金之后府城开封附近水道的湮废有关系，上文已有详细论述。正统十三年（1448 年）黄河正流自荥泽孙家渡决口后，袭夺汴河河道，成为汴河的源头。这时，开封府城的“旧河、支河俱堙，漕河因而浅涩”①。孙家渡河经朱仙镇至白家潭，便进入扶沟县境。成化中知县李增曾对境内河道进行改造修治，“自吕家潭南张单口另疏新河，迤逦西南至县东北五里许张会桥，与双洎合流出境，绕西华三面，下至周家口入沙河，下达淮安”②。李增于明成化二十一年（1485 年）上任，下一任知县是弘治三年（1490 年）上任的李溥，因而治河时间当在 1485—1490 年。因有水量较大的双洎河汇入，扶沟以下不易淤塞。

弘治二年（1489 年）五月，黄河在开封及金龙口决口，入张秋运河，又决埽头五所入沁。三年（1490 年）正月，户部侍郎白昂在上疏中提到，这次上源决口，南决者“自中牟杨桥至祥符界析为二支：一经尉氏等县，合颍水，下涂山，入于淮；一经通许等县，入涡河，下荆山，入于淮。又一支自归德州通凤阳之亳县，亦合涡河入于淮”。后在修治河道中，“筑阳武长堤，以防张秋。引中牟决河出荥泽阳桥以达淮，浚宿州古汴河以入泗，又浚睢河自归德饮马池，经符离桥至宿迁以会漕河，上筑长堤，下修减水闸”。六年（1493 年）二月，工部侍郎陈政在上疏中指出，“河之故道有二：一在荥泽孙家渡口，经朱仙镇直抵陈州；一在归德州饮马池，与亳州地相属”。显然，白昂是将“荥泽孙家渡口，经朱仙镇直抵陈州”这条黄河泛道进行了疏浚。

弘治五年（1492 年）七月，“河大决黄陵冈、荆隆口，决数道，北犯张秋，掣漕河与汶水合。其荥泽及归德入淮之口尽淤，旧白昂所规画，一时皆废”③。白昂疏浚的孙家渡河淤废了。于是，弘治七年（1494 年）五月，以刘大夏为副都御史，治张秋决口时，刘大夏在太监李兴、平江伯陈锐协助下，经过查勘，采取了疏浚与抢塞办法。一方面，“浚仪封黄陵冈南贾鲁旧河四十余里，由曹出徐，以杀水势”；另一方面，“又浚孙家渡口，别凿新河七十余里，导使南行，由中牟、颍川东入淮”。关于“别凿新河七十里”的具体路线，文献并未提及，李长傅（1964）仅指出“导水南行，经中牟、朱仙镇下至项城、南顿入颍，以杀黄河水势，并资通运，这就是今贾鲁河”。后有人直接指出（王文楷，1990）：“引黄河水东南流，沿宋代汴水的上游，下接蔡河故道，经郑州北之双桥北、张桥、姚店堤，入中牟县的张胡桥、毕桥、十里铺、中牟县城北、板桥、店里口入开封，下接西蔡河故道，经朱仙镇、腰铺、闹店，至夹河集入尉氏，经金针、十八里、张市、永兴西，

---

① （清）张廷玉等．河渠志一//明史（卷八十三）．北京：中华书局，1974：2020.
② （清）王德瑛纂修．疆域志 • 河渠//扶沟县志（卷三）．道光十三年（1833 年）刻本.
③ 武同举．淮系年表全编（不分卷）．民国十七年（1928 年）.

由白潭入扶沟县，接东蔡河故道，至商水县汇颍水。”虽然该文献并未指出新开河的具体路线，但本书颇为怀疑这一文献来源。结合《贾鲁河水利记》中所提到的贾鲁河“在板桥以下，则河身润大，无泛滥之患，有舟楫之利；自白沙而上，沙积地高，易发生水灾漂屋毁民田”，可推断刘大夏新开凿的河道可能是自中牟县东十五里的板桥折向东南，经店里口再至朱仙镇这一段，这一初步看法有待证实。因孙家渡河和贾鲁河同是黄河故道，名称因此相混。经过这次治理，贾鲁河的上游便在荥阳孙家渡口与黄河相接，遂成为黄河水南入淮河的一条通道。因是人工新开河道，人为改变了河流的自然流向，所以有嘉靖十四年（1535 年）刘天和奏称的“孙家渡，自正统时全河从此南徙，弘治间淤塞，屡开屡淤，卒不能通”。

嘉靖六年（1527 年），左都御史胡世宁献治河之议，建议“汴西则浚孙家渡抵寿州以杀上流”。七年（1528 年）正月，如世宁策，“乃别遣官浚赵皮寨、孙家渡，南北溜沟以杀上流”，后由工部侍郎潘希曾代替继续“疏孙家渡口以杀河势”。九年（1530 年）五月，孙家渡河堤成。疏浚后的孙家渡河，经朱仙镇过尉氏、扶沟、西华等县流至周家口入沙河，下达淮安。嘉靖以后，黄河主流不再由贾鲁河入淮，而由开封、归德、虞城，经徐、邳入淮。所以，嘉靖二十五年（1546 年）李濂的《汴京遗迹志》载：“今所谓孙家渡口者，亦自荥泽而下，引河为渠，由朱仙镇东南，达于淮、泗，似亦汴渠之遗意。特以不近都会，而转漕非其所资，故任其浅涸，而不为之疏浚耳。”①

从正统十三年（1448 年）至嘉靖二十五年（1546 年）的近百年期间，贾鲁河在荥阳孙家渡口是与黄河相接的。因其泥沙量大，“屡开屡淤”，故有“小黄河”之称。但明末清初的文献却记载，贾鲁河的上游不再接黄河，而以京、索、须水为源，并且河道相对比较稳定，河流流量大且能通航。对此，李长傅（1964）认为，“这个变迁当在嘉靖以后，可以推断，迟至明末，贾鲁河已完全开通，经常通航，促进了朱仙镇的发展”。由此，我们又能将变迁时间进一步限定在万历三十三年（1605 年）至天启年间。万历三十三年，会通河淤塞，湖广茶陵州知州范守己建议利用贾鲁河漕运，“如谓郑水微弱，不任漕舟。则荥郑之间，又有京水、索水、须水诸泉，皆可引入郑水，以济漕挽舟”②。可见此时贾鲁河仍未利用京、索、须诸水，但到天启年间郑州知州刘光祚疏浚贾鲁河时，已明确指出贾鲁河的水源是京、索、须诸水。在这近二十年间，具体何时改源，有待查实。

隆庆年间刊行的商书《天下水陆路程》卷五，记有“淮安由南河至汴城水路”。这条水道由淮安经洪泽湖入淮河→经凤阳府、寿州至正阳关纳税后入颍河→溯颍河西北行，经颍上、阜阳、太和等县入河南→再 130 里至周家店（即周口）→从

① 李濂撰，周宝珠，程民生点校. 汴京遗迹志. 北京：中华书局，1999：87.
② 沈德符. 贾鲁河故道//万历野获编（卷十二）. 北京：中华书局，1959：327-328.

周口转贾鲁河北上 205 里至朱仙镇→在朱仙镇起车，陆路 40 里至开封[①]。这条水运通道在当时长江以北水路中的地位仅次于“北京由漕河至南京”和“南京由漕河至北京路”，位居全国第三，足见其在当时水运交通地位的重要。万历三十三年（1605 年），“今自正阳至朱仙镇，舟楫通行，略无阻滞”[②]。这说明隆庆万历年间贾鲁河在朱仙镇以下，就能经常通航，促进了朱仙镇和周家口两座沿河市镇的发展。康熙年间，朱仙镇商贾贸易最盛。雍正三年（1725 年）移开封府同知驻镇，后设巡检司。乾隆初年，朱仙镇为“天下四大镇之一也。食货富于南而输于北，由广东佛山镇至湖广汉口镇，则不止广东一路矣；由湖广汉口镇至河南朱仙镇，则又不止湖广一路矣。朱仙镇最为繁伙，江西景德镇则窑器居多耳”[③]。朱仙镇最繁盛时期的镇区范围，北至今离镇四里的小店王，南至八里的腰铺，东至三里的宋寨，“西至二里的豆付店，面积约五十平方里。人口有四万户，二十余万人”（李长傅，1964）。

朱仙镇以上的水运，也有文献涉及。贾鲁河自荥阳流出后，合索、须、京三水，在郑州城北四十里经流，到双桥村水量始大，下流“如许家屯历诸村至姚家堤一带汪洋”，再至板桥以下，则“河身润大，无泛滥之患，有舟楫之利”，自白沙而上，沙积地高，易发生水灾漂屋毁民田。明天启年间，郑州知州刘光祚“浚之，令民穿渠蓄泻，溉田数千顷，商贾通流，民以为便”[④]。清傅泽洪《行水金鉴》也说：郑州“东有郑水，出梅山，东北入贾鲁河。明天启中知州刘光祚疏之，起州北至州东，接中牟境，可通舟楫”。另外，清光绪八年朱仙镇新河记碑（左慧元，1999）载有“往时舟楫畅行，上可抵京水镇”。

清代黄河多次泛滥，屡次淤塞贾鲁河道，疏浚工作也持续不断。据《河南航运史》（河南省交通厅交通史志编审委员会，1989）所引并补充资料，将贾鲁河的疏浚活动和水运情况，略为陈述如下：

康熙四十三年（1704 年），开始北自中牟南至淮河处进行挑浚。康熙四十五年（1706 年），“开贾鲁河北通黄河，两头堤根建闸坝”“使贾鲁河舟楫由黄入洛，遂开自荥阳至沈丘，三载工完”。

雍正以来，黄河多次决口漫溢贾鲁河，使河道淤塞，不能通航。雍正元年（1723 年）六月，“决中牟十里店、娄家庄，由刘家寨南入贾鲁河”。《清顺康雍三朝决河考》[⑤]对此次决口有详细记录：“沁黄并涨，水势陡长。初八决中牟县十里店西

---

① 黄汴著，杨正泰校注. 天下水陆路程. 太原：山西人民出版社，1992：148-149.

② 沈德符. 贾鲁河故道//万历野获编（卷十二）. 北京：中华书局，1959：327-328.

③ （清）沈传义，俞纪瑞，黄舒昺. 建置志·市集//祥符县志（卷九）. 清光绪二十四年（1898 年）刻本.

④ （明）阴化阳. 贾鲁河水利记//周秉彝，王扬翰修，刘瑞璘纂. 艺文志//郑县志（卷十六）. 民国五年（1916 年）刊本.

⑤ 粟宗嵩. 清顺康雍三朝决河考. 水利，1936，（5）：335-348.

大堤，冲开口子二处，一在上流者刷宽十一二丈，一在下流者刷宽十六七丈，漫溢之水由十里店西南入贾鲁河流至朱仙镇入洪泽湖。六月二十一日夜，黄水复涨，水势南趋朱仙镇，水势较前次更大四尺有余，两岸房屋土墙被水淹浸坍塌甚多。”同年九月，黄河决郑州来童寨民堤，郑民挖阳武故堤泄水，并冲决中牟杨桥官堤，以致漫决，水俱由贾鲁河南下，朱仙镇又遭水患。中牟段的贾鲁河受决口影响淤塞，“知县章兆曾改疏北门外里许，由西北环绕东南流，经祥符之朱仙镇吕家潭至扶沟县东北受双洎河水，又东南入西华县绕城西北东三面，又东南经周家口流入沙河”[①]。

雍正三年（1725 年），贾鲁河仍然或浅或深，不能畅行无阻。究其原因，“盖豫省土性松散，略被风雨吹刷，两岸所挑沙土，仍归河道，旋浚旋淤”“故不特河水冲决，而数年内深者尚有河形，浅者已为陆地”。雍正五年（1727 年）在大举浚治淮河水系各州沟洫时，再次疏浚了贾鲁河中牟段。雍正十三年（1735 年），又疏浚了郑州到中牟的一段，并筑堤堰。

乾隆元年（1736 年），“浚郑州贾鲁河（自大陵庄到中牟合河口）并筑堤堰”。乾隆三年（1738 年）又“查勘贾鲁河，疏消积水”。乾隆四年（1739 年）夏秋大雨，开、归、陈、许六十余州县，湮为巨浸，平地深数尺。为泄汛水，乾隆五年（1740 年）“于贾鲁河北岸新开河一段，由浅儿河入涡会淮，以分上流异涨”使“开归南面，陈州北面，凡有雨水引入该河，均免盈溢”。这条新河于乾隆六年（1741 年）六月竣工，赐名惠济河。乾隆十六年（1751 年），中牟知县孙和相又开广惠河分泄贾鲁河泛涨之水，从龙王庙前起，到十五里堡闸口入惠济河[②]。惠济、广惠两河的开凿，使朱仙镇以上贾鲁河河道变得更为复杂，分泄了贾鲁河的水量，在一定程度上也加速了贾鲁河上游河道的淤塞，削弱了其通航能力。

乾隆二十六年（1761 年），据《清史稿·河渠志》载“七月，沁黄并涨，武陟、荥泽、阳武、祥符、兰阳同时决十五口，中牟之杨桥决数百丈，大溜直趋贾鲁河”，致使贾鲁河自中牟改道南流经朱仙镇西南八里的王堂，又南下至白潭与旧道合，入颍通淮，故道淤浅。事后由镇民集资，又在镇西南筑两道石坝，将河截断，引水向东北流，经西门外约四十步，再北流入镇内，循故道南流，恢复通航。并于西门外，建石桥一座，以便行人（李长傅，1964）。这次杨桥决口，大溜直趋贾鲁河、惠济河经安徽涡河、肥河、颍水入洪泽湖。河南开封之朱仙镇，陈州之周家口，江南亳州北关之大石桥，皆南北商贾大口岸也，杨桥决口之水，朱仙镇首当其冲，较他处尤重（黄河水利委员会黄河志总编辑室，1989）。朱仙镇再遭水灾，此时的经济与繁华之时已不可同日而语了。

---

① （清）吴若烺修，路春林等撰. 舆地志·山川//中牟县志（卷一）. 同治十年（1871 年）刊本.

② （清）吴若烺修，路春林等撰. 舆地志·山川//中牟县志（卷一）. 同治十年（1871 年）刊本.

嘉庆年间，对贾鲁河又进行过两次疏浚。那时的贾鲁河在扶沟至西华、商水一段，因为有双洎河汇入，水量较大。但是，“自双洎河迤上，直到郑州境内，计长二百八十余里，均浮沙日积，节节淤垫”，导致洪水“无槽道可归，无尾闾可泄”，又因浅淤，“商贩均须陆路起运，以致百货增昂，贫民失业，芦商运费不赀，亦加疲累”（河南省交通厅交通史志编审委员会，1989）。于是便在嘉庆十八年（1813年）和二十一年（1816年）进行了挑浚。

道光二十三年（1843年）六月，黄河在中牟九堡决口后，水趋朱仙镇，历通许、扶沟、太康入涡会淮，二十四年（1844年）塞。据安徽巡抚程楙采和江南河道总督潘锡恩奏，六月二十七日中牟汛九堡漫口决堤，掣动大溜，水由东南下。溜分为两股，正溜由贾鲁河经开封之中牟、尉氏，陈州府之扶沟、西华等县入大沙河，东汇淮河归洪泽湖①。贾鲁河惨遭黄河正溜通过，中牟段河道全淤，对朱仙镇破坏甚烈，石坝被冲毁，河道西移从朱仙镇西十五里的仇店南流，残存的旧道，今名运粮河，成为贾鲁河的支流。镇内河道也淤浅，贾鲁河航运条件已大不如前。“追水退之后，淤沙深七八尺，甚者或至逾丈，商品全被浸没。”②此次受灾之后未见会馆重修，估计此时朱仙镇商业已大不如前，山、陕商人无力对会馆进行修缮了（许檀，2005）。

道光二十五年（1845年）虽采纳河南巡抚鄂顺安建议进行挑浚复故，但因工程粗糙，加以“两岸飞沙飘雨淌致河身淤垫”“旋修旋淤，迄无成效”。至二十七年（1847年），鄂顺安只得将中牟至朱仙镇一段河道改道避沙，即“由中牟县东环绕东南三十里，流经辛庄寨入祥符县境，从毛井后改由五里堡东南大李庄迤东”③，然后“由朱仙镇之西绕朱仙镇之南，以与旧河合”。二十八年（1848年），又“改由十里铺以南约三里”。由于当时“南来之船，仍不能停靠朱镇之南北桥，货仍不能卸载于朱镇之东西两岸”，遂又挑浚并复朱仙镇航运旧貌。

同治七年（1868年）“六月，黄河决荥泽十堡”后，黄河浊流漫溢，贾鲁河淤塞。九年（1870年）河南巡抚李鹤年“勘浚通畅，复故道焉”④。到了光绪八年（1882年）“淤浅如故”，李鹤年再次主持疏浚，“自李牧岗至张市，数十里皆疏通无阻患”，新规划的王堂新河，改疏达朱仙镇，而后仍循故道南行，凡四阅月而成。“水泉畅流，舟行无碍，商贾骤集”（左慧元，1999），朱仙镇又渐渐有了生机。光绪十三年（1887年）河决郑州石桥，漫中牟之西北而下，经朱仙镇西八里之新庄，下达白潭，贾鲁河上游被淤塞，镇中河流浅微，航行困难。虽然曾于光

① 水利电力部水管司，水利水电科学研究院. 清代淮河流域洪涝档案史料. 北京：中华书局，1988：728-731.
② 开封教育试验区教材部. 岳飞与朱仙镇. 内部交流本，1934：132.
③（清）吴若烺修，路春林等撰. 舆地志·山川//中牟县志（卷一）. 同治十年（1871年）刊本.
④（清）吴若烺修，路春林等撰. 舆地志·山川//中牟县志（卷一）. 同治十年（1871年）刊本.

绪十五年（1889 年）和十八年（1892 年）对郑州段两次局部疏浚，但是由于河浅水枯，河道常遭风沙填淤，至光绪二十六年（1900 年）舟楫不通，贾鲁河航运一蹶不振。

雍正以来，黄河的多次泛滥造成泥沙淤积，特别是“道光二十三年中牟决口，惠济贾鲁一塞，同治荥泽决口，惠济贾鲁再塞，光绪郑州决口，惠济贾鲁三塞”，贾鲁河河床逐年抬高。从 1900 年开始，朱仙镇完全不通舟楫，周家口便取代其水运地位，成为豫东重镇，舟车辐辏，商业日益繁盛。随着 1906 年京汉铁路、1909 年汴洛铁路和 1912 年津浦铁路的通车，新的交通方式改变了南北交通网络格局，传统社会的水运大动脉——大运河（包括贾鲁河）已渐渐丧失优势，河道任其淤废。1938 年黄河在花园口决堤，贾鲁河航运全线阻塞，处于废弃状态。

第三节　清代开封城市湖泊的形成与演变

开封素有“北方水城”之称，13 千米^2 的古城内（城墙范围之内）湖泊星罗棋布，水域广阔。较大的湖泊有包公湖、龙亭湖、西北湖、铁塔湖、阳光湖等，水面达 1.69 千米^2，占古城面积的 13%。如此宽大的湖域对开封市水域景观的塑造起到非常关键的作用。目前正在实施的“五湖”贯通工程和“一渠六河”连通综合治理工程，就是计划将城区较大的五个湖泊连接起来，形成开敞的景观空间，打造宜居休闲的城市居住环境。

开封城内的湖泊是崇祯十五年（1642 年）黄河决河灌城之后的产物，被学者们称为黄泛平原“城包湖”洪涝适应性景观的典型（俞孔坚和张蕾，2007；吴宏岐和张志迎，2012）。前人论著中对其由来有所涉及，因非专论，对龙亭湖、包公湖的形成时间和过程存在分歧或语焉不详（吴朋飞，2014b），故而湖泊形成时间、成湖机理以及成湖后的盈缩情况等，值得进一步探究。

一、崇祯河决开封对城市盆地景观的再造

开封位于地势平坦的豫东平原腹地，一马平川。若就城市微地貌而言，还是略有起伏，不过今已不明显。但在明代，开封城内地形差异还是比较突出的，当时有“三山不令显，五门不令相对”之说。三山是指“土街为一山，爪儿隅头为一山，夷山为一山”①。开封城内本无山，因这三处地势较他处略高而已。另外，河水入城，积水的深度也能反映城内略有起伏的地貌形态。“迨河水入城，淹没者

① 孔宪易校注. 形势纪第二//如梦录. 郑州：中州古籍出版社，1984：3.

有深至三四丈、二三丈者，自西门迤逦东来，至大爪隅者，水仅二三尺深者；通藩府东折至山货街水深仅一二尺，再东折而北去，至土街水不盈尺而止，高下起伏，观夫水而从可知山矣。”①另有记载，明万历年间，黄河河面高出河南省城（开封）丈余②，清楚表明开封业已形成“城外高、城内低”盆地景观，开封北面的黄河已成“悬河”。这对崇祯十五年（1642 年）黄水入城后城市地貌的再造影响巨大。

明末崇祯年间李自成起义军于崇祯十四年（1641 年）二月十二日、十二月二十三日、十五年（1642 年）五月二日三围开封，久未下。最后一次采取围而不攻的策略，对城市周围的河流、树木、水井等实行坚壁清野，开封只剩一个孤城处于起义军的包围之中。开封城在坚持数月，粮尽弹绝、人困马乏的情况下，城外起义军或城内官军（尚无定论）掘开黄河大堤互相淹灌。崇祯十五年（1642 年）九月十四夜，适逢大雨连旬，黄河水位陡涨，朱家寨、马家口一起决堤，洪水奔腾而下，直冲开封城，从北门入，穿东南门出，流入涡水③。整个城池顿时淹没在一望无际的洪涛之中，积水深达三丈余。灾后“繁华胜景于此绝矣”④“九月河淹城，官舍民居尽被沦没，淹绝者百万户”⑤“城中男女百万，得出者万人而已”⑥。樊树志（2003）研究指出：“这一万多人，其中包括周王朱恭枵及其宫眷侍卫，还有巡抚巡按、总兵之类官员及城中豪绅。”除了造成人口、财产重大损失外，对城内地理景观影响也甚大。

明洪武初，开封城墙在金代内城的基础上，全部用砖包砌，城周长与金末相同，为“二十里一百九十步”，城墙高 3 丈 5 尺、宽 2 丈 1 尺，城外有宽 5 丈、深 1 丈的护城河围绕。洪武十四年（1381 年）竣工的周王府，紫禁城城周“三里三百九步五寸”，城墙高 5 丈，王城外面还有一道萧墙“周围九里十三步，高二丈许”。这说明周王府城墙高出开封城墙 6 米左右，萧墙约相当于开封城墙高度的 2/3，但其是“蜈蚣木镇压，上覆琉璃瓦”，在洪灾中阻挡水沙的作用较小。明末崇祯河决淹灌开封只露出周府紫禁城、相国寺顶、钟鼓二楼等原先城内最高的几处建筑，可见这次大水是全城满灌。黄河水含沙量高，水退沙留，导致了城内原先地貌格局的彻底改变，完全扰乱了明代城内的湖泊水系。

---

① 郑之鎏. 续东京梦华录//（清）沈传义，俞纪瑞，黄舒昺. 建置志·城池//祥符县志（卷九）. 清光绪二十四年（1898 年）刻本.

② （明）潘季驯《河防一览》卷二《河议辨惑》。

③ 《流寇长编》卷十五，崇祯十五年九月壬午。

④ 孔宪易校注. 著者原序//如梦录. 郑州：中州古籍出版社，1984：14.

⑤ （清）李同亨修，张俊哲，张壮行纂. 灾祥//祥符县志（卷一）. 顺治十八年（1661 年）刻本.

⑥ 刘益安. 大梁守城记笺证. 郑州：中州书画社，1982：125.

二、清初开封城内的湖泊状况

清朝顺治二年（1645 年），河南巡抚宁承勋“由大河泛舟，直抵城下，城垣半在沙淤水浸之中”。对于宁承勋赴任开封所见大灾后的城内景象，有记载：“事甫就绪，乃具疏请修复省城，塞黄河决口。略曰：汴城地形低于黄河，独恃层堤以为天堑。自逆闯决堤灌城，河水建瓴而下。臣由大河汎舟，直抵城下，城垣半在沙淤水浸之中。进至安远门，则瓮城、敌台灭没无影。循此而入，高者为沙为陆路，卑者为水为川流。土人谓城中沙淤漫衍，似高阜者，乃当日最低之地，今则街市庐舍，尽埋其地下矣。水流浩瀚，似低洼者，乃当日最高之地，今以他处淤高，则此地反卑矣。进行三五里，始见屋脊露出沙上。南门迤北，周王府内尽成水乡，宫殿仅见榱桷，树木惟存枝沙，此汴城大略也。”[①]宁承勋是从北门安远门入城的，所见记录实际上指出了开封城内地貌的衍演过程。明末城内低洼处今已成高阜，高处经过河灌已成洼地，形成湖泊。明周王府紫禁城为四面坚固高大的围墙建筑，封闭的墙体相当于第二道城墙，能在一定程度上阻挡先期黄河水的侵入，后期侵入的洪水泥沙含量较低，结果导致周围被淤高，而紫禁城内则变为洼地。于是周王府“尽成水乡”就有了龙亭湖形成的基础（图 5-5）。

明周王府紫禁城因有高大围墙阻挡，黄水不得入内，大量泥沙淤积在城外，于是便形成墙内低、墙外高的洼地景观。因而，上述湖泊形成过程的推理是正确的。同理，包公湖也是明代王府、官府大官僚的住所地，也先演变成洼地，后渐渐形成湖泊。

三、康雍乾时期开封城内的湖泊状况

清初，开封城破败，人烟稀少，三年一次的乡试被迫改在辉县百泉书院举行。后因该地偏僻，来往不便，顺治十六年（1659 年）巡按李粹然会同巡抚贾汉复题改故周王府为贡院。不久在明周王府遗址上新建了规模宏大的河南贡院。当时知府钱绂有《汴城改藩府作贡院》诗为证：

列棘巍巍泛巨涛，
紫房复道集贤豪。
六宫歌舞香魂渺，
三试才华文临高。
郡冠冲天培玉笋，
堂临山阜灿银袍。

① 徐世昌. 第二十八卷·贤能传一//大清畿辅先哲传（下）. 北京：北京古籍出版社，1993：925-926.

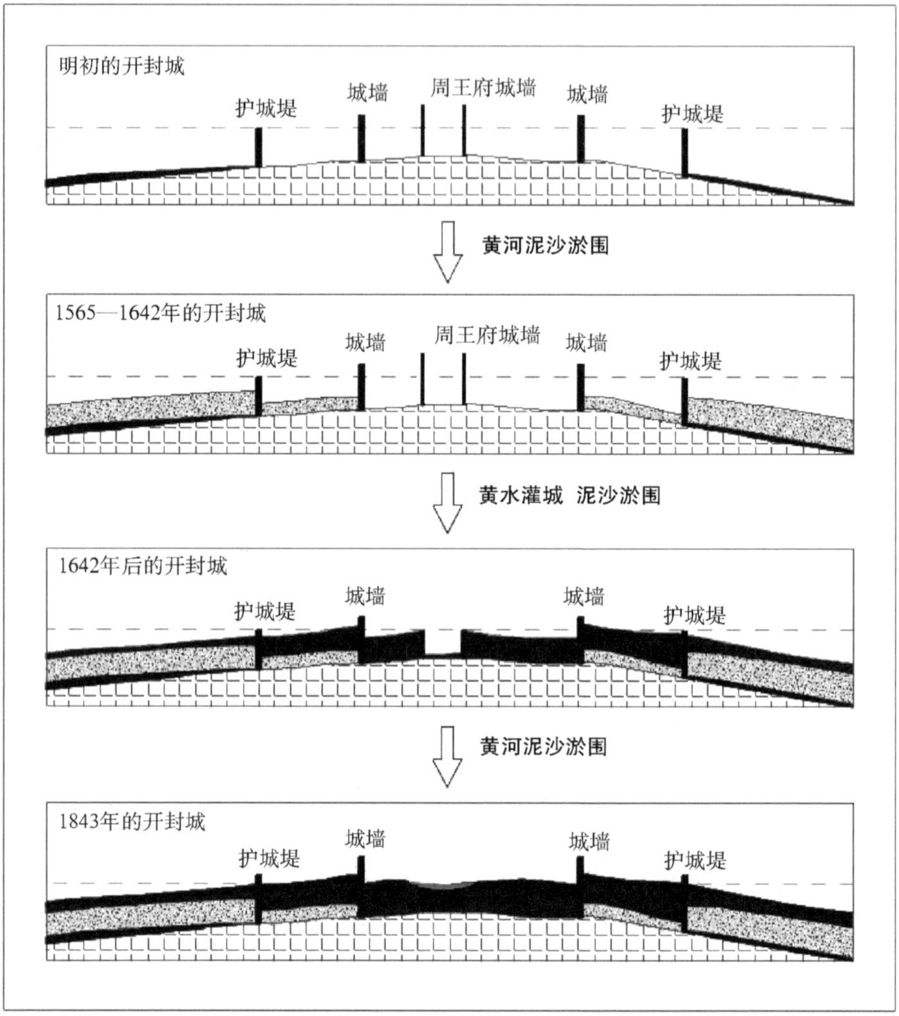

图 5-5　开封城内湖泊演变示意图（以龙亭湖为例）

欧苏相迁从今地，
谁是公门艳李桃。

知县刘朝宗也有《创建贡院纪事诗》云：

昔称桐叶地，今作榜花门。
奎壁连天府，珠玑灿斗垣。
圣朝思擢秀，天子重临轩。
文体厌奇尚，愿陈忠孝言。

巡抚李粹然《创建中州贡院记》对贡院的选址及形势载云："……遂遍览古梁

苑中求一形势最胜地，既而得旧周藩基址一区，实居汴之会城中央，轩豁鸿敞，较旧时贡院不啻壮胜十倍许矣。且面前午地正南，为旧南薰门，离火文明畅达阳气，而东西仁和、大梁两门，左右夹翼。稍前为钟鼓二楼台，分向拱峙，俨若龙蟠虎踞，盖中原揽海内之秀，兹地又揽中州之秀，允矣。文章之府而威凤祥麟腾跃之地也。”①贡院的主要建筑布局为：“明远楼四丈之高，广置各号舍五千有奇，复于后山屏上鼎建文昌祠一座，藜光辉映，以启佑我后人。缭垣则周以棘茨，且碑勒雉堞，屹若金汤。”康熙三十一年（1692 年）开封地方官府又在贡院后半部的后山（即周王府遗留的煤山）上修建了一座万寿亭。亭上安放着一座木制的龙亭，亭内设“皇帝万岁”牌位。每逢重要节日，省城文武官员便到龙亭的“皇帝万岁”牌位前礼拜、朝贺，煤山因此被称为龙亭山。

贡院的鼎建和万寿亭的筑造，说明当时周府旧址一带还是有适宜举行乡试的地形地势，未见有湖泊记载。开封市地方史志编委会办公室（1992）的论著中也认为贡院的南面是道路，北、东、西三面皆是空地。

不过六七十年后的雍正四年（1726 年），贡院周围的环境已大为不同。由田文镜《改建河南贡院记碑》②中“东、西、北三面皆水塘，埒起如环墙，而以闱中为釜底，凡雨水之汇归于塘者，复于塘渗入于院，宣泄无由，垫高不易，是此永无涸期矣。”可知，此时贡院东、西、北三面已出现水塘，贡院地势渐低，周围有护水堤墙防止水大进入，贡院周围的水塘湖泊实际上已成为开封城内西北部雨水的汇聚场所。

雍正七年（1729 年），夏秋雨水过多，停滞不返，城内西南一带积水，居民墙垣房舍倒塌千余间（开封市地方史志编纂委员会，2004）。尽管此次大雨只提及城内西南一带积水严重，但城西北贡院东、西、北三面的水塘无疑也会是坑塘满盈，进一步影响到贡院的办公环境。于是，雍正九年（1731 年）贡院又重新选址迁往开封城东北角的上方寺内（今河南大学明伦校区）。新建的贡院，地势高亢，《改建河南贡院记碑》云“非若前日之环以洼地深泽也”，也反衬出雍正初周王府旧址上贡院的周边环境。

对于贡院东、西、北三面的水塘，多数研究者认为此处原为周王府旧地，清初不断有人在这一带挖宝掘坑所为。我们也认为这是极有可能的。1642 年黄河决堤淹灌开封城，周王府建筑被冲毁，周王仓促逃跑，有大量古器物被淤积在黄沙之下。至清顺治年间，又拆除了周藩剩余的部分，“大木梁檩解上，琉璃砖瓦、小木入官变价，暗地侵渔，一物无存，止遗紫禁城一座，石狮、钟、鼓二楼阁”③。顺

① （清）李同亨修，张俊哲，张壮行纂. 艺苑//祥符县志（卷六）. 顺治十八年（1661 年）刻本.

② 田文镜《改建河南贡院记碑》，碑存河南大学明伦校区内。碑身高 2.72 米、宽 1.14 米。见：开封市地方史志编纂委员会. 开封市志（第六册）. 郑州：北京燕山出版社，2001：287-288.

③ 孔宪易校注. 节令礼仪纪第十//如梦录. 郑州：中州古籍出版社，1984：92.

治八年（1651年）八月，开封遭受水灾，洪水冲刷出原明周王府地下藏银二三百万不止。曹州副将许武光向朝廷提出，“乞假臣三年之工，搜尽天下遗银，以资兵饷”。顺治驳斥说：“帝王生财之道，在于节用爱民。掘地求金，亘古今未有此议。一行生事，扰民何可胜言。”顺治并责令该城御史罢了许武光的官（郭蕴静，1981）。显然，周王府附近被黄沙淤积的宝物众多，存在居民挖宝的可能性。光绪《祥符县志》在介绍万寿宫时曾指出：“万寿宫，故名龙亭，其街名午朝门街……前有牌坊一座……坊前有大石狮一对，座淤没，以石尺度之，狮身高九尺，宋物也。北二里许，两傍积水，一望无际，皆宋明时宫殿废址，有人于此刨古器物。”①显然龙亭湖的形成，很大程度上是附近居民不断挖宝掘坑的结果，这也符合逻辑推理。

历史舆图文献中出现龙亭湖（潘杨二湖），则是在雍正《河南通志》卷二《舆图·万寿宫图》（图5-6）。

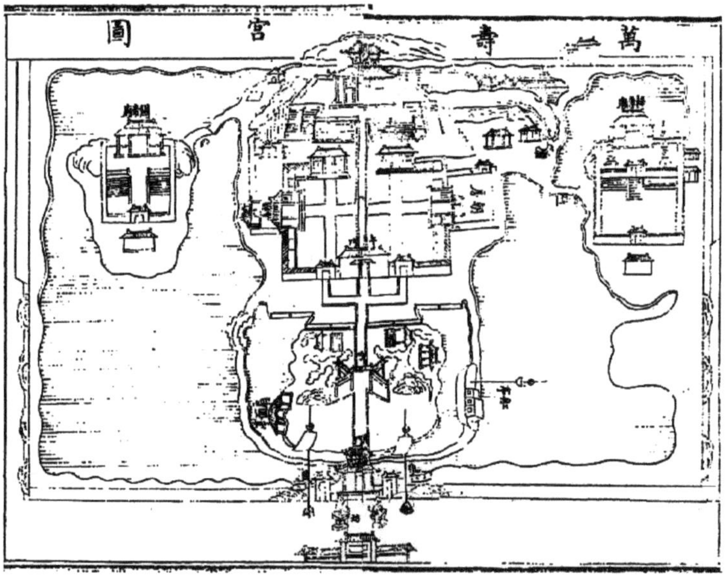

图5-6　雍正《河南通志》中的万寿宫图

雍正十二年（1734年）在贡院迁走后，利用这块空地修建万寿宫时，曾对水坑进行过整理，把这些形状不规则的水坑连成池沼，中间修一甬道，分为两湖。时任河南总督王士俊大兴土木，在万寿亭的基础上修建万寿宫。万寿宫的正殿，就建在整修过的龙亭山上，殿内安放着皇帝牌位，这就是今开封龙亭公园大殿的来历。据《万寿宫碑记》载：“万寿宫，少进为五雉端门，门以内为驰道，长一百

① （清）沈传义，俞纪瑞，黄舒昺. 建置志·宫室//祥符县志（卷九）. 清光绪二十四年（1898年）刻本.

八十丈。表以坊曰‘嵩呼’。两旁环以碧沼，若蓬瀛焉。”[①]这在《万寿宫图》上也得到体现（图 5-6）。另外，《豫乘识小录》也载：“按图，外有围墙。夹甬道，左为扇面亭，右为船亭，皆在水中。牌楼门左右朝房，极高处为亭，亭左关帝庙，右梓潼庙。”[②]这些亭台楼榭的修筑必须建在高处，而之前贡院曾因地势低洼而搬迁，因此万寿宫建筑群的修建及新筑午朝门至龙亭的大道，当是深挖左右两湖起土垫高的结果，同时也进一步拓深两旁的洼地，这才形成了今天的潘杨二湖的雏形。不过，此时龙亭东、西两湖仍无定名。

之后，乾隆四年（1739 年）、二十二年（1757 年）、二十六年（1761 年）的大水，对开封城内湖泊的盈缩有些影响。乾隆四年，雅尔图的《惠济河碑记》记载这年夏秋大雨兼旬，开、归、陈、许六十余州县，漫为巨浸，平地水深数尺，会城中积月不退，其横流下奔，并及江南之颍、亳、长、淮、卫，漂民田庐甚多。当时留下的三条奏折，道出了开封城内的水灾情况。六月十七日河南巡抚尹会一奏“开封省城于六月十二、十三两日大雨如注，昼夜不息，至十六日夜又复雷雨交作，水势加增，平地积至三四五尺不等，官民房屋倒塌甚多，高阜地面秋禾尚属无损，低洼之处俱被水淹”[③]。七月十一日尹会一又奏“……署内之吏六房周围墙屋亦俱倾圮。……省城西南一带地本低洼，水深数尺，一望汪洋”[④]。七月十六日河南河北镇总兵柏之蕃奏“开封府属汛之祥符县省会地方，城内地势较之城外低洼，难以泄水，于六月十二、十四以及二十九至七月初六日，雨水连绵，城内东南、西南两隅地方积水有六七尺不等，民间房屋倒塌无存。东北、西北两隅民房倒塌十分之二三，约有五百余家。官署亦有倒塌。秋禾被淹约有五六分”[⑤]。奏折内容显示城内积水严重，特别强调城内西南一带低洼，水深数尺或“积水有六七尺不等”，这对包公湖及西南湖泊的受水影响很大，这一时期湖泊蓄水量最大，属超蓄；东南隅本来是全城排水出城的地方，因泥沙淤积，排水不畅，积水也有六七尺不等；而西北的龙亭二湖，奏折中没有直接提到，通过奏折中“民房倒塌十分之二三”等语判断，此时蓄水量应该也很大。后来经过巡抚雅尔图奏请朝廷批准，勘浚惠济河和干河涯，才逐渐将城内积水导入涡河，排出城外。

《巡抚李鹤年惠济河辑说序略》（以下简称《序略》）对这次勘浚工程有详细记载：“惠济河，古汴水也。自明迄我朝，黄河屡决，汴水东行之道逐节淤高，其流

---

① （清）沈传义，俞纪瑞，黄舒昺. 建置志・宫室//祥符县志（卷九）. 清光绪二十四年（1898 年）刻本.

② （清）朱云锦《豫乘识小录》下册.

③ 六月十七日河南巡抚尹会一奏，见：水利电力部水管司，水利水电科学研究院. 清代淮河流域洪涝档案史料. 北京：中华书局，1988：139.

④ 七月十一日尹会一奏，见：水利电力部水管司，水利水电科学研究院. 清代淮河流域洪涝档案史料. 北京：中华书局，1988：140.

⑤ 七月十六日河南河北镇总兵柏之蕃奏，见：水利电力部水管司，水利水电科学研究院. 清代淮河流域洪涝档案史料. 北京：中华书局，1988：140.

遂断，而省垣为浊流所环绕，外高内低，状如釜底，城中积潦，欲出不得，大为居民之患。乾隆五年，始于中牟建坝，泄贾鲁河之涨，经汴水故道入涡，赐名惠济河。是时，前抚军雅请，于城内凿包府坑、杨家湖，以受街巷盈溢之水。”[①]《序略》指出乾隆五年（1740 年）河南巡抚雅尔图开挖包府坑、杨家湖。这是开封城内湖泊名称首次出现，也说明城西南的包府坑在 1642 年大水灌城形成洼地，无固定湖泊形状，再经过雍正七年（1729 年）、乾隆四年（1739 年）的大水影响，受水甚多。到巡抚雅尔图疏浚惠济河和干河涯时正式开挖，遂定名为“包府坑”，这样才形成一个形状相对稳定的湖泊。

同时《序略》继续谈道：“不十年，受水既多，坑不能容。乾隆十四年，前中丞鄂，乃议浚城外之干河涯，导城中之积水而入之涡，然后，人平土而居焉。是时，城内外之地，高低未甚，故所浚之干河涯，仅深四尺，而内水遂已毕出。”乾隆四年至十四年（1739—1749 年）的十年间，开封城内水多，包府坑、杨家湖等湖泊“不能容”，又疏浚城东南的干河涯，才将城内积水排除。此后的多次大雨，对城内湖泊的蓄积量也有影响。

乾隆二十二年（1757 年），六月初九至十二日开封大雨如注，“城外水积二三尺余，城内积水一尺有余。……据居民称较之乾隆四年及十九年被水犹重”[②]。

乾隆二十六年（1761 年），据河南巡抚常钧奏折，七月二十、二十一日黄河水势渐逼省城，情势非常危急，已有大水漫入城内[③]。八月十六日刘统勋谈道，“十四日至省城。……查省城东北二门已开，城外水已消涸，惟西南至东南一带水未全消，然所存不过尺许。查看前此水痕尚高二三尺，城内街市居民尚无伤损”[④]。显然，这次大水城内水深至少有二三尺，处于低洼处的包公湖、杨家湖都是城中水汇聚处，湖中水量定是满蓄。

四、道同时期开封城内的湖泊状况

道光二十一年（1841 年）开封城遭受黄河决溢围困八个月，是开封城市发展史上黄河 7 次入城当中距今最近的一次重大洪水事件。洪水围城过程中，城墙破损最烈，城内积水严重，除布政司署、粮道署、开归道署、开封府署和数条街道无积水外，余皆深八九尺、四五尺、二三尺不等。民房倒塌无算，城内居民纷纷

---

① （清）沈传义，俞纪瑞，黄舒昺. 河渠志//祥符县志（卷七）. 清光绪二十四年（1898 年）刻本.

② 乾隆二十二年（1757 年）河南布政使刘慥六月十八日（8 月 2 日）奏，见：中国科学院地理科学与资源研究所，中国第一历史档案馆. 清代奏折汇编——农业·环境. 北京：商务印书馆，2005：158.

③ 七月二十四日河南巡抚常钧奏，见：水利电力部水管司，水利水电科学研究院. 清代淮河流域洪涝档案史料. 北京：中华书局，1988：274.

④ 八月十六日刘统勋等奏附清单，见：水利电力部水管司，水利水电科学研究院. 清代淮河流域洪涝档案史料. 北京：中华书局，1988：285.

登上鼓楼、城墙等高处避水。灾后，重筑的开封城墙，即今之开封城墙。泥沙在城外大量地淤淀，城外与城内的高度落差进一步增大，城内地下水位上升，开封城内变成了名副其实的盆地。

道光二十一年（1841 年）夏六月十六日，开封城北十五里的祥符三十一堡（今北郊张湾）黄河大堤决口，洪水迅速冲破护城堤围困开封城。痛定思痛居士的日记《汴梁水灾纪略》详载此次水灾，可惜记录城内湖泊的情况，只有寥寥几句："（六月）十八日阴雨不止。南门内水势愈涌，声喊数里，铁裹门扇冲漂至雷家桥。城内除数大街及布政司署、粮道署、开归道署、开封府署无水，余如行宫及巡抚署、按察司署、祥符县署、参游守各署、驻防满营、龙亭各处，皆深八九尺、四五尺、二三尺不等。民房倒塌无算。盖城内形势中高四洼，而西南尤洼，东北隅独高，故水入城内四面环绕，独东北隅一角，自铁塔寺至贡院前，为水所不至。"[①]邹鸣鹤的《城工善后管见》中记有"水门洞，本为城内出水之路，今已内塞外垫，淤至二丈。而城内积水，四围形若巨湖，夏间大雨时行，必至街衢溢满，为患不小"[②]。

这能反映出开封城被淹水后的城内外形势，城内"坑塘尽溢，街市成渠"[③]，而且"四围形若巨湖"，显然此时包公湖、龙亭湖等湖泊受水充足，湖域和形状进一步增大，达到最大化之可能。《序略》谈道："自道光二十一年，祥工南决，浊流直逼城下，绕城而东，沙积如山阜，于是，内水不复可出矣。"这导致了城内地下水位的进一步抬升，扩大了湖泊的蓄水量，使湖泊成为常年有水的湖。《开封风物大观》中引用《常茂徕记》和《琐事闲录》对潘杨二湖的记载：从此以后，潘杨二湖，成为稳定的湖泊存在至今，只不过大小、形状有些变化而已（开封市地方史志编委会办公室，1992）。这一时期湖泊具体情况，无确切文字记载和图留存。Dodgen（2001）的 *Controlling the Dragon* 一书中附有《1841 年的开封洪水图》，图中有龙亭、包公等湖泊，但仔细考究，其实他所用的城市地图为光绪《祥符县志》所附《祥符县城图》。不过我们认为，龙亭、包公等湖泊的稳定，当在同治九年（1870 年）疏浚惠济河之后。

道光二十二年（1842 年）二月八日，黄河大堤堵口完工。后开封城墙重新修筑，城市各衙署、街市、庙宇都重新整修，整个城市很快又重新恢复了生机。但此次水退后的影响很大，城外用于宣泄城内积水的干河涯淤塞，城内积水屡屡无法排出，城市居民居住环境和卫生状况不佳。同治九年（1870 年）的《浚惠济河碑》中写道："道光二十一年河决黑岗，经城之西北隅，而东泛滥于陈、杞、柘之境。惠济故河遂堙，阅一年，水退沙留，傅城之地益高，较城内街衢高至七尺有

① 李景文，王守忠，李湍波. 汴梁水灾纪略. 开封：河南大学出版社，2006：4.

② 李景文，王守忠，李湍波. 汴梁水灾纪略. 开封：河南大学出版社，2006：160.

③ 七月十五日牛鉴奏，见：水利电力部水管司，水利水电科学研究院. 清代淮河流域洪涝档案史料. 北京：中华书局，1988：721.

奇，岁岁之雨皆留不出，积三十年，塘泺皆满。水出地上，坏官私庐舍以千计，篰屋小民弃家露处，饥冻啼呼。衙署至棹出入。城中稍高之地，凑润上彻，皆成舄卤，望之皓然。任指一地，掘之一尺之下，水随锸出，骎骎有陆沉之惧。”[①]城中湖塘都是水大满盈。

同治五年（1866 年）曾设法排出城内积潦，但仍没有成功。同治六年（1867 年），“夏大雨，各坑积水溢出，淹圮民房甚众，城市路断”[②]，更是加剧了开封城内的积水，严重影响城市居民的生活环境。“七年六月，积潦尤甚，出入以舟，于是大议修筑，闻者咸以为难。”时任巡抚的李鹤年对开封城内外地形地势进行了实地勘察，测得“城外地，高于城内水面者七尺有奇。由是，而东至太平冈，则其地低于城内水面者约二三尺。又东，则陈留地低，而杞县高；又东，至睢州之南，则益低矣。计其中最高之地，惟太平冈西之二十里及杞县、睢州之百余里，是为河水所穿之地，于此，加修深广，则尾闾不患，其不通矣？”[③]于是在当年十月开工深挖太平冈西边二十里的高地，打通了城内积水排泄之路。八年四月工程顺利完工，并取得了良好的效果，“城中积水，十减七八，居民便之，而濒河之地之旧为斥卤者，亦悉易而为沃野焉”。

《浚惠济河碑》中也谈及这次疏浚的成效，还对城内疏导支河、湖泊有清楚的记载：“自是至五月之半，昼夜流浑不息，阅七十余日，流始渐止，积年之恶一旦输尽。……水既退，量城中墙壁水痕，高者至丈，低者犹四尺余。去污就燥，人还其家，官司庐舍，已圮者新之，存者塗治之。街衢之水，皆返塘泺。……明年冬，益治支渠，引小池之水于大塘。内甓外石，绵络纵横。又明年，益增为之。凡成城内暗沟者三，水益畅出。是年夏大水，自省以西、以南，皆苦潦。而省城及省东五州县晏然，然后知下流之果未尝高也。”这里说到疏浚惠济河工程完工后，经过 70 多天才将城中积水排出，“量城中墙壁水痕，高者至丈，低者犹四尺余”。这很难让人想象到当时开封城内的居民生活环境。笔者认为，这次工程最大的贡献是在排除城内积水后，彻底对城内排水系统进行了整治，“明年冬，益治支渠，引小池之水于大塘。内甓外石，绵络纵横。又明年，益增为之。凡成城内暗沟者三，水益畅出”。可以说是将整个城市水系重新整理了一遍，城内各处积水都疏导引入大塘（湖泊）中，并采取“内甓外石”的方法，将导水沟道（明沟、暗沟）和湖泊定型化。

同治九年（1870 年），是包公湖、龙亭湖稳定湖形的关键年份。之后开封未

---

① 清同治九年（1870 年）河南巡抚李鹤年撰文立碑。碑现存河南开封禹王台大殿前之东壁上，共两石，通长 2.58 米，高 0.36 米。碑文记载了开封自明朝以来河水为患，城中积水无法排出，同治七年李鹤年动工浚惠济河以泄城中积潦一事，并详记惠济工程规模及功效。此处碑文据左慧元. 黄河金石录. 郑州：黄河水利出版社，1999：352-354. 又见：开封市地方史志编纂委员会. 开封市志（第六册）. 北京：北京燕山出版社，2001：276-277.

② （清）沈传义，俞纪瑞，黄舒昺. 杂事志 • 祥异//祥符县志（卷二十三）. 清光绪二十四年（1898 年）刻本.

③ （清）沈传义，俞纪瑞，黄舒昺. 河渠志 • 河防//祥符县志（卷七）. 清光绪二十四年（1898 年）刻本.

见较大的水灾，城内湖泊只能随降雨量的多少，稍许盈缩。因此，Dodgen（2001）的 *Controlling the Dragon* 书中所附《1841 年开封的洪水图》，应该是 1870 年开封城内湖泊整理定形后的状况，1841 年时的湖泊形状和水域面积都较此图大很多。光绪二十四年（1898 年）《祥符县志》所附祥符县城图（图 5-7），实际反映的是同治九年疏浚惠济河工程完工及对城内排水系统进行疏理后的开封城市图，这也是清末开封城市状况的立体化印象。

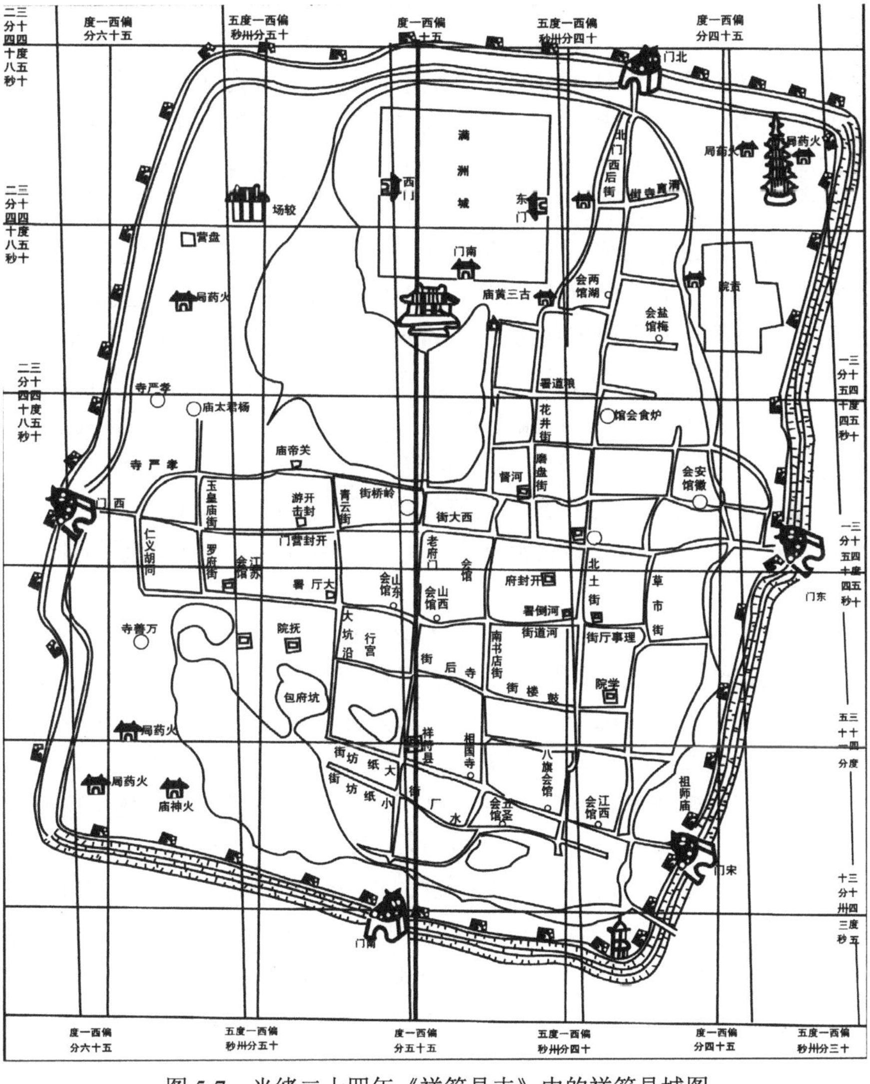

图 5-7　光绪二十四年《祥符县志》中的祥符县城图

资料来源：刘顺安，2003：26

第六章 黄河泛滥对开封城市形态的塑造

城市形态学主要是指对城市的物质肌理，以及塑造其各种形式的人、社会经济和自然过程的研究。城市形态一直是城市地理学、建筑学和城市规划，以及城市历史和考古等多个学科研究的重要课题之一。与城市内部各组成部分及其相互关系的城市内部空间结构研究不同，城市形态研究更加强调对城市外在物质形态的研究，尤其以城镇平面分析为其主要特点，强调对城市平面形态的大比例尺研究、类型学和形态发生学分析等（张蕾，2010）。欧美城市形态学主要包括地理学和建筑学、城市规划两个研究领域。Moudon（1997）认为，20世纪90年代以前的城市形态学研究主要分为三大流派：①德国-英国学派，代表人物是M. R. G. Conzen和J. W. R. Whitehand，偏于地理学角度的研究；②意大利学派，代表人物是S. Muratori和G. Caniggia，偏重建筑历史学角度的研究；③法国学派，受意大利学派的影响较深，主要偏于建筑和城市规划设计领域的研究。20世纪90年代以后，三大流派逐渐开始交流融合，并向国际拓展，研究领域和视角更加多元化。

国内有关城市形态的研究主要集中在城市地理和城市规划两个领域。前者偏重城市内部空间结构研究，即城市总体布局和土地利用结构；后者则与城市总体规划实践密切相关，绝大部分研究关注的都是宏观城市形态，即建成区的外形、各类用地的空间布局。对中国古代城市形态的研究，涉及考古、历史、历史地理、建筑和城市规划等多个学科，研究内容包括单个或某类城市的历史形态研究、中国古代的建城及规划思想等（张蕾，2010）。本章的城市形态是指城市轮廓形态，即由城墙围合所构成的城市形状。古代城市的城墙修筑与否在一定程度上反映了城市的发展好坏，故“城墙内的城市”是中国古代城市的主要特征之一（章生道，2000）。同时，城墙围合区域的变化又代表城市的发展规模和发展水平（章生道，2000；Ioannides and Zhang，2017）。本章拟从城市形态演变角度探讨开封城市的历史发展状况及其成因，重点阐释形态变化过程中的黄河因素，以便更好地认识开封城市成长的生命轨迹，为当前社会经济建设服务。

第一节　开封城市形态变化的周期划分

历史上开封城市形态的演变异常复杂，与曾经作为都城和金元以来黄河南泛开封城密切相关。现根据历史时期城市形态发生明显变化的大事件为时间节点（表 6-1），划分出开封城市形态发展的变化周期。

表 6-1　历史上开封城市形态变化的重大事件

序号	时间	事件
1	魏惠王六年（前 364 年）	魏惠王迁都大梁
2	秦王政二十二年（前 225 年）	秦将王贲引鸿沟水灌大梁，城毁
3	唐德宗建中二年（781 年）	汴州刺史李勉扩建汴州城，隋唐大运河圈进城内
4	后周世宗显德三年（956 年）	汴州拓城，形成“外城—内城—皇城”三重城
5	金宣宗兴定三年（1219 年）	开封内城南北墙拓展，与现存明清城墙重合
6	明洪武十四年（1381 年）	周王朱橚就藩开封，周王府紫禁城、萧墙完工
7	明景泰二年（1451 年）	围开封城一周的护城堤防完工
8	明崇祯十五年（1642 年）	黄河洪水灌城，外城全毁
9	清康熙五十八年（1719 年）	开封满城修筑
10	清光绪三十三年（1907 年）	南关辟为商埠； 汴洛铁路开封至郑州段竣工通车（3 月 21 日）

一、早期“城—郭”模式城市形态期（前 225 年之前）

早期城市形态期是指公元前 225 年大梁城被秦将王贲引鸿沟水淹毁之前的开封城市形态发展，它主要涉及公元前 364 年魏惠王将都城从安邑（今山西夏县禹王城）迁到大梁前后的开封城市形态。

魏国迁都大梁之前的开封城市，其起源至今仍是一个谜。按照李长傅（1958）的观点，开封城市的出现要晚于郑州、商丘。东周和春秋时期，今开封城区所在位置附近是一个叫仪邑的军事性质小镇。东周郑庄公时期，属于卫国属地，春秋时期属于阳武高阳乡，楚悼王十一年（前 391 年）归魏国大梁（徐伯勇，1983）。仪邑的城市形态，限于时代久远和文献记载的缺失，今无从考究。

魏国迁都大梁之后的城市形态，由“有城无郭”演变为“城—郭”模式。即公元前 364—前 339 年，大梁城无城河和外郭城；公元前 339—前 225 年，大梁城出现城河和郭城。公元前 364 年魏惠王迁都大梁（由仪邑改名）后，经过魏国六王 141 年的发展，城市规模相当宏伟，号称“七仞之城”（《史记·穰侯列传》），是魏国后期的都城和当时有名的商贾大都。战国大梁城是利用仪邑城进行扩充和建设的，其城市形态（城墙、城门和城河等），笔者（吴朋飞等，2016）将历史文献与考古资料相结合在开封市 1∶1 万大比例尺地图上进行了地理复原和空间再现（图 6-1），其城墙范围大约是兼跨今开封城西北部及老城区北部、西北部一带。

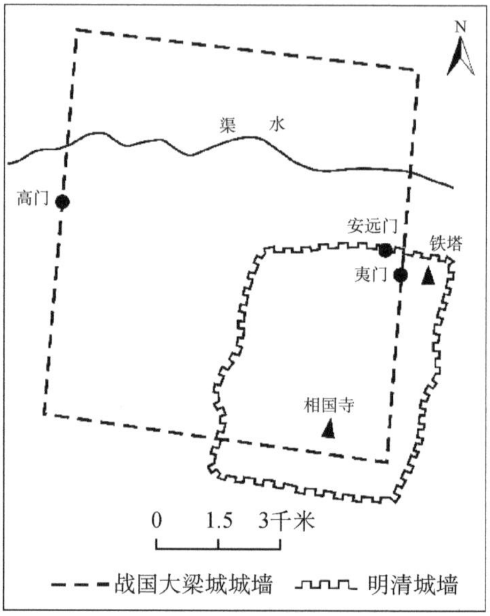

图 6-1　战国大梁城形态示意图

大梁城城市形态出现明显的变化，表现在城河和外郭城的出现上，与魏惠王迁都大梁后分两次（前 360 年和前 339 年）开凿鸿沟，改造开封附近的水道密切相关。“梁惠成王三十一年（前 339 年）三月，为大沟于北郛，以行圃田之水。”① 这里“北郛”指大梁城北郭，表明大沟是从大梁城外城城内北部穿城而过的（葛奇峰，2012）。笔者认为，之所以此时出现城河和外郭城，是因为公元前 339 年距离新都大梁已有 25 年，城市有了很大发展，出现了外郭城，这才有了引大沟水进入郭城内北部（吴朋飞等，2016）。

杨宽（1993）认为的“西城东郭”布局模式，是西周初期流传下来的，是战国时期大多数诸侯国广泛推行的一种国都布局模式，如齐国的临淄、韩国的新郑、赵国的邯郸、秦国的雍等。魏国前期的都城安邑城，也符合“西城东郭”的布局模式（吴朋飞，2016）。大梁城池规模巨大，我们复原的城墙形态（图 6-1）应相当于杨宽认为的“郭”的性质，而“城”的位置因缺乏文献记载目前难以确定具体位置，故曾推断可能在今开封老城区内（郭城东部），如此又与“西城东郭”的布局模式相悖，加上已复原的战国大梁城范围内的今开封老城外的区域缺少必要

① 《水经注》卷二十二《渠水》引《竹书纪年》。

的考古发掘，因此“西城”的寻找将是今后考古工作努力的方向，或者战国大梁城呈现出“东城西郭”的布局方式也是有可能的，应引起学术界的重视。

二、“衙署—城墙”模式城市形态期（前225—956年）

在这一形态期，开封城市形态是“衙署—城墙”模式，但又以唐德宗建中二年（781年）李勉扩筑汴州城为时间节点事件分前后两个形态变化期。形态前期（前225—781年）开封城市发展缓慢，城市形态为“内为衙署，外有城墙”的城市形态模式。秦灭魏后，在大梁废墟上设浚仪县，县治为浚仪城，属三川郡。东魏孝静帝天平元年（534年）浚仪城为梁州州治，北周武帝建德五年（576年）至隋唐为汴州州治。因资料的缺乏，我们无法得知城市的具体形态和内部的结构，但能大致推断衙署的位置和大小，以及由最初的浚仪演变成汴州的城墙。衙署位置可以确定，它位于城市的西北部，唐德宗建中二年（781年）时被李勉重新利用。周长为4里见方的汴州衙署从浚仪城到汴州城一直被沿用。再通过781年李勉重修筑城事件，可以推断前225—781年的城市是有城墙的。相国寺，最初名为建国寺，始建于555年，位于汴州城内，所以781年之前的开封城的南城墙应位于相国寺的南部，因而在开封1∶1万地图上可以示意绘制出城市的城墙和内部的衙署（图6-2）。

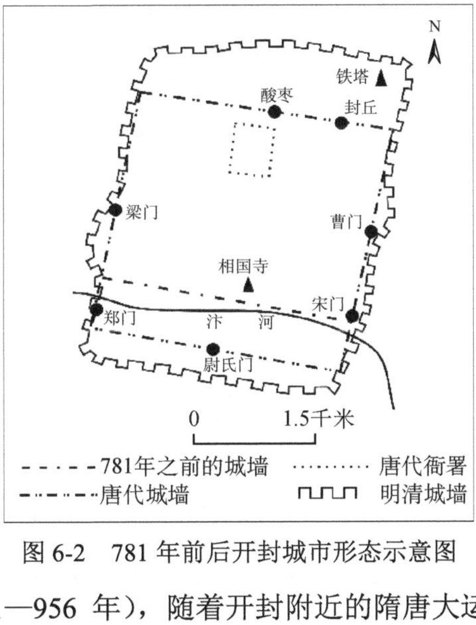

图6-2　781年前后开封城市形态示意图

在形态后期（781—956年），随着开封附近的隋唐大运河成为城市内河，开封城市规模和形态发生明显变化。隋唐大运河的凿通，使得汴州城一跃成为日益繁华的“水陆大都会”。正因为城市的飞速发展，开封城才有了重新修造的良机。德宗建中二年（781年），时任汴州刺史的李勉对汴州城进行了扩建。扩建后的汴州城周长为二十里一百五十五步，面积较现存的开封城墙（明清城墙）略小。唐汴州城共有城门7座，其中南面1门，名尉氏门；东面2门，南为宋门，北为曹门；西面2门，南为郑门，北为梁门；北面2门，西为酸枣门，东为封丘门。汴州城筑好后，李勉将原驻宋州（今商丘归德古城）的节度使衙署移到汴州，设在州城内北偏西处，四周筑有城墙，时称牙城，周围约4里（沿用浚仪城的衙署）。

由于北宋东京城的内城是在唐汴州城的基础上修建的，因此可以根据北宋东京城大致界定出唐汴州城的城垣范围。1989年，考古工作者对现存开封明清城墙的东、西墙缺口处的勘探和北宋东京内城南、北墙的考古发掘过程中，在宋内城城墙基址下发现了唐汴州城城墙遗址，两墙上下叠压在一起。考古证实，唐汴州城的东、西墙叠压在北宋内城东、西城墙的墙下，南、北墙则由于金代后期的毁坏，残墙淤埋于现地表下10—12米深处，残宽10米左右，系夯土版筑而成。残墙基仅存厚约30厘米，墙基下是一层厚25—30厘米的碎砖瓦层，作为城墙的基础（开封宋城考古队，1996）。

2000年5—7月，开封市文物工作队曾对今开封城墙大梁门（西门）北侧的古马道进行考古试掘，同时对古马道毗邻的城墙内侧的墙体进行局部解剖。今地面以上约8米高的城墙是清代修筑的，其上部的女墙和城垛是1998年修建西门城门楼时同时修复的；从地表至地下3米的城墙为明清所建；地表以下3—11米的城墙为北宋东京内城的西墙残留部分；11—11.4米的城墙为唐汴州城西墙的基础部分。汴州城西墙的夯土较薄，仅厚10—15厘米，其下又有一层砖瓦层堆积，厚25—30厘米，砖瓦层之下为生土层。该夯土层和砖瓦层中出土一些残碎陶片、瓷片和砖瓦块等，经判定其为唐代或其之前的遗物，故推测这层夯土和砖瓦层是唐代汴州城西墙的遗址，亦即唐汴州城的西墙与现存明清西城墙相重叠。

根据北宋内城的东城墙与开封现存明清城墙的东墙基本一致（刘春迎，2006b）推测，唐汴州城的东墙也叠压在现存明清东城墙之下。唐汴州城的南墙与北宋东京内城南墙的位置相一致，自西向东经过西南城坡住宅小区、迎宾饭店、包公湖东湖、朱雀苑广场、封吉府街、南泰山庙街、青龙背街至汽车发动机厂等地。唐汴州城北墙也与已探明的北宋东京内城北墙的位置相一致，位于今开封龙亭公园内的龙亭大殿以北约500米的东西一线，自西向东经过开封市汽车公司停车场、塑料公司、文昌小学、华北体育场南部、汽车四队、二十八中等地（刘春迎，2006b，2009）。唐代宣武军节度使的衙署位于北宋皇宫的位置，但比宋皇宫略小。

三、“外城—内城—皇城”模式城市形态期（956—1219年）

在这一形态期，956年和1219年这两个时间节点事件使得开封城市形态发生重大变化，明显区别于其他形态期。即956年新筑外城，1219年将内城南北城墙拓展与现存明清城墙吻合。

五代后梁、后晋、后汉时期的开封沿用唐汴州城。后周世宗显德三年（956年）在汴州城的四周修筑了“新城”，唐汴州城城墙成了内城墙，从此形成了开封“外城—内城—皇城”三重城的城市结构，这一布局为北宋东京城所继承。

1978年秋，开封市博物馆曾对北宋东京城外城遗址进行初步的田野考古工作，在西南郊一带发现了外城遗址的一些线索。1981年5月，开封市园林部门在清理龙亭东湖（潘家湖）的湖底淤泥时，发现了明周王府大型宫殿遗址。1981年冬，受国家文物局委托，河南省文物研究所和开封市博物馆联合组成“开封宋城考古队”，在随后三十多年里对开封北宋东京城遗址进行了田野调查和勘探发掘工作，取得了重要进展。

（一）北宋东京外城①

北宋东京城外城遗址的勘探发现经历了四个阶段。1981年11月11日至12月10日，完成了自外城西南角向北至今开封西郊土城村南，全长约3060米地段的勘探。1982年3月至4月中旬，完成了自土城村以北至今开封西北郊市林场之间，全长约3120米地段的勘探。1982年4月底至1983年1月初，完成了外城东墙、南墙大部分地段及西墙的市林场以北至护城堤（全长约1400米）地段的勘探。1983年春季起至冬季，完成了外城北墙大部分地段的勘探，同时对外城西、东、南的部分地段进行了复验和补探，基本上廓清了北宋东京城外城所经位置及其形制和结构。东京外城呈东西略短、南北稍长的长方形，周长29 120米左右，四面城墙距今开封现存的明清城墙1.3—2千米，东、西墙方位约190°。

东京外城东墙基大致呈直线，中段稍内弧。东南角位于某驻军院内，自南向北经文庄、大花园村、小巴屯村、铁牛村西，止于辛庄东北，全长约7660米。除4处共2200米的地段被厂房、货场、村庄和鱼塘所压或因是流沙层而无法勘探外，其余地段均在地表下0.5—5米，墙宽10—20米，由夯土筑成。

东京外城西墙基也大致呈直线，中段弯曲稍内弧。南起今建筑公司预制构件厂西墙外，经五顷四村、南郑门口村、土城村、堌门村，北至市林场护城堤处，全长约7590米。除土城村偏北及前堌门村偏北两段在地表以下4米处为流沙层外，其余地段均在地表以下0.2—3米探到城墙夯土层，墙宽为10—29米。

东京外城南墙基比较顺直，自东向西经药厂、烟厂、郭屯村、蔡屯村南、高屯村南，止于预制构件厂西墙外，全长约6990米。除东起650—1000米、1550—1650米两段是企业厂区和水坑无法勘探外，其余皆在地表以下1—8米，墙宽为10—20米。

由于黄河泛滥大都自偏北方向而来，所以东京外城北墙首当其冲，破坏较严

① 本小节主要内容来自于《北宋东京外城的初步勘探与试掘》（开封宋城考古队，1992）。

重。北墙略呈直线，自东向西经大北岗村、私访院村、东官庄和南官庄一线，全长 6940 米，墙宽 15 米左右。

（二）北宋东京内城[①]

北宋东京内城也称里城、旧城、阙城，是京师防御的第二道屏障。通过 20 世纪 80 年代以来的勘探得知，整个内城略呈正方形，南墙位于今开封大南门北 300 米左右，北墙位于龙亭大殿北 500 米左右，东、西墙与现存的明清城墙的东、西墙基本重叠，方位约 190°。

东京内城东墙基叠压在明清东城墙之下，顶端距地表 3.6 米左右，夯土层次分明，上部夯土层坚硬细密，下部因长期水浸夯层稍软。由于勘探困难，东墙的准确长度尚无法确定。

东京内城西墙基的勘探工作多在新开的城门或明清城墙突出部分的内侧进行。勘探结果表明，西墙的大部分地段叠压在明清城墙的西墙下面，顶端距地表 3 米左右，残高 8.2 米（勘探解剖探孔部分），夯土层次分明，底部垫有厚 30 厘米左右的砖瓦层，为北宋内城城墙的基础。

东京内城南墙基略呈一直线，自西向东经市第三建公司预制厂、迎宾饭店、包府坑东湖、封吉府街、南泰山庙街、青龙背街至汽车发动机厂，已探明的地段长约 2100 米。南墙破坏较严重，残墙距地表深一般在 8 米以下，最深达 9.8 米，基残高 0.6—1.8 米，残宽 3—10 米。南墙之所以遭到严重毁坏，可能是金宣宗定都开封期间将宋内城南墙铲平后向南扩展的缘故，所以南墙只保留了金代地面以下的墙基部分。

东京内城北墙基也略呈直线，自西向东经市汽车公司停车场、塑料公司、文昌街小学、华北体育场南部、汽车四队、二十八中等地。与其他三面城墙相比，北墙破坏最甚。目前已探明的北墙基地段仅长 1400 米左右，其余地段多为鱼塘或人口稠密区无法勘探。从已探明的地段看，内城的部分地段与金皇宫北墙、明周王府萧墙北墙相叠压，距地表深 8.5—9.5 米、残高 0.5—1.2 米、残宽不足 5 米。北墙被毁的原因与南墙基一样，可能是金宣宗定都开封期间将北墙铲平后向北扩展的缘故。

（三）北宋东京皇城

北宋东京城皇城又称皇宫、宫城、大内和禁中等，是皇帝的议事殿阁和寝宫所在地。北宋时期的皇宫源于唐汴州城宣武军节度使的衙署，也是五代时期后梁的建昌宫、后晋的大宁宫。宋太祖建隆年间曾对皇宫进行了扩建，达到了“周回五里”的规模（张劲，2002）。宫城城墙略呈一东西略短、南北稍长的长方形，坐

① 本小节主要内容来自于《北宋东京内城的初步勘探与测试》（开封宋城考古队，1996）。

落在东京城正中的略偏西北处。皇城四墙全长 2521 米左右，共设有 7 座城门，其中南面 3 门，中曰乾元（又称宣德、正阳），东曰左掖，西曰右掖；东面 2 门，南曰东华，北曰謻门；西面 1 门，曰西华；北面 1 门，曰拱宸（又称拱辰）。皇城南墙在今新街口东西一线，乾元门南边正对中山路（其下为宋御街遗址），北界在龙亭大殿北侧，东西墙分别位于今潘杨二湖的东西岸。

北宋东京城是开封城市发展史上规模最大，发展最为繁华的一座著名的国际性大都市，整座城市是在唐汴州城和五代东京城基础上的不断修筑而成的（图 6-3），并为后来的金、元、明不同朝代所沿用。

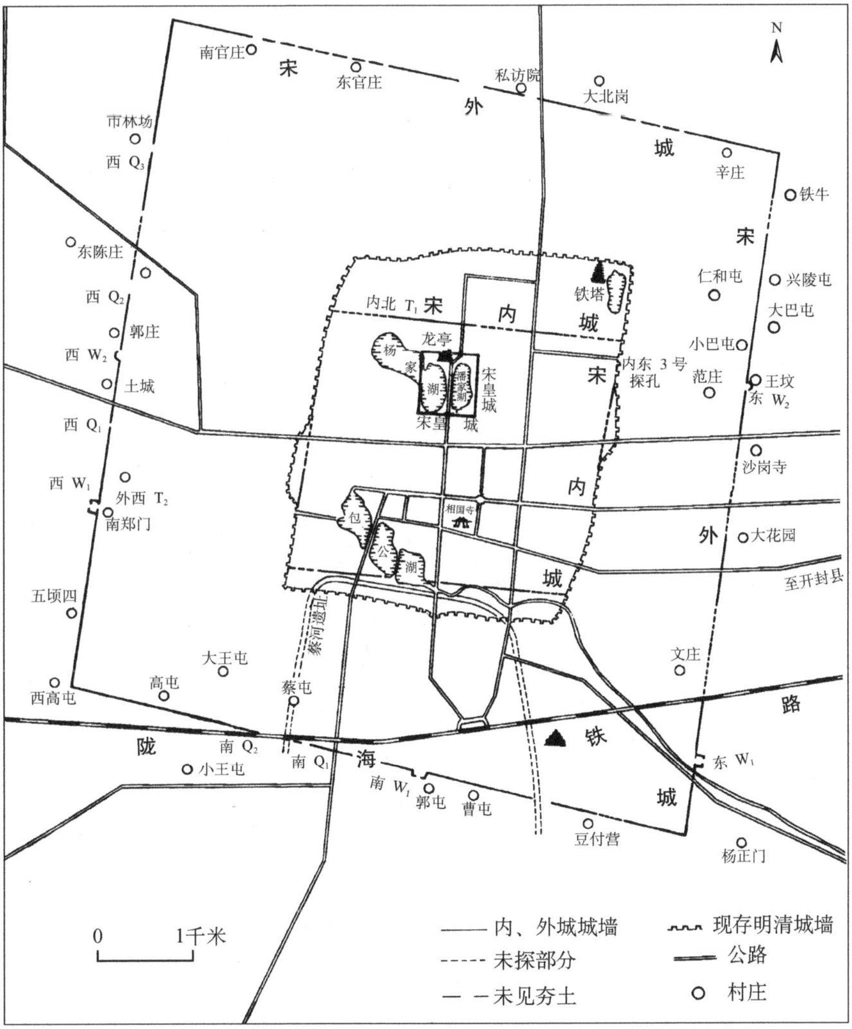

图 6-3　北宋东京外城和内城平面实测图（开封宋城考古队，1996）

金宣宗贞祐二年（1214 年）迁都开封后，迫于当时的军事压力，集中加强内城的防守。1219 年金宣宗开始了修筑汴京城里城（内城）的工程，这又引起了开封城市形态的一次重大变化。金宣宗将原北宋东京城内城南、北城墙向外扩展，形成今开封城墙格局。根据开封市文物工作队对北宋东京城内城和宋、金皇宫遗址的钻探结果（刘春迎，2006a，2006b），金宣宗筑里城实际上是在北宋东京内城故基的基础上，将其南、北城墙分别向外进行了扩筑（图 6-4）。北宋东京内城东、西城墙的故基之上为金代至明清时期开封城的东、西城墙，东京内城的南墙的残基之上为金、明时期的黄泛地层，没有发现晚期的城墙建筑；北宋东京内城的北墙之上则为金汴京皇宫的北墙。这说明金代“筑汴京城里城”仅是对原北宋内城

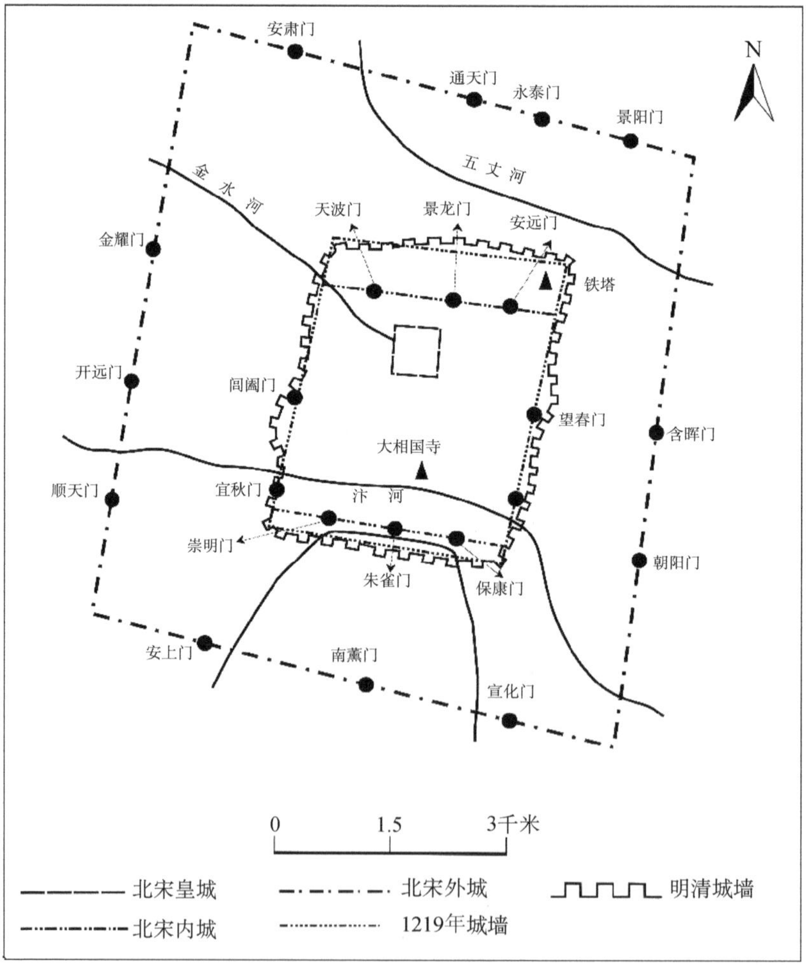

图 6-4　1219 年开封城市形态示意图

的南、北城墙体分别向南、向北进行了扩筑，到达现今保存的明清南、北城墙的位置；而北宋内城东、西城墙的位置，历经金、元、明、清至今，一直没有变动。金宣宗时期所筑里城即为今日开封城墙的前身。北宋东京城的外城，在“靖康之变”中破坏严重，金代未对其进行修筑，只任其存废而已。

四、“护城堤—原城市形态”模式城市形态期（1219—1907年）

在这一形态期，“外城—内城—皇城”模式城市形态期的“外城—内城”形态并未发生根本变化，皇城在明代则演变为周王府，清代则转变为满城，同时又因南泛的黄河洪水对开封城的冲击，在外城的外面加筑护城堤防，城市形态遂发生重大变化，形成“护城堤—原城市形态”的格局。

元代汴梁城的建设保持了金代1219年的城市格局，只在至元二十七年（1290年）和延祐六年（1319年）进行过两次整修。至正十七年（1357年），元将太不花为防止红巾军攻城，“以汴城四面城门，止留五座，以通往来，余八门俱塞”[①]。这一格局为明清时期修筑开封城墙时所继承。

明代开封城市建设的重要变化主要体现在两个方面：一是进行周藩王府的修造。洪武十一年（1378年），朱元璋改封朱橚为周王，十四年（1381年）朱橚就藩河南开封府城。1981年秋，开封市文物工作队在龙亭前潘湖的底部先发掘出了明周王府紫禁城内的部分大殿遗址，继而又勘探出了紫禁城的范围。经实测，紫禁城形制呈南北稍长、东西略短的长方形。东墙南起开封市图书馆北围墙附近，北至开封市豆制品厂北侧，长约690米；西墙北起龙亭公园西南侧，南至开封市麻刀厂西墙附近，长约690米；南墙东起开封市图书馆北围墙附近，西至开封市麻刀厂西墙一带，长约570米；北墙位于龙亭大殿北侧的东西一线，长约570米。明周王府紫禁城的周长约2520米（开封市文物工作队，2005）。结合现今位置，可以看出今龙亭公园南大门以北，龙亭大殿后墙以南，包括潘湖、杨湖在内的区域即为明周王府紫禁城的范围。关于周王府紫禁城内部的平面建筑布局及对开封城市结构的影响，吴朋飞和邓玉娜（2014）已有研究，此不赘述。同时，明代开封还号称“王府城”，除了体量巨大的周王府外，大量的郡王府、仪宾府及镇国奉国等府遍布全城。嘉靖三十七年（1558年）周藩郡王的数目最多，有49位；崇祯十五年（1642年）的郡王数目为42位，开封城内有45座郡王王府（吴朋飞，2015）。二是补修了抵御黄河泛滥洪水的护城大堤，形成开封“护城堤—土城（即北宋外城）—内城（砖城）—萧墙—紫禁城”五重城的城市形态（吴朋飞和邓玉娜，2014）。由于明代开封城频遭黄河洪水的侵扰（表3-1），因此正统年间于谦在北宋外城之外的西、北、东三面新修

① （清）张淑载纂，（清）鲁曾煜修. 杂事志•识遗//祥符县志（卷十六）. 清乾隆四年（1739年）刻本.

或重筑长四十余里、宽六丈、高两丈余的护城堤。景泰二年（1451 年）王暹又在城南边续筑护城堤，使之成为开封城外一个环形的大围堤。明初开封城除墙体仍为夯土外，城墙外侧全部用砖砌，使之成为一座名副其实的砖城（图 6-5）。

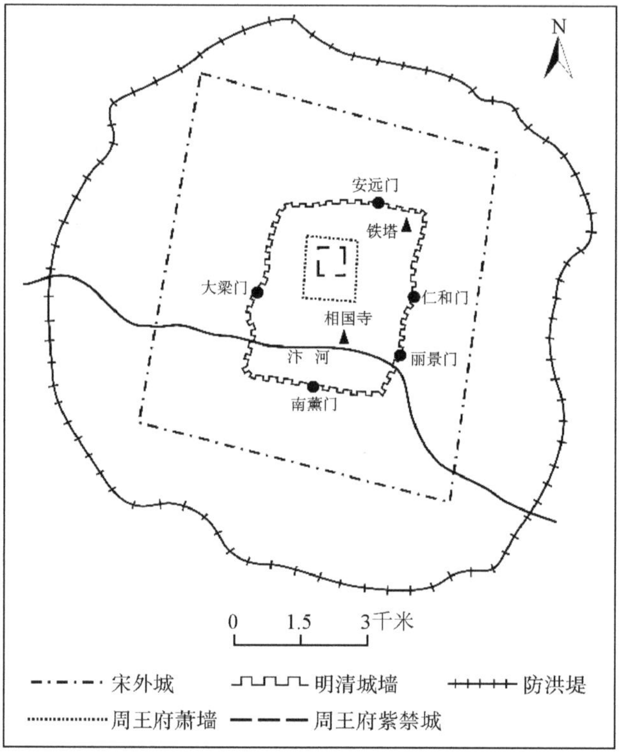

图 6-5 明代开封城市形态示意图

清代，开封“护城堤—原城市形态”的格局因崇祯十五年（1642 年）黄河洪水灌城的影响而略有变化。一是介于护城堤防与砖城之间的外城不见踪影；二是明藩王府的覆没与清康熙五十八年（1719 年）满城的新筑，使得清代开封城市形态演化成“护城堤—砖城—满城”三重城的城市格局（图 6-6）。开封满城建于康熙五十八年（1719 年），俗称里城，位置在开封府城西北隅，城周四里，“东起临水宫（今二十八中学地址），西抵文昌后街，南到体育场门前东西马路，北达城墙，面积 0.8 平方公里”（《开封民族宗教志》编纂委员会，2000），四面土城墙高 1 丈，东、南、西三面各建有门。城内城守尉衙署以下房屋近 4000 间。教场在城内北部。明清时期开封城在经历了崇祯十五年（1642 年）黄河水灌城和道光二十一年（1841 年）黄河水围城两次重大的劫难之后，城市地理环境变化明显，形成“城外高、城内低”的盆地景观，城市湖泊水系也发生很大变迁（吴朋飞，2014b）。1904 年南关发展，突破城墙范围。1907 年 3 月 21 日汴洛铁路开封至郑州段竣工通车，开封南关辟为商埠，城市形态又一次发生变化。

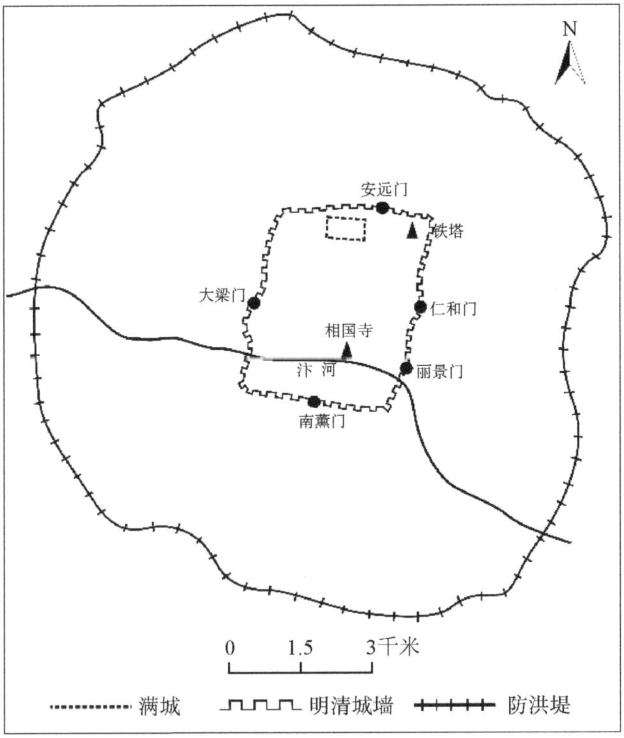

图 6-6　清代开封城市形态示意图

第二节　开封城市形态的演变特征

通过开封城市形态演变 4 个形态周期的述论，开封城的历史发展轨迹一目了然，据其城市发展相关数据，可整理成表 6-2。

表 6-2　开封城发展的轮廓形态、行政级别与河流兴废

序号	周期		城墙数量	周长/千米	面积/千米²	行政级别	河流
1	前 225 年之前		两道城墙：郭城，内城	24	30.76	都城	渠水
2	前 225—956 年	前 225—781 年	一道城墙：城墙，内有衙署	8.2	4.12	县城，后升为州城	汴河，未充分利用
		781—956 年	一道城墙：城墙，内有衙署	9.32	5.45	州城，后为都城	汴河成为城市内河

续表

<table>
<tr><th>序号</th><th colspan="2">周期</th><th>城墙数量</th><th>周长/千米</th><th>面积/千米^2</th><th>行政级别</th><th>河流</th></tr>
<tr><td>3</td><td colspan="2">956—1219 年</td><td>三道城墙：外城，内城，皇城</td><td>29.12</td><td>52.50</td><td>都城
金后期都城</td><td>汴河、蔡河、金水河、五丈河</td></tr>
<tr><td rowspan="2">4</td><td rowspan="2">1219—1907 年</td><td>1219—1642 年</td><td>五道城墙：护城堤、外城、砖城、萧墙、紫禁城</td><td rowspan="2">14.4</td><td rowspan="2">12.92</td><td rowspan="2">府城</td><td rowspan="2">黄河洪水进入城内 6 次，汴河、蔡河、金水河、五丈河淤废</td></tr>
<tr><td>1662—1907 年</td><td>三道城墙：护城堤、砖城、满城</td></tr>
</table>

开封城从起源、发展到今天，经历了跌宕起伏的复杂过程，这在城市轮廓形态上得到很好体现；同样，城市轮廓形态的变化，一定程度上反映城市发展的兴衰变化。由表 6-2 可知，城市轮廓形态是可以通过城墙数目、周长和建城区的用地面积来综合体现的。

一、城市轮廓形态演变复杂

由表 6-2 并结合城市轮廓形态期的划分，开封城墙数量经历了两道、一道、三道、五道、三道的变化，体现了开封城市发展的复杂性，而由城墙构成的轮廓形态经历了“内城、外郭”两道城墙，到“城墙和衙署”一道城墙，又发展为“外城、内城、皇城”三道城墙，再发展为“护城堤、外城、砖城、萧墙、紫禁城”五道城墙，最后形成“护城堤、砖城、满城”三道城墙，更体现了城市复杂程度的厚重。这一形态变化在中国乃至世界上绝无仅有。

二、城市轮廓形态体现行政级别的高低

城市行政级别的高低及其在全国及区域层面的政治地位，在一定程度上决定了城市发展的速度和规模。这一点在传统社会对城市发展影响重大，进而在城市轮廓形态上表现明显。

早期“城—郭”模式城市形态期（前 225 年之前），开封城由仪邑上升为国都大梁，城市迅速发展，一跃成为与秦都咸阳、齐都临淄、楚都郢并列的战国诸侯大邑。大梁城发展形成了内城—外郭的城市布局，渠水流经城内北部，城周约 24 千米，城区面积达到 30.76 千米^2。

“衙署—城墙”模式形态期（前 225—956 年）和“外城—内城—皇城”模式形态期（956—1219 年），因公元前 225 年秦将王贲引鸿沟水淹毁大梁城事件，开封城市发展出现断崖式的衰落，行政级别由国都降为县级城市，后升为州城，城市发展才渐有起色。隋唐大运河的凿通提升了城市政治经济功能，781 年城

市的重筑将大运河的一段圈进城内，城周为 9.32 千米，城区面积 5.45 千米^2。后周国都时期再次修治开封城，形成“外城—内城—皇城”的城市布局，外城城周为 29.12 千米，城区面积达到 52.50 千米^2，为开封城发展史上的最大建成区面积。

“护城堤—原城市形态”模式形态期（1219—1907 年），北宋“靖康之变”之后，开封城由国都降为省一级中心城市，即河南省会级别的府城，只在金后期做了 21 年的国都。1219 年金宣宗将开封城的内城南北墙拓展，形成了今开封城墙格局。明代周王府的修造和清代满城的构筑，是城市轮廓形态变化的原因，也是开封行政级别变化的反映。这一形态期间城市周长为 14.4 千米，城区面积为 12.92 千米^2，与“外城—内城—皇城”模式形态期相比，明显缩小。这一变化是开封行政级别下降的体现，同时又增加了黄河因素。

三、城市轮廓形态是河流影响城市发展的表征

早期“城—郭”模式城市形态期，战国大梁城的兴起，与魏惠王分两步引渠水入城，促进城市发展密切相关。公元前 225 年秦将王贲引河沟灌大梁，使得以大梁城为中心的水运网遭到严重毁坏，开封周围水系紊乱，加上城市行政级别的降低，“衙署—城墙”模式形态期的很长一段时间，城市发展缓慢。隋唐大运河的凿通，使得城市获得新的生机，开封成为重要的节点城市，并在 781 年重新修筑城墙。在“外城—内城—皇城”模式形态期，后周北宋时期，开封为国都，以汴河、蔡河、金水河、广济河为纽带，形成以开封为中心的国家运河中心，外城、内城、宫城所组成的三重城格局中水门、桥梁众多，极大地促进了城市的繁荣。在“护城堤—原城市形态”模式形态期，金代之后开封城市轮廓形态的演变与黄河南泛影响密切相关。1128 年杜充在滑县李固渡决黄河后，南泛的黄河逐渐靠近开封城，1194 年已到达今开封境内，至元二十年（1283 年）黄河洪水灌进开封外城，至元二十七年（1290 年）破坏城市部分水道，延祐六年（1319 年）城北出现护城堤。1451 年形成绕城一周的护城堤防。至此，开封城市形态演变为“护城堤+城墙”这一在黄泛平原普遍而又独特的城市格局。

四、城市周长和面积是城市轮廓形态变化的重要体现

城墙围合区域代表城市的用地规模，是体现城市兴衰的重要指标（Chang，1963，1970；Ioannides and Zhang，2017）。由表 6-2 可知，开封城市发展史上城市用地面积出现两个峰值，都是开封城作为国都的时期。第一个峰值是公元前 364 至公元前 225 年，是战国魏国都城时期，城市用地面积为 30.76 千米^2；第二个峰

值是956年至1219年，是后周和北宋国都时期，包括金后期短暂的定都时期，城市用地面积为52.50千米^2。同样出现两个明显的峰谷。第一个峰谷是公元前225年至952年，公元前225年王贲引鸿沟水灌毁了大梁城，城市行政级别降为县级，534年升为州城，隋唐时期大运河的开凿使得开封城重新获得发展机会，781年汴州刺史李勉重筑开封城，城市用地面积增加到5.45千米^2。第二个峰谷是1219年至1907年，城市用地面积由52.50千米^{2}减少到12.92千米^2。金元明清时期，开封不再是国家的首都，城市衰落不可避免，黄河南泛加剧了这一进程。1319年黄河泛滥洪水灌进了外城和内城之间的城区，破坏了大量的建筑（吴朋飞和邓玉娜，2016）。明代政府开始废弃外城，集中使用内城，并将内城外墙改成砖筑，以防黄河泛滥洪水。城市轮廓形态和城市用地面积出现了新的变化，反映出城市的衰落轨迹，是黄河泛滥背景下的灾害适应。总之，历史时期开封城及附近河流的变化是影响城市城墙数量、周长和城市用地面积的重要因素。

第三节　开封城市形态演变过程的黄河因素

从开封城市形态的周期划分以及演化特征的归纳可知，开封城市发展过程中城市形态演化复杂，既有战争、城市行政级别、黄河水患等因素，还有主政者的筑城理念等。其中，黄河水患是体现黄泛平原古城城市形态特色的重要因素，是区别于中国其他区域乃至世界各地城市的城市形态发展发育史的重要特征。

黄河是一条特殊的河流，它以其善淤、善决、善徙的个性，塑造了黄河下游平原独特的自然与人文景观。黄河对中下游的影响，主要体现在中游的侵蚀和下游的堆积上。下游的堆积主要表现在黄河河床的增高和淤塞、湖泊的淤平、城池的湮没、高地的沉沦、平原地势的高起、土壤的变化等方面（史念海，1999）。近年来，还有研究开始关注对当地生活方式和社会习俗的影响（韩昭庆，2010）。黄河下游平原广泛分布的古代城市（有些已延续至今），在黄河堆积作用下形成独特的城市形态和空间结构，已成为学术界研究的热点。主要原因不外乎两点：一是城市作为文明的集中体现、有城墙包围且相对安全的人类活动场所，其成长历史常为文献资料所记载或为考古发掘所证实；二是这些城市中，有些为国家级历史文化名城，有些为省级历史文化名城，且留存有一些特殊景观，如“水城”风貌、“城叠城”等，在城市形象宣传、旅游招商以及城市总体规划诸方面逐渐被重视和利用（吴朋飞，2012a）。今开封被称为“北方水城”，是由历史时期黄河长期泛滥所塑造的。

如果将黄河变迁对开封城市形态的影响分为直接和间接影响的话，那么开封城市形态形成与发展的四个周期都与黄河变迁有关，更能很好地体现城市轮廓形态是河流影响城市发展的表征。早期“城—郭”模式城市形态期（前 225 年之前）、“衙署—城墙”模式形态期（前 225—956 年）、“外城—内城—皇城”模式形态期（956—1219 年）这三个时期，开封城市形态的发展变化主要是受黄河变迁的间接影响，是通过源于黄河的分流河道（鸿沟、汴河等）对开封城市发展起作用，进而影响到城市发展轮廓形态上的。早期“城—郭”模式城市形态期（前 225 年之前），从最初的仪邑城到国都大梁城，是因为充分利用了当时的渠水引入城内北部，形成内城外郭的城市形态。公元前 225 年的秦将王贲则是利用源于黄河的鸿沟水淹灌大梁城的；战国大梁城的兴衰都是黄河在其中发挥着一定的间接作用；隋唐汴州城的兴盛与大运河的凿通有一定的关系，也是沟通黄河、淮河、长江等水运网络的因素；北宋东京城的四水贯都同样是利用了黄河漕运。

开封“护城堤—原城市形态”模式形态期（1219—1907 年），城市形态发展出现环城一周的护城堤防，“城外高、城内低”盆地景观，城内龙亭湖、包公湖的出现，均是黄河南泛的地理景观体现，是黄河变迁对开封城市的直接影响。史念海（1999）认为，如果将开封、商丘、淮阳三县市连成一个三角形，那么在这个三角形中的地区，也就是现在黄河以南平原上遭受洪水泛滥较为频繁的一个地区。开封就处在这个三角形地区的顶点位置。历史上，开封曾遭受 7 次洪水入城事件，以公元前 225 年、1642 年和 1841 年三次洪水灾害对开封城的影响为大，其余漫溢事件则不计其数，因此开封城曾出现多次迁城之议。

作为黄河影响下的城市，在长期与黄河的共存中，产生出特殊的城市形态，由远及近地形成了由“河堤—护城堤—护城河—城墙”等景观组合的立体化城市防洪系统，有些城市还出现水域面积广阔的“城湖”景观。章生道（Chang，1970）将护城堤看作“淮河和黄河下游沿岸许多城市郊区的地物标志特征”。开封城市在明代中期出现“护城堤—土城（即北宋外城）—内城（砖城）—萧墙—紫禁城”五重城的城市形态，清代则演变为“护城堤—砖城—满城”三重城的城市形态，如果再算上黄河大堤和护城河等城市防洪设施，体系则更为复杂。同时，在“护城堤—原城市形态”模式形态期中，也可以明显看出因为黄河泛滥的影响使得城市建城区的面积进一步缩小，最后全部出现在砖城围合的城墙范围内，且清代城内出现面积较大的龙亭、包公等湖泊，形成黄泛平原典型的“城包湖”洪涝适应型景观。

另外，从战国大梁城开始，唐、宋、金、明、清等不同时期的开封城约略在今护城大堤范围内不同程度地演替和发展。因历史时期 7 次黄河洪水进入开封城，使得不同时期的开封城池遭受到淤积和叠压，因而在今开封城下存在着不同时期的开封城池相互套叠的现象，称之为开封“城下城”。特别是从唐代汴州城开始，后朝往往沿袭前朝的建筑而有所继承发展，加上 1642 年和 1841 年两次特大黄河洪水灾害事件，使开封城形成了黄泛冲积平原典型的“城下城”奇特景观（马建华等，2016；吴朋飞等，2016）。本章从城市轮廓形态、行政级别和城市河流之间的相关关系很好地诠释了开封城市的兴衰过程，这一视角是理解开封城市发展规律的一个很好的切入点。

第七章　开封“城下城”的科学阐释

虽然开封“城下城”奇观是王朝更替、战争破坏、水患吞噬等多种自然和社会原因综合作用的结果，但除北宋东京城衰落是由于战争破坏之外，其他时期的城市衰败都直接或间接与黄河泛滥有关，可以说，黄河水患是形成开封“城下城”的唯一原因。开封不同朝代的城市被埋藏的深度与黄河泛滥强度及其持续时间有关，如果能从地层学角度定量反演历次黄河泛滥对开封古城的破坏程度，那么就可以从根本上阐明“城下城”的形成过程，为探讨黄河水患对开封城市兴衰的影响提供更精确的地层学依据。

本章的目的就是要通过科学手段从开封黄泛地层中寻找答案，回答开封古城“城下城”究竟有几座城、各城址在地下的埋藏深度，确定战国以来各个沉积旋回（代表历次黄河泛滥）及其年代，为标准地层剖面建立和“城下城”复原提供精确的地层学数据，为探讨黄河变迁与开封城市衰亡的互动关系提供依据。

第一节　开封“城下城”的提出过程与存在问题

一、开封“城下城”的提出过程

“城下城”景观是指历史上不同时期的城池受自然和社会综合因素的影响在同一空间区域范围内相继而筑，存在着明显的垂直套叠现象。这其中又以黄泛平原上在历史时期受黄河洪水泛滥作用所产生的特殊城市景观的城市为代表，如开封、商丘、徐州、下邳古城等，但以开封最为典型。目前对此类城市景观有“城摞城”“城叠城”“城下城”等不同说法。就开封而言，依据历史文献记载以及30多年的城市考古研究，地下不同朝代的城池规模或城郭并不相同，而且有些相邻朝代的城池在部分区域是混合交织在一起的，并非上下相分离，所以本书用“城下城”而不用“城摞城”概括这种特殊的城市景观。实质上，开封市文物考古工作者对开封城下古城叠置现象的认识，也经历了从“城摞城”到“城下城”观念的转变（马建华等，2016）。

由于开封地区黄河泥沙堆积厚、遗址埋藏深、地下水位高等原因，开封古城考古工作一直很难展开，20 世纪 80 年代之前人们对“城下城”的研究只能局限在史籍基础之上。1981 年的一次意外发现，打破了长期以来开封无古可考和有古难觅的境况。1981 年 5 月，开封市园林部门在开封老城区（明清城墙内）的龙亭东湖（潘家湖）淤泥清理过程中，意外发现了明代周王府和宋代皇宫的部分遗迹，从而揭开了开封古城考古的帷幕，使得开封“城下城”从传说走向实证。此后，开封宋城考古队（后改为开封市文物工作队）在国家和河南省文物局的大力支持下，相继调查、勘探发掘了北宋东京城的三道城墙（外城、内城和皇城）、城门、州桥、汴河、蔡河、御街，唐汴州城，金皇宫的部分遗址，明周王府的紫禁城和萧墙，明清城墙古马道遗址等一大批重要古遗址，以大量实物全方位展示了开封古城的辉煌历史。在勘探发掘过程中，发现了开封地下“门摞门”和“桥摞桥”等点状证据，“墙摞墙”、“马道摞马道”和“街摞街”等线状证据，“宫摞宫”和“城套城”等面状证据，从点—线—面三个层面构成了开封“城下城”较为完整的考古证据链（马建华等，2016；吴朋飞等，2016）。

开封“城下城”现象的揭示，是随着考古证据的不断增加和人们认识的不断提高而逐渐总结出来的。水利部黄河水利委员会的左慧元（1996a，1996b）首先提出“开封城下有古城”“历史奇观·汴京城·城摞城”。丘刚（1999）在中国古都学会第十六届年会暨莒文化研讨会上指出：“经过近 20 年的考古勘探发掘，相继发现了北宋东京外城、内城、皇城三道城墙和城门，以及州桥、御街、汴河、蔡河、金明池等宋代遗址，初步揭示了开封城下‘城摞城、城套城、门压门’的奇特现象，使北宋东京城的研究第一次从文献走向实体。”2000 年，考古工作者又在开封城墙大梁门（西门）北侧的古马道下面，发现了清代、明代以及更早的古马道上下叠压，以立体的形式真切展示了开封城“城下城”的奇特景观，为“城下城”现象的研究提供更为确凿的实证。丘刚（2001）在中国古都学会 2001 年年会暨赤峰辽王朝故都历史文化研讨会上，首次从学理上探析了开封“城下城”现象。2002 年 2 月 7 日，新华社刊发了《从传说到证实：考古撩开开封城下城摞城神秘面纱》《为何独厚开封城》《地上有悬河，地下城摞城》《成也大河，败也大河》《专家评说世界文明史上的奇迹》《城摞城奇观将得到开发》等 6 篇文章。经过权威新闻媒体的报道，开封“城下城”现象才逐渐被世人了解和接受。2007 年 9 月 21 日，中央电视台《走近科学》栏目播出专题片《寻找失落的都城》。该专题片详细介绍了开封“城摞城”奇观，引起了史学和考古学家的密切关注和浓厚兴趣。刘春迎（2006b，2009，2013a）在不同场合多次诠释开封“城下城”。2012 年开封新郑门遗址的勘探发掘工作的开展，又为开封“城下城”增添了一个新的实证（葛奇峰，2014）。总之，随着开封城市考古发掘工作的逐渐开展和研究的不断深入，开封“城下城”奇特景观从史籍到实证，从模糊到清晰，会更加立体化地展示在世人面前。

自20世纪80年代以来，开封考古工作者在开封城区不同位置发现了“城下城”点状、线状和面状证据（马建华等，2016；吴朋飞等，2016），大致复原了开封“城下城”奇特景观，立体地展现了开封自建城以来的变迁历史。开封“城下城”奇观不仅是世界城市发展史上所罕见，也是世界考古史上绝无仅有的。开封“城下城”作为中外古都史的活化石，创造了世界文明史上的一个伟大奇迹，也象征着开封人民百折不挠的精神和中华民族生生不息的活力。开封“城下城”研究不仅对中国古代城市发展，特别是研究古代都城布局、特点、建筑规制等有着重要意义，而且也是揭示黄河与开封城市兴衰关系研究的绝佳标本。但是，目前对开封“城下城”研究还是初步的，尚有很多科学问题需要进一步探索。

二、开封“城下城”存在问题

（一）开封“城下城”的城池数量

很多学者（丘刚，2004；刘春迎，2006a，2006b，2013a，2013b）根据开封城区的局部考古挖掘资料和城市兴衰方面的历史记载，认为在现今开封城下3—14米叠压着6座城池：地下12—14米是战国魏大梁城，地下12米左右是唐代的汴州城，地下8米左右是五代和北宋时期的东京城，地下6米左右是金代的汴京城，地下5—6米是明代的开封城，地下3米左右是清代的开封城。但曾广庆（2008）认为，开封各个朝代的地下城池并不是那么完整地一层层叠加在一起的，某些地段的剖面可能较完整，而很多是交叉重叠的。据研究（Fong，1926；王质彬，1983；李雪梅，2002；张妙弟，2002；程遂营，2003；李润田等，2006；吴朋飞，2013），最早记载黄河泛滥冲入开封城的是秦王政二十二年（前225年）人为决鸿沟淹灌大梁城事件，之后一直到明洪武二十年（1387年）的1600年间，没有黄河泛滥洪水冲入开封内城（里城或砖城）的记录。由此可见，开封从秦、汉、隋、唐、北宋、金、元直到明初，曾共用同一个古地面，不同朝代的城池只是在原有城池的基础上修建或扩建而已，地下可能并不存在独立的唐代汴州城，只是存在零星的汴州城残垣断壁，并与后期北宋东京城交叉混合在一起。另外，清道光二十一年（1841年）黄泛洪水围困开封城时，洪水从南门和东南水门涵洞进入城内，并很快被堵御，城内过水面积不大（吴朋飞等，2014），因此在砖城之内的地下并不存在普遍或连续的清代开封城，只是部分地段可能存在清代地面而已。总之，现今开封城下究竟埋藏着几座古代城池，尚需进一步科学考证。

（二）开封“城下城”的遗存形态

关于开封“城下城”的遗存形态，本书认为并不存在相对完整的城池。刘春迎（2006a，2006b）认为：“开封‘城摞城’指的是通常在考古学意义上所说的地层的堆积和叠压关系，换句通俗的话说，指的是开封历史上不同时期城址废墟中的‘残垣断壁’按照时代由早到晚、地层自下而上一层一层地堆积在了一起，其间还夹杂着因历史上不同时期的水患所形成的厚薄不一的淤沙沉积层。”实质上，每次黄泛洪水冲入开封城之后，由于强大的洪水冲击作用，房屋倒塌严重，再加上后期的城市重建活动，相对完整的城市格局和建筑很难保存下来，可能只留下一些前期城市的残垣断壁和路面。在某些文章（赵国锋，2006）和媒体上经常见到的一张开封“城下城”图片（图7-1），较为直观地展示了开封“城下城”奇观。该图来自开封龙亭公园中的一个实物模型，但究竟在北宋皇宫附近地下是否真的存在完整的宫殿摞宫殿奇观，还需要进一步开展研究工作。

图7-1　开封“城下城”模拟图

（三）缺乏开封“城下城”典型地层剖面

虽然自20世纪80年代以来，开封考古工作者在开封城区不同位置发现了“城下城”点状、线状和面状证据，但迄今尚没有建立标准地层剖面。由于开封位于黄淮平原，背靠地上悬河——黄河，再加上多次黄河泛滥在城墙之外造成大量泥沙堆积，开封城区呈现出“釜底”地形，地下水位浅，且地上建筑密度大，给地下文物勘探带来很大困难。开封城区30多年的文物试掘，大多是结合城市建设工地而进行的，试掘深度有限，所以关于“城下城”的有些问题尚没有得到科学回答（开封宋城考古队，1999；开封市文物工作队，2005；刘春迎，2013a，2013b）。例如，战国大梁城究竟在地下什么深度，由于没有完整的地层剖面，目前很难确切回答。战国大梁城距现今地面 12—14 米（刘春迎，2009），这只是根据地层关系和出土的文物推测的，缺少详尽的定年数据。

本书在分析整理相关文献的基础上，根据各朝代开封古城城墙的位置，在现今开封城区不同位置布设钻孔，采集岩芯样品，试图建立开封早期人类活动以来的标准地层剖面，重现不同历史时期完整的人类活动遗址序列，以便从整体上呈现“城下城”奇观，为“城下城”研究奠定坚实的地层学基础。

第二节　战国以来黄河泛滥洪水侵入开封城的地层学证据

一、钻孔布设

在黄河洪水泛滥的时候，开封的护城堤和历代的城墙均对洪水入城起到不同程度的阻挡，使不同位置的沉积地层出现一定差别。所以，钻孔岩芯具体位置的选择可能影响沉积旋回判定，进而对后续研究产生干扰。根据各个朝代开封城的具体位置和大小范围，考虑到历史上黄河决溢泛滥的地点以及围困开封城市的具体状况，在河南大学金明校区、师专校区、医专校区和明伦校区布设钻孔，并分别用 ZK_{jm}、ZK_{sz}、ZK_{yz} 和 ZK_{ml} 表示（图 7-2）。

金明钻孔（ZK_{jm}）位于今开封市西郊的河南大学金明校区东北部，志义体育馆南 50 米，海拔 73.92 米。根据文献记载和考古发现，该钻孔西北 500 米左右为战国大梁城西城墙的高门，东北 20 米左右为北宋东京外城西墙的固子门。该钻孔位置自秦汉直到 2002 年以前一直为郊区农田，是四个钻孔当中受到人类活动扰动最少的地方。因此，该钻孔的冲积沉积地层相对比较完整，作为本研究的对照钻孔。

师专钻孔（ZK_{sz}）位于原河南大学师专校区（现已改建为万博广场）、民国时期开封女子师范学校办公楼东侧，海拔 72.05 米。根据文献记载和考古资料，该钻孔东 50 米左右的中山路，是开封自唐宋以来的主干道和中轴线；钻孔北 50 米左右是明代周王府萧墙的南墙；东北 60 米左右是明代周王府南门（午门）。由图 7-2 可以看出，ZK_{sz} 在战国时位于大梁城的中部，唐代汴州城的中心稍偏西，宋代东京城和金代汴京城的内城和皇城之间，且在皇城的正南门附近。基本上一直处于各朝代城市的政治、经济和文化中心区域，人类活动比较强烈。

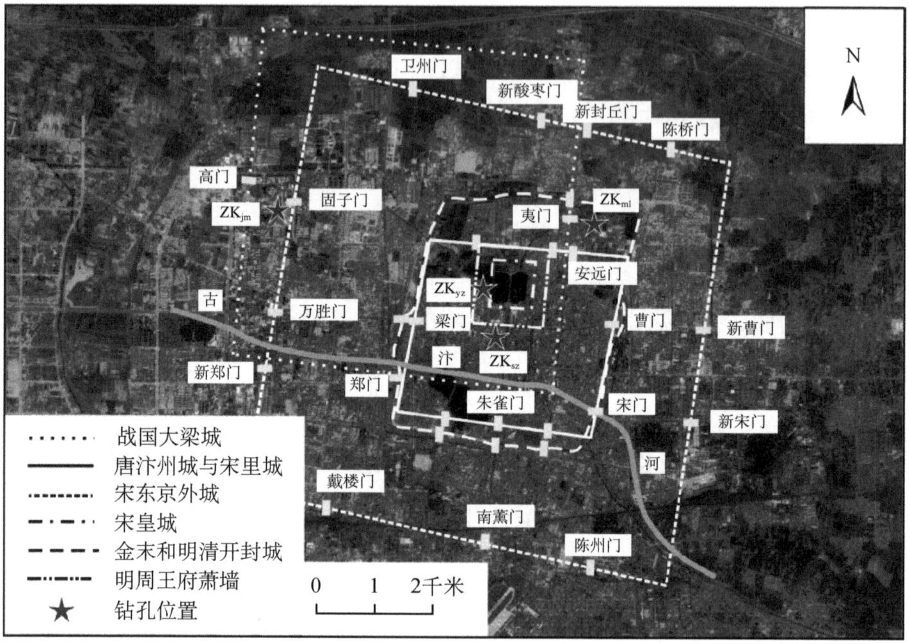

图 7-2　钻孔位置及其与开封历代城墙位置关系图

医专钻孔（ZK_{yz}）位于今河南大学医专校区北院操场的东北部，海拔 70.39 米。该钻孔大约在师专钻孔北偏西 1000 米；东面和北面均距龙亭西湖（杨家湖）约 50 米。由图 7-2 可以看出，ZK_{yz} 也位于战国大梁城的中部，唐代汴州城中心稍偏西，宋代东京城和金代汴京城的内城和皇城之间，明代周王府的紫禁城和萧墙之间，东距萧墙约 50 米。因此，该钻孔位置也基本上一直处于城市的政治、经济和文化中心区域，尤其处在政治权力中心，受到较为强烈的人类扰动。

明伦钻孔（ZK_{ml}）位于今河南大学明伦校区西北操场的东北角，海拔 70.96 米，一墙（河南大学明伦校区北墙）之隔即为铁塔公园。宋代建于夷山之上的铁塔就位于该钻孔东北约 300 米处。由图 7-2 可以看出，ZK_{ml} 在战国时位于大梁城东城墙的夷门附近，城墙之外。直到唐代汴州城重筑时，该钻孔所在区域一直位于人类扰动较弱的城外。宋代兴建东京外城时，将该钻孔所在位置被圈进外城之内，但仍在内城（以唐汴州城城墙为主体）之外。到了金代宣宗 1219 年，开封内城北城墙扩筑后，该钻孔所在区域才被圈进内城。历经金、元、明、清等朝代至今，该钻孔所在区域受人类扰动的程度逐渐加大。

二、岩芯样品采集及其理化性状测定

用 DPP-100 型岩芯钻机于 2012 年完成钻孔岩芯样品的采集工作。每个钻孔分别采集 25 米连续岩芯。在采样过程中，根据土质情况，适时更换 30 厘米长的取土器和 1.5 米采样管采集柱状岩芯样品，样品直径 9 厘米。样品采集后，现场将其切割成 20 厘米长的样品段，装入专用样品盒中，两端密封固定。本书的岩芯采样率在 90%以上。

在实验室，将样品从样品盒中取出，用不锈钢刀小心刮去岩芯表面的泥浆，大部分按深度每 10 厘米间隔取样。由于少数粗砂层采样比较困难，样品量较少，所以少部分样品的间距大于 10 厘米，但均不大于 30 厘米。ZK_{jm}、ZK_{sz}、ZK_{yz}、ZK_{ml} 各获得岩芯样品 221 个、213 个、223 个和 204 个，共计 861 个。

为了获得沉积物中的定年材料，分样后将岩芯样品尽量掰碎，仔细挑拣肉眼可辨的能够用于 ^{14}C 定年的材料，如植物残体、炭化植物、炭粒、贝壳、动物骨骼等，装入自封袋供 ^{14}C 定年使用。选取质地均匀的粉沙质岩芯样品，在暗室中用环刀取出 100 立方厘米的样品，装入黑色避光塑料盒内供光释光（OSL）定年使用。本研究共获得 25 份 ^{14}C 和 8 份 OSL 定年材料。有机定年材料采用加速器质谱碳十四（AMS^{14}C）方法进行定年，由北京大学重离子教育部重点物理实验室完成；OSL 定年由河南省科学院地理研究所数字环境考古实验室协助完成。

根据研究需要，在实验室开展样品粒度分析、黑碳（black carbon，BC）含量、人为—生物源元素（铜、锌、铅、镉、磷、砷、汞）和铝含量测定，供沉积物沉积旋回（代表一次洪水事件）划分使用，各项目的具体测定方法详见马建华等（2016）。

三、黄泛地层沉积旋回划分

黄河泛滥事件在地层上的反映具有周期性。黄河泛滥伊始，水流速度快，挟沙力强，被搬运和沉积的泥沙颗粒较粗；之后，水流分散，流速变慢，挟沙力下降，被搬运和沉积的泥沙颗粒变细；泛滥后期，水流几近停滞，沉积颗粒最细，出现静水沉积。因此，在垂直方向上，一次黄河泛滥的沉积物颗粒自下而上由粗逐渐变细，构成一个沉积旋回。沉积旋回的多少是识别冲积地层洪水泛滥次数的基本标志。但是，基于沉积物粒度的沉积旋回划分方法，对于深受人类扰动的城市地层来说有时并不太适用。例如，当一次黄河泛滥沉积结束之后，当地居民在新近沉积物上的城市重建工作和“掏宝”活动等，往往导致沉积旋回的正常层序（下粗上细）被扰动，给粒度划分旋回带来巨大困难，因此需要寻找除粒度之外的其他代用指标开展旋回划分。

本研究划分沉积旋回的指标除传统的粒度外，又选取了黑碳含量和人为—生物源元素富集系数两个新的代用指标。黑碳是生物质和化石燃料不完全燃烧形成的含碳物质的连续统一体，具有很强的化学惰性，可以存留数千年甚至上万年，广泛存在于土壤或沉积物中（马建华等，2015）。人为—生物源元素主要是与人类生产和生活排放以及生物小循环有关的积累在沉积物表层中的元素。在黄河泛滥初期沉积的粗粒相化学组成主要是自然源元素，而在泛滥间歇期，由于人类活动以及植物生长等的影响，在沉积物表层会积累更多的人为—生物源元素以及黑碳物质，从而使黄河泛滥沉积旋回上下地层的人为—生物源元素以及黑碳含量出现分异。所以，尽管开封城下沉积旋回的粒度层序被剧烈扰动，但仍然可以根据黄泛地层的人为—生物源元素以及黑碳含量开展沉积旋回划分。人为—生物源元素富集系数是根据铜、锌、铅、镉、砷、汞、磷这 7 个人为—生物源元素的富集系数，再进一步综合得到的（马建华等，2017），它可以综合反映黄泛地层的人为—生物源元素富集状况。

为了使沉积旋回划分更加准确，避免主观判断带来的误差，本研究借助小波分析技术，以粒度、黑碳含量和人为—生物源元素综合富集系数为指标，分别开展各钻孔岩芯沉积旋回划分。当然，沉积体在沉积过程中或沉积间断期间受到某些偶然因素的影响，可能会导致应用某一代用指标划分沉积旋回出现一定偏差。例如，同一次黄河泛滥因流路的变化，同一地点可能出现非连续多次沉积，或受沉积间断期间人类活动的影响，都会使粒度旋回划分的可靠性下降。再如，黄泛沉积间断期的长短、社会经济发展水平以及钻孔位置，都将影响古土壤的发育程度以及黑碳和人为源元素的含量，也会导致黑碳旋回和元素旋回划分的可靠性下降。因此需要综合考虑上述三种代用指标的旋回划分结果，综合确定不同钻孔的沉积旋回数据及其界限。综合划分沉积旋回的原则或依据是：①按某钻孔粒度、黑碳和元素旋回数目中最多者确定旋回数目，但同时要考虑其他因素的影响；②当 3 种代用指标的沉积旋回上、下界限一致时，按实际界限确定其上、下限；③当 2 种代用指标的沉积旋回上界或下界一致，而与另一种旋回不一致时，按上界或下界限一致的那 2 种旋回定界；④当 3 种指标的沉积旋回上界或下界都不一致时，界限划在 3 种旋回界线的中间；⑤旋回界限的确定要同时考虑岩芯综合柱状图中的砖瓦层、植物残体丰富层、细颗粒层、黑灰色地层等能够指示沉积间断的出露位置。各钻孔 25 米岩芯的综合沉积旋回结果如下。

金明钻孔。旋回（1）23.8—25.0 米，旋回（2）22.1—23.8 米，旋回（3）20.3—22.1 米，旋回（4）18.1—20.3 米，旋回（5）17.0—18.1 米，旋回（6）15.8—17.0 米，旋回（7）14.7—15.8 米，旋回（8）13.2—14.7 米，旋回（9）11.8—13.2 米，旋回（10）10.0—11.8 米，旋回（11）7.8—10.0 米，旋回（12）5.7—7.8 米，旋回（13）4.0—5.7 米，旋回（14）2.5—4.0 米，旋回（15）0.8—2.5 米。

师专钻孔。旋回（1）23.0—25.0 米，旋回（2）20.6—23.0 米，旋回（3）18.0—20.6 米，旋回（4）15.8—18.0 米，旋回（5）13.4—15.8 米，旋回（6）11.9—13.4 米，旋回（7）10.2—11.9 米，旋回（8）8.8—10.2 米，旋回（9）6.9—8.8 米，旋

回（10）5.9—6.9 米，旋回（11）4.6—5.9 米，旋回（12）2.8—4.6 米，旋回（13）1.4—2.8 米，旋回（14）0—1.4 米。

医专钻孔。旋回（1）23.8—25.0 米，旋回（2）22.2—23.8 米，旋回（3）20.7—22.2 米，旋回（4）18.5—20.7 米，旋回（5）15.9—18.5 米，旋回（6）13.3—15.9 米，旋回（7）11.3—13.3 米，旋回（8）9.1—11.3 米，旋回（9）7.1—9.1 米，旋回（10）5.0—7.1 米，旋回（11）3.2—5.0 米，旋回（12）1.8—3.2 米，旋回（13）0.9—1.8 米，旋回（14）0—0.9 米。

明伦钻孔。旋回（1）23.4—25.0 米，旋回（2）22.0—23.4 米，旋回（3）20.7—22.0 米，旋回（4）19.2—20.7 米，旋回（5）17.1—19.2 米，旋回（6）14.3—17.1 米，旋回（7）12.0—14.3 米，旋回（8）9.8—12.0 米，旋回（9）8.4—9.8 米，旋回（10）7.6—8.4 米，旋回（11）6.6—7.6 米，旋回（12）5.8—6.6 米，旋回（13）4.3—5.8 米，旋回（14）3.2—4.3 米，旋回（15）2.0—3.2 米，旋回（16）0—2.0 米。

四、战国以来黄泛地层沉积旋回年代断定依据和框架

（一）沉积旋回年代断定依据

1. ^{14}C 和 OSL 年龄

由于钻孔位置并非一定位于各个沉积间断表征的最佳位置，再加上岩芯的体积较小，所含适合 AMS ^{14}C 定年的材料不多，所以，虽然经过反复仔细挑拣，仍没有获得足够多的定年材料。在四个钻孔获得 25 份 ^{14}C 定年材料中，发现有些样品是现代炭，有些样品并无含碳物质，有些样品样无法满足制样需要，经过筛选与地层新老关系推测，最后仅得到 10 个有效定年数据（表 7-1）。

表 7-1　各钻孔定年样品的年代数据

钻孔	样品编号	样品物质	深度/米	绝对年龄/BP	树轮校正后年龄
ZK_{jm}	J_{72}	植物残体	7.8—7.9	410±20（^{14}C）	1465±35AD
	J_{88}	炭化植物	9.7—9.8	360±25（^{14}C）	1490±40AD
	J_{120}	黏土	13.2—13.3	1145±15（^{14}C）	920±60AD
	J_{124}	螺	13.6—13.7	935±20（^{14}C）	1095±65AD
ZK_{sz}	S_{64}	种子	7.1—7.2	660±20（^{14}C）	1370±20AD
	S_{76}	骨骼	8.5—8.6	995±25（^{14}C）	1015±35AD
	S_{87}	炭粒	9.7—9.8	1790±25（^{14}C）	200±70BC
	S_{99}	粉砂	11.05	2404±95（OSL）	550±95BC
ZK_{yz}	Y_{72}	炭粒	8.0—8.1	740±20（^{14}C）	1270±20AD
ZK_{ml}	M_{71}	炭粒	8.4—8.5	720±25（^{14}C）	1275±25AD

在 OSL 定年数据中，有 5 个数据都在 10 万年以上，明显与《开封市全新世地质研究报告》[①]中全新统下界在地下 31—61 米的结论相悖。只有师专钻孔 S_{99} 样品是有效年龄数据（表 7-1）。

2. 考古资料

开封市文物工作队、开封宋城考古队、开封市建筑设计院勘察队自 1978 年至今，对大梁城、北宋东京城以及明代周王府等开展了一系列考古勘探工作，取得了许多重要发现，有些成果可以为本研究建立各钻孔沉积旋回的年代框架提供线索。

师专钻孔附近的考古发现主要有：①1981 年发现明代周王府的午门（在钻孔北约 100 米）遗址在现代地表 4.5 米左右，其下 11 米处仍可探到城墙夯土层（李合群，1996）。②1996 年在午门东南（在钻孔东北约 100 米）建筑工地文物勘探中，探明了宋代皇宫宣德门、金代皇宫午门和明代周王府午门的具体位置和深度，分别在地表以下 8.2 米、6.3 米和 4.5 米（丘刚，1999；刘春迎，2005）。③1984 在对中山路中段改造时，发现了北宋时期的州桥遗址（在钻孔南约 800 米），桥面和桥基分别距现代地面 4.3 米和 12.5 米，桥基之上距宋代地面 5 米左右（即北宋古地面在地下 7.5 米左右），距明代地面 8 米左右（即明代古地面在地下 4.5 米左右）。桥面之上地层是明末崇祯十五年（1642 年）黄河泛滥形成的地层，证明其被埋没的年代大约在明代末期（刘春迎，2009）。

医专钻孔附近的考古发现主要有：①1986 年在午朝门（现在龙亭公园南门，钻孔东北约 800 米）地下 3.5—4 米处，发现了明代周王府紫禁城端礼门遗址，又在该处地下 6.5 米左右探测到宋代宫城的正南门遗址（李合群，1996）。②1985 年在龙亭东湖（钻孔东北约 1000 米）湖底之下 1.5—2 米发现周王府地面，距现代地面 3—4 米，并且在周王府地面之下 2.5 米左右又发现青石和青砖，属另外一个文化层（开封市文物工作队，2005）。

金明钻孔附近的考古发现有：①2005 年在对北宋外城固子门遗址（钻孔东 100 米左右）勘探中，发现了固子门遗址距地表 8—11 米，固子门西边的瓮城遗址距地表 10—11.3 米，固子门到瓮城的路面距地表 11 米左右；固子门遗址下距地表 12.5 米左右又出现一层文化层，含有细绳纹灰陶片和素面红陶片，具有东周时期陶器特征，应该是战国大梁城古地面（刘春迎，2009）。②2002—2004 年，发现河南大学金明校区（该钻孔所在地）很多地点的地下 12—14 米处发现文化层，出土一些具有典型东周特征的陶片。在北宋东京外城西墙局部地段的墙基下，距地表深 12.5—14 米处还叠压着一层更早期的文化层。在该钻孔东北 1200 米的黄河

① 开封市规划局. 开封市全新世地质研究报告. 内部资料，1998.

水利职业技术学院校区不同地点也发现地下 13—14.3 米有类似的文化层，初步确定其是战国时期大梁城的原始地面。③1983 年在土城村北（钻孔东南 1200 米）探测到北宋外城西墙一缺口，地下 4 米处有一文化层，含有碎砖块和明代瓷片，判断是清代古地面（开封宋城考古队，1992）。

明伦钻孔附近的考古发现主要有：①1986 年在河南大学明伦校区东门处（钻孔东南约 400 米）地下 3.6 米左右发现北宋内城残存城墙，按内城城墙高 8 米计（包括墙基），北宋古地面在现代地面以下 9 米左右（开封宋城考古队，1996）。②2002 年李君对河南大学明伦校区南大门东侧建筑工地 12 米地层剖面研究表明，北宋古地面在地下 9.15 米（李君，2002）。

3. 历史文献记载

自从有文字记录以来，几乎所有的黄河泛滥事件都有记载，这为我们确定开封城区沉积旋回的新老关系具有重要意义，在一定程度上可以弥补因定年数据不足对建立沉积序列时间框架带来的影响。

最早记载黄河泛滥对开封城市影响的是《史记·魏世家》中关于秦王政二十二年（前 225 年）人为决鸿沟淹大梁城事件。之后一直到南宋建炎二年（1128 年），黄河一直远离开封城，黄河泛滥没有泛及开封城的记载。自 1128 年到 1855 年，黄河下游河道逐渐南徙，开封城才多次遭受黄河水患的影响。据统计，自金大定二十年（1180 年）到清道光二十一年（1841 年），黄河在开封段决溢达 330 多次，在开封近郊决溢近 90 次，其中明代河患对开封城的影响最为频繁和严重（Fong，1926；王质彬，1983；李雪梅，2002；张妙弟，2002；程遂营，2003；李润田等，2006；吴朋飞，2013）。

综合历史文献记载，自战国以来黄河泛滥进入开封内城（砖城）的洪水事件共有 6 次（表 7-2），黄河泛滥围困开封城而没有入砖城的洪水事件约 15 次之多（王质彬，1983；张妙弟，2002；李雪梅，2002）。

表 7-2 黄泛洪水进入开封城详情

年份	决口位置	入城方位	洪水流路	出城方位
公元前 225	不详	西城墙	西北向东南，绕城内“三山高地”	城东南
1387	城西北	安远门	避开夷山和土街高地向南流，在两高地之间东西分流，洪流因地势阻挡向其他方向漫流	城东南
1399	城西北	封丘门	避开夷山和土街高地向南流，在两高地之间东西分流，流洪因地势阻挡向其他方向漫流	城东南

续表

年份	决口位置	入城方位	洪水流路	出城方位
1461	黄金堤和朱家寨	北门	避开夷山和土街高地向南流，在两高地之间东西分流，洪流因地势阻挡向其他方向漫流	城东南
1642	朱家寨和马家口	北门	自北向东南流动	城东南
1841	张湾村	水门涵洞	分为东、西两股，至北门合二为一	没有出城

资料来源：马建华等，2016

但是，由于黄河泛滥进入开封古城的位置不同以及古地貌的差异，某次黄河泛滥的具体流经路线和沉积范围可能差别很大，所以针对某一钻孔并不一定存在历次黄河泛滥沉积的地层，即便存在同期黄泛地层，其厚度也会存在差别。

4. 岩芯最下部文化层年代

战国以前，开封附近地势低洼、池沼密布，河道纵横，土地积潦，不利于城市发展（李长傅，1958）。据最早文字记载，在东周和春秋时期，现今开封所在位置附近是一个叫仪邑的小镇，东周郑庄公时期属卫国，春秋时期属于阳武高阳乡，楚悼王十一年（前 391 年）归魏国大梁（周宝珠和徐伯勇，2011）。魏惠王六年（前 364 年）魏国将都城从安邑迁到大梁，从此拉开了开封城市兴衰的序幕。开封成为魏国首都大梁之后，开始了大规模的城市建设，修筑了坚固的城墙；开挖鸿沟水系，成为水陆交通枢纽；商业不断繁荣，人口不断增加（刘春迎，2009；周宝珠和徐伯勇，2011；吴朋飞等，2016）。大梁城直到公元前 225 年因人为鸿沟水患而衰落，前后历时 141 年，形成了开封沉积地层中最早的文化层，这对于厘清各钻孔沉积旋回的年代具有重要意义。

5. 地层新老关系

根据各钻孔最早文化层（战国大梁城古地面）出露深度，结合 ^{14}C 和 OSL 定年数据以及考古资料和历史文献记载，按照沉积旋回新老关系，推定各旋回的年代框架。

（二）战国以来沉积旋回年代框架

根据上述沉积旋回年代确定的依据，结合各钻孔测年数据（表 7-1）和上述沉积旋回划分结果，可以建立各钻孔战国以来各个沉积旋回的年代框架（图 7-3）。

1. 金明钻孔沉积旋回年代框架

金明钻孔的战国大梁城古地面出现在地下 14.7 米左右［图 7-3（a）］。其判断依据有三方面：第一，该钻孔深度 14.7 米左右是最早出现砖瓦块和有机残体的文化层；第二，该钻孔位置附近的考古发现表明，地下深 12.5—14.3 米是战国文化

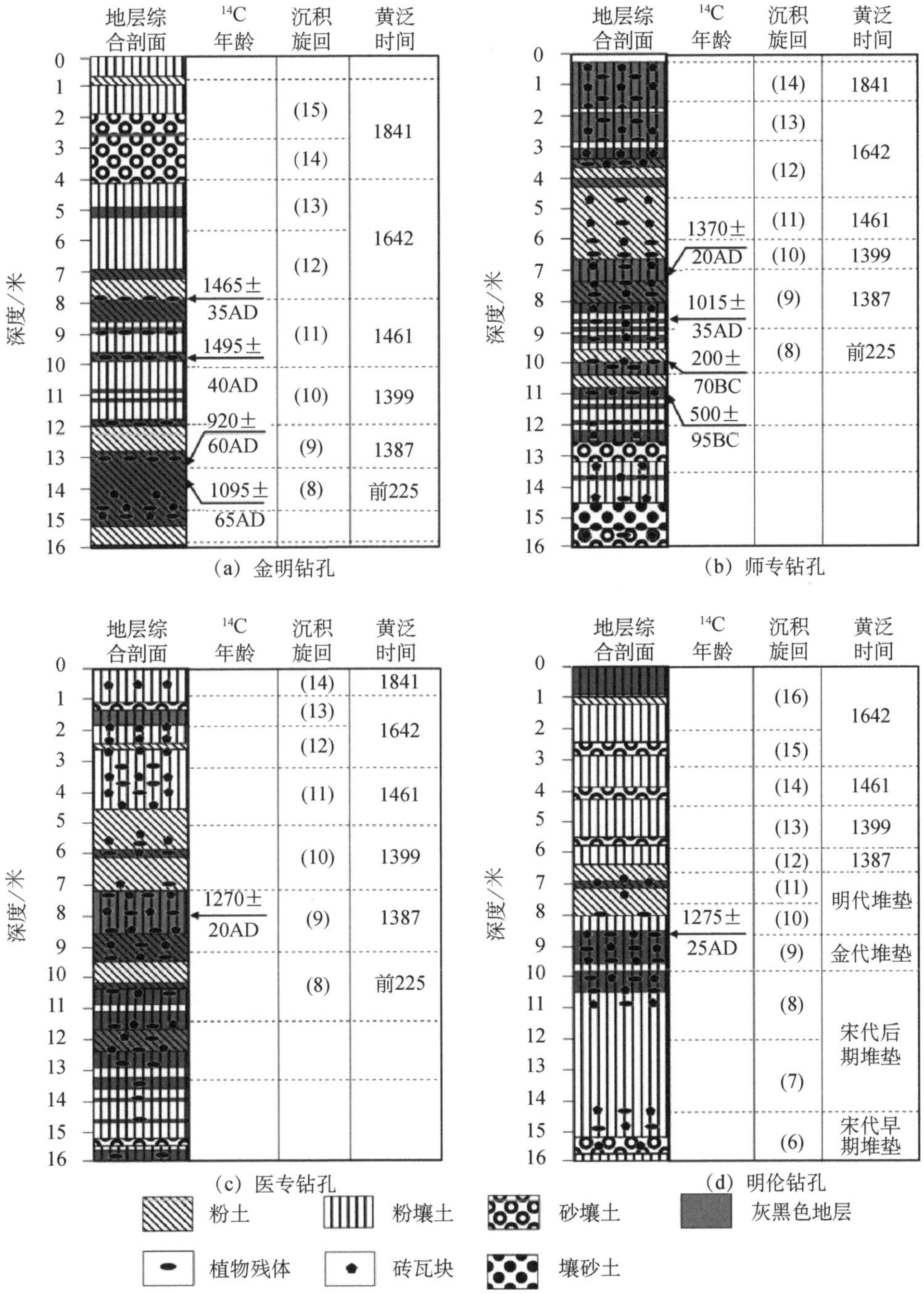

图 7-3　各钻孔战国以来沉积旋回年代框架

层；第三，钻孔深度 13.2—13.3 米和 13.6—13.7 米处的 ^{14}C 年龄分别为 920±60AD 和 1095±65AD，大致相当于北宋早中期。历史文献记载业已证明，自战国到北宋，只发生过一次黄河泛滥，即公元前 225 年的决鸿沟灌大梁事件，所以旋回（8）应该是公元前 225 年的黄泛沉积。

南宋建炎二年（1128 年）以前的黄河下游河道行走在滑县、濮阳、大名一线，距离开封较远，黄河泛滥波及不到开封（程遂营，2003），因此公元前 225 年黄泛事件的古地面，即图 7-3（a）中旋回（8）上部的古地面（1387 年）泛滥间断层，距地表 13.2 米左右，存在了 1600 年，是秦、汉、隋、唐、北宋、金、元等多个朝代的共用古地面。

虽然金、元时期黄河在开封附近多次决溢泛滥，但只有至元二十年（1283 年）的黄泛洪水冲入开封外城与内城之间，可能留下泛滥沉积。不过，据《元史·张庭珍传》记载，这次泛滥洪水自开封以北向东南方向流动，从外城东北的善利水门进入内、外城之间，并未灌入内城。考虑到金明钻孔位置在开封西北郊，地势偏高，这次洪水很可能没有到达这里（图 5-1）。

明代是黄泛洪水围困开封城或冲入内城最频繁的时期，除表 7-2 所列 1387 年、1399 年、1461 年和 1642 年黄泛洪水冲入开封城池之外，还有在表 3-1 所列 1397 年、1404 年、1410 年、1414 年、1478 年、1489 年、1606 年等年份出现黄泛洪水围城（洪水进入护城堤或土城堤与内城之间）事件，不过由于毁堤位置、水量多少以及地势的差异，洪水不一定每次都到达金明钻孔所在位置。黄泛洪水要想进入砖城之内，必然在城外蓄积一定水量，即砖城与护城堤或土城之间必须存在大体量洪水，才能留下相应沉积。结合表 7-1 岩芯深度 9.7—9.8 米和 7.8—7.9 米处的 ^{14}C 年龄分别为 1490±40AD 和 1465±35AD，可以大致确定旋回（9）、旋回（10）和旋回（11）分别是 1387 年、1399 年和 1461 年黄河泛滥沉积［图 7-3（a）］。

1642 年和 1841 年发生在开封的黄河泛滥有明确而详细的历史记载。1642 年人为掘开黄河大堤后，黄河洪水灌进护城堤内，四处奔流，正好流经钻孔所在位置，在前方城垣的阻挡下，洪水堆积，留下了深厚的沉积层，即旋回（12）和（13），深度在 4.0—7.8 米。1841 年黄河泛滥洪水围困开封城达 8 个月之久（吴朋飞等，2014），也留下了深厚的沉积层，即旋回（14）和（15），深度在 0.8—4.0 米［图 7-3（a）］。在该钻孔南偏西 2.5 千米左右的新郑门遗址处，地下 4 米左右发现了清代聚落地面，此证据有力地说明了旋回（14）和（15）是 1841 年的黄泛沉积。之所以 1642 年和 1841 年的黄河泛滥沉积各包含两个旋回，主要是由于这两次黄泛持续时间较长，分别为 1 年和 8 个月，在此期间可能存在水量和流路变化，出现类似于沉积间断的静水沉积，从而出现了次级旋回。

2. 师专钻孔沉积旋回年代框架

师专钻孔深度 10 米和 9 米附近出现灰黑色静水沉积地层，且含有较多的砖瓦块和植物残体，是黄河泛滥间断期间形成的文化层。由表 7-1 可见，深度 9.7—9.8 米和 8.5—8.6 米的岩芯 ^{14}C 年龄分别为 200±70BC（战国末期）和 1015±35AD（北宋初），又考虑到公元前 225 年黄河泛滥之后一直到 1283 年，开封城区没有发生黄河泛滥的记载，秦、汉、唐、宋共用同一个古地面，因此该钻孔深度 10 米左右应该是战国大梁城的古地面，深度 9 米左右是北宋古地面。之所以岩芯深度 9.7—9.8 米出现 200±70BC 的年龄样品，可能是人类活动扰动所致。另外，在钻孔附近的考古活动也发现，北宋皇宫的正南门在地下 8.2 米左右，宋代的南薰门距地表深 9 米左右，州桥附近的北宋地面在地下 7.5 米左右，这与上述岩芯北宋古地面的深度基本一致。据此，可以判断该钻孔沉积旋回（8）是公元前 225 年黄河泛滥沉积［图 7-3（b）］。

根据战国之后共有 5 次黄泛洪水进入开封内城的记载，按地层新老关系可以确定该钻孔旋回（9）、（10）、（11）、（12）—（13）、（14）分别是 1387 年、1399 年、1461 年、1642 年和 1841 年的黄泛洪水沉积［图 7-3（b）］。需要说明的是，1642 年的人为黄河决口泛滥是开封历史上最为严重的一次，由于黄河水量的季节变化等原因，泥沙沉积可能具有阶段性，致使其在地层上表现出两个旋回特征。

3. 医专钻孔沉积旋回年代框架

从医专钻孔岩芯综合柱状图［图 7-3（c）］来看，深度为 11.3—13.3 米的地层是最早出现较多的砖瓦块和植物残体的地层，那么该文化层应该形成于战国大梁城存留时期，深度 11 米左右的沉积间断就是战国大梁城的古地面，沉积旋回（8）应是公元前 225 年决鸿沟灌大梁事件所形成的沉积。

根据岩芯深度 8 米处的 ^{14}C 年龄为 1270±20 AD（表 7-1），可以判断沉积旋回（9）（深度 7.1—9.1 米）应该是 1387 年黄河泛滥所形成的沉积，那么深度 9 米左右的沉积间断就是秦、汉、唐、宋、金、元等朝代的共用古地面。

根据战国之后共有 5 次黄泛洪水进入内城的记载，按地层新老关系可以确定该钻孔旋回（10）、（11）、（12）+（13）和（14）分别对应 1399 年、1461 年、1642 年和 1841 年的黄泛洪水沉积，这与该钻孔附近的考古发现基本一致。

4. 明伦钻孔沉积旋回年代框架

明伦钻孔 25 米岩芯的最下部砖瓦层出现在地下 21 米左右，故推测该深度可能是战国大梁城的古地面。岩芯深度 8.4—8.5 米炭粒的 ^{14}C 年龄为 1275±25AD，大致相当于金末元初（表 7-1），据此可以判断沉积旋回（9）（深度 8.4—9.8 米）和（10）（深度 7.6—8.4 米）应该是金末元初形成的沉积。

该钻孔大梁古地面比金明钻孔大梁城地面深约 6 米，比医专钻孔深约 10 米，比师专钻孔深约 11 米。其原因目前尚无研究，下面根据该钻孔所在位置及其人类活动历史进行简要分析。

据研究（李村人，1957；熊伯履和井鸿钧，1958；刘春迎，2009），距明伦钻孔东北 300 米的铁塔建在地势较高的夷山（实为土丘）之上，并且在战国大梁城东城墙的夷门之东，直到金宣宗兴定三年（1219 年）“再筑子城”时，才把铁塔及其附近地区圈在里城（内城）之内。

据记载（魏千志，1982；孙月娥和胡东乐，2003；龙牙，2010），在铁塔附近首先建造寺院是在南北朝时期的北齐天保十年（559 年），所建寺院名叫独居寺，规模很小且简陋。唐代开元十七年（729 年），唐玄宗下令在独居寺基础上建造封禅寺，规模有所扩大。北宋开宝三年（970 年），宋太祖改封禅寺为开宝寺，并进行了大规模扩建，拥有 24 座禅院。北宋太平兴国七年（982 年），在开宝寺福胜禅院中建造了一座 8 角 13 层木塔，即福胜塔（灵感塔），可惜这座木塔在北宋庆历四年（1044 年）遭雷击起火焚毁。宋仁宗皇祐元年（1049 年）在开宝寺上方禅院中又比照福胜塔建造了琉璃砖塔，即现今的开宝寺塔（俗称铁塔）。金初，开宝寺中的许多殿堂曾遭火焚，随后在金正大二年（1225 年）又进行了重修。元朝末年，开宝寺全部毁于战火，成为废墟。明洪武十六年（1383 年），重修开宝寺，改名祐国寺。明成化和嘉靖年间，曾多次重修祐国寺，规模比较宏大。明崇祯十五年（1642 年），黄河泛滥大洪水将祐国寺破坏，并淤埋在地下 3—4 米（铁塔基座被淤埋丈余）。清乾隆十五年（1750 年），重修祐国寺，改名为大延寿甘露寺，规模与祐国寺基本相当。清道光二十一年（1841 年）黄河泛滥洪水围困开封城，因抗洪材料缺乏，甘露寺大部分建筑被拆除用于抗洪抢险，但铁塔犹存。当时，该钻孔位置附近是规模宏大的河南贡院。据《汴梁水灾纪略》记载，为了抵御 1841 年的洪水对西北城墙的冲刷，将河南贡院大部分的建筑拆除用作抗洪抢险材料。这充分说明，1841 年的洪水并没有到达该钻孔位置。

从上述铁塔附近地区战国以来的历史地理变迁以及明伦钻孔的岩芯特征，可以大致对其沉积地层做出如下判断。

第一，战国时期铁塔附近的古地貌应有明显起伏，明伦钻孔所处位置可能是一洼地，也可能正好位于大梁城东城墙外的护城河上，需要进一步考证。洼地的底部即为战国大梁城古地面（距现今地表深约 21 米），而其东北部地势较高（夷山）。由于该地区在公元前 225 年在大梁城墙之外，决鸿沟灌大梁之洪水可能没有到达这里，也没有留下相应的沉积。在唐代修建封禅寺和宋代修建开宝寺的过程中，可能将其开挖时土方填埋在了西南方的洼地之中，所以钻孔下部的沉积可能不是黄河泛滥沉积。明伦钻孔深度 21 米左右的砖瓦层可能是唐代（729 年）修建封禅寺时的填埋物，并非战国文化层；深度为14—15米的砖瓦层可能是宋代早期（970年）修建开宝寺的填埋物；深度10米左右的砖瓦层可能是北宋后期的古地面；8.4—9.6米的砖瓦层可能是金代末期（1225年）修建开宝寺的填埋物；深度7米左右的砖瓦层可能是明代早期（1383年）的古地面［图7-3（d）］。

第二，自1219年金宣宗“再筑子城”时将铁塔附近地区圈进开封砖城之内以后，除确切记载的1841年黄泛洪水没有抵达铁塔附近外，其他4次进城洪水都可能波及铁塔附近地区，其中以1642年洪水淤积厚度最大。据清代胡介祉的《大梁杂咏》八首序记载：“城东铁塔之根，刨土直下丈余，始见故址。”可见这次洪水泛滥沉积厚度至少在3米以上，大致对应旋回（15）和旋回（16）［图7-3（d）］，旋回（16）是在这次泛滥沉积的基础上，后期人类活动扰动所致（2000年之前曾是河南大学学生生活区）。从图7-3（d）的岩芯柱状图还可以看出，岩芯3—7米的沉积物粒度层理非常清晰，自下而上的旋回（12）、旋回（13）、旋回（14）正好对应1387年、1399年、1461年的黄泛沉积。

综上所述，明伦钻孔沉积物的来源与成因比较复杂，既与黄河泛滥沉积有关，也与频繁的地面建筑重建活动有关，同时古地貌格局和非黄泛地表径流沉积也有重要影响。该钻孔战国的古地面在地下21米左右，旋回（4）和旋回（5）是唐代堆垫层，旋回（6）是宋代早期堆垫层，旋回（7）和旋回（8）是宋代后期的堆垫层，旋回（9）是金代堆垫层，旋回（10）和旋回（11）是明代早期堆垫层，旋回（12）、旋回（13）、旋回（14）是1387年、1399年、1461年黄河泛滥形成的沉积，旋回（15）和旋回（16）是1642年黄河泛滥形成的沉积［图7-3（d）］。

第三节　战国以来黄河泛滥的洪泛度反演与“城下城”的形成

开封地下各时期的古城，特别是唐代以后的古城，都经历过多次黄河泛滥的影响，但最终导致古城被淤埋的只有少数几次强度较大的洪水事件，因此开封古城淹废与黄河泛滥洪泛度之间的关系比泛滥次数更为密切。依据沉积岩芯记录的洪水信息反演历史时期黄河泛滥对开封城市的危害程度，有利于揭示开封“城下城”的形成。

一、沉积旋回洪泛度的反演

这项工作的基本思路是：首先，从战国以来每个沉积旋回下部的洪水相沉积物中，提取能够反映洪水动力大小的信息（砂黏比、粒度概率累积曲线粗切点粒径、推移质线段斜率）和反映黄河泛滥持续时间的信息（沉积旋回厚度）作为黄泛程度的评价指标；其次，在对上述 4 个洪泛指标值进行标准化处理和各指标权重确定的基础上，构建洪泛度计量模型，得到每次沉积旋回的洪泛指数（flood index，FI），并制定基于 FI 的洪泛度分级（弱、中等、强、很强）标准；最后，根据计算得到的每次黄河泛滥洪水的 FI 值，对比分级标准，确定其洪泛度，并借此反演黄河泛滥与开封古城衰落关系和“城下城”的形成。洪泛度反演详细步骤见马建华等（2016）的成果，这里仅给出洪泛度分级标准（表 7-3）、各钻孔历次黄河泛滥的洪泛度（表 7-4）和平均洪泛指数（图 7-4）。

表 7-3　基于开封黄泛地层的洪泛度分级标准

洪泛度	FI 范围
弱	FI<0.199
中等	0.199≤FI<0.363
强	0.363≤FI<0.528
很强	0.528≤FI

表 7-4　各钻孔历次黄泛洪水洪泛度反演结果

钻孔	前 225 年洪水		1387 年洪水		1399 年洪水		1461 年洪水		1642 年洪水		1841 年洪水	
	FI	级别	FI	级别	FI	级别	FI	级别	FI	级别	FI	级别
ZK_{jm}	0.186	弱	0.071	弱	0.368	强	0.254	中等	0.569	很强	0.742	很强
ZK_{sz}	0.105	弱	0.298	中等	0.048	弱	0.148	弱	0.630	很强	0.196	弱
ZK_{yz}	0.364	中等	0.414	强	0.400	强	0.257	中等	0.338	中等	0.226	中等
ZK_{ml}	—	—	0.284	中等	0.372	强	0.339	中等	0.650	很强	—	—

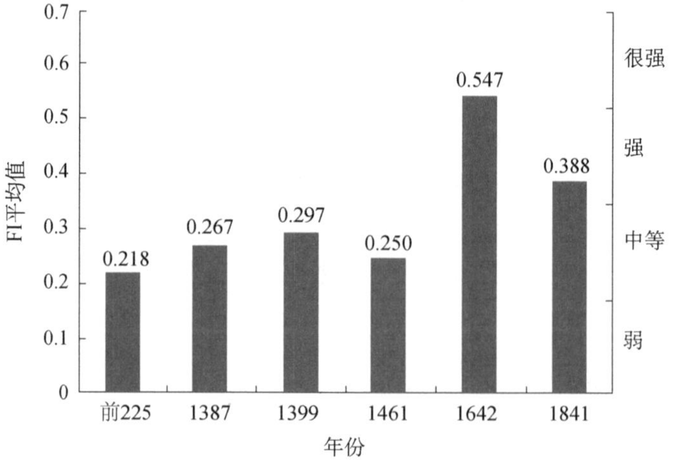

图 7-4　历次黄河洪泛指数平均值

二、黄河泛滥与开封“城下城”的形成

虽然本研究的钻孔数目较少，但各个钻孔某次黄河泛滥的平均洪泛指数（图 7-4）可以大体上反映该次洪水的破坏程度，从而为探讨黄河水患与开封“城下城”的形成提供更精确的数据。将某次黄河泛滥的平均洪泛指数与相应的历史洪水记载相对比，可以进一步验证基于地层洪泛信息反演洪泛度研究的可靠性。

（一）前 225 年鸿沟水患与战国大梁城被废淤埋

关于公元前 225 年的鸿沟水患，目前只见到《史记·秦始皇本纪》和《史记·魏世家》中有简单记载。秦王政二十二年（前 225 年），王贲攻魏，“引河沟灌大梁，大梁城坏”。这是历史上开封城第 1 次遭到灭顶之灾。从本研究的结果来看，大梁城古地面（文化层）埋深在现今地面以下 10—15 米，与相关考古发现相一致。鸿沟在梁惠成王十年（前 360 年）开始修建，约二十年后建成。鸿沟从荥阳引黄河之水，经荥泽和圃田泽到大梁，穿过大梁城北部后，折而向南，与淮河水系相沟通。当年大梁城墙十分高大，有“七仞之城”之称，秦将王贲久攻不下，随之掘鸿沟于西城外，水困大梁城三个月，最终将西墙南部一段土质城墙浸泡坍塌，洪水灌入城内，魏国灭亡。在大梁城被毁百年之后，司马迁曾慕名来到浚仪（由大梁改名而来）凭吊先贤信陵君、侯嬴和朱亥时，看到的是“大梁之墟”，景象仍然十分破败（周宝珠和徐伯勇，2011）。由此可见，鸿沟水患对大梁城的破坏是非常严重的。

这次洪水的 FI 平均值在 6 次洪水事件中是最小的，只有 0.218，洪泛度属中等（图 7-4）。为什么这次洪水的洪泛度小，却使大梁城遭到灭顶之灾呢？其原因可能有两个方面：一是鸿沟经过荥泽和圃田泽，泥沙已发生大量沉积，到达大梁附近的河段，泥沙含量明显减少，破城后沉积的泥沙量不大（1—2 米），而且颗粒较细；二是大梁城墙和城内建筑多是土筑成的，抵抗洪水的能力弱。

（二）1387 年黄河泛滥与北宋东京城被淤埋

各钻孔 1387 年的 FI 平均值为 0.267，属中等洪泛度（图 7-4）。据雍正《河南通志》载：“河溢开封城，自安远门（北门）入，淹没官民廨宇甚多。城内入釜底，中原财赋聚集之地一扫而尽，非常之异变也。”虽然这次黄河泛滥的洪泛度不及 1642 年大洪水，但城内师专和医专钻孔位置淤积的泥沙厚度仍在 2 米左右，使城市遭到巨大破坏。12 年之后的 1399 年，使来不及修复或重建的开封城再次遭到淤埋。开封从秦代至元代的共用古地面（文化层）埋深在现今地面以下 9—13 米，这与相关考古发现基本一致。由于金代和元代的开封城是在北宋东京城的基础上改建的，其恢宏和影响程度远不及北宋东京城，并且两朝持续时间较短，12 年后

又一次被淤埋，所以将 1387 年黄河泛滥淹废的古城仍可视作东京城。

（三）1642 年黄河泛滥与明末开封城被淤埋

在开封 6 次入内城洪水事件中，以 1642 年的黄河泛滥的危害最为严重，其 FI 平均值高达 0.547，洪泛度达到很强等级（图 7-4）。关于 1642 年黄河水患的历史记载很多，都证明这次水患是开封历史最严重的一次。据朱彝尊的《静志居诗话》记载："寇围大梁，汴人死守不降。有献策高巡抚名衡者曰：'贼营附大堤，决河灌之，尽为鱼鳖矣。'周王募民垒羊马城，高厚如岸，援兵掘朱家寨口，贼觉觉之，移营高岸，多储大航巨筏，反决马家口以灌城。河骤决，声震百里。排城北门入，穿东南门出，流入涡河。"据《汴围湿襟录》记载："举目汪洋，抬头触浪。其仅存者：钟鼓二楼，周府紫禁城、郡王假山、延庆观，大城止存半耳。至宫殿、衙门、民舍、高楼略露屋脊。"[①]"以保甲为名，实在人丁三十七万八千有零"[②]，除少数丁壮生存下来外，数十万居民，绝大部分"尽葬鱼腹"。据统计，此次洪灾过后，开封城内原有 37 万之众，幸存者仅 3 万余人（刘春迎，2009）。从本研究结果来看，这次洪泛沉积厚度在 2.3—3.8 米，明末开封城地面文化层埋深在 3.5—8 米，郊区埋深大于城区，使开封城遭到了历史上最为严重的灭顶之灾。王长燕等（2008）也认为，1642 年的黄河泛滥是开封历史上最为严重的一次水患，被定为特大型水灾。

直至 5 年后，清顺治四年（1647 年）这次黄河决口才被彻底堵塞。在以后的很长一段时间内，开封城内仍"悉为潦水泥沙，官民不能栖止"，十分荒凉破败。据乾隆《祥符县志》记载："大清定鼎之初，吾汴污潴如故，三四年后又变为蒿莱。"

需要说明的是，在明末开封城下，还存在 1399 年和 1461 年黄河泛滥淤埋的明代地面，沉积物厚度也在 1—2 米，地下是否存在这两个时期的明开封城废墟，尚需进一步开展科学勘察。笔者认为，这两次黄河泛滥距 1387 年黄河泛滥较近，沉积厚度也不太大，人们很可能在被淤埋的残垣断壁的基础上，进行地面平整，重新建造房屋，城墙和马道依次加高，不一定存在这一时期的开封城，只是保留其文化层而已。

（四）1841 年黄河泛滥与部分清代开封城被淤埋

1841 年的黄河泛滥，FI 平均值为 0.388，仅次于 1642 年的洪水，洪泛度为强。关于这次黄河泛滥围困开封城及其破坏性影响，在《汴梁水灾纪略》中有记载：十七日，"城外黄水弥望无际，四顾不见村落。沿城壕一带，大柳树皆径十围，干杈俱没"。由南门溢入的洪水分东西两股向北流动，在龙亭北汇合。城内部分地区

① 刘益安. 汴围湿襟录校注. 郑州：中州书画社，1982：57.
② （清）傅泽洪：崇祯十五年江西道御史黄澍奏疏//《行水金鉴》卷四十五. 上海：商务印书馆，1937：657。

积水严重（吴朋飞等，2014b），“除布政司署、粮道署、开归道署、开封府署、贡院和数条街道无积水外，余皆深八九尺、四五尺、二三尺不等，民房倒塌无算”。至二十二日进水门洞被堵御，但城内部分积水无法排出，积潦严重。直到次年二月八日才完成黄河决口大堤的合龙，开封砖城与护城堤之间的洪水和城内积水才逐渐消退，大水围城 8 个月之久。

这次黄河泛滥只有 2 次洪水进入城内，并且洪水并未覆盖全城，所以开封城并没有完全被淤埋在地下，只是部分区域存在地下清代地面。例如，明伦钻孔位于河南贡院之内，没有出现这次洪水的沉积；而师专和医专钻孔的黄泛沉积也不太厚，都没有超过 1 米，FI 值分别为 0.196 和 0.226，洪泛度分别为弱和中等。所以现在开封城内的地面部分是 1642 年黄河泛滥沉积层的上部，部分是 1841 年黄河泛滥沉积层的上部。现今相国寺和延庆观整体抬升以前的地面，高于其基座就是例证（图 7-5、图 7-6）。但是，洪水围困开封长达 8 个月之久，在砖城外与护城堤之间沉积了大量泥沙。例如，金明钻孔这次洪水的沉积厚度达 3.2 米，洪泛度达到很强水平（FI=0.742）。这与新郑门遗址所呈现的两个清代院落的埋藏深度基本一致。

（a）相国寺八角殿［（法）爱德华 · 沙畹摄］　（b）相国寺大雄宝殿［（法）爱德华 · 沙畹摄］

图 7-5　1907 年相国寺地面与建筑物相对高度

资料来源：曹增军，2008

图 7-6　1841 年黄河泛滥后的延庆观地面与抬升的地面比较（张小建供图）

资料来源：开封市地方史志办公室主办的《开封地情》第四期，2016 年

综合本章的研究内容和结果，可以得到如下几点结论。

（1）战国以来，进入开封内城（今城墙包围的范围）的洪水事件共有6次，其发生年代、FI平均值和洪泛度分别为：1642年（0.547，很强）>1841年（0.388，强）>1399年（0.297，中等）>1387年（0.267，中等）>1461年（0.250，中等）>公元前225年（0.218，中等）。当前一些文献所谓的“7次进城洪水说”值得商榷。“7次说”除上述6次进城洪水外，还认为至元二十年（1283年）的洪水也进入了开封内城。实质上，1283年黄河决口地点在开封西北的原武县（今原阳县）境内，洪水自开封以北向东南方向流动，大水曾经从开封东北的善利水门进入外城，南京路总管兼开封府尹张庭珍抢险堵口，采取“崩城堰之”的办法，免去开封内城被黄河淹没的危险（图5-1），详见本书第五章的论述。可见，这次洪水并没有进入开封内城。

（2）现今开封城地下普遍存在战国大梁城（代表时间为公元前225年之前，文化层埋深10—15米）、北宋东京城（代表时间为公元前225—1387年，文化层埋深9—13米）、明末开封城（代表时间为1387—1642年，文化层埋深3.5—8米）的废墟，部分区域存在清代开封城古地面（代表时间为1662—1841年，1—4米），可谓“三座半古城”。某些学者的“开封城摞城六城说”值得商榷。有些学者认为，在现今开封城下垂直叠压着六座古城，从下到上依次为战国大梁城（地下12—14米）、唐代汴州城（地下10—12米）、北宋东京城（地下8—10米）、金代汴州城（地下6米左右）、明代开封城（地下5—6米）和清代开封城（地下3米左右）。实质上，根据历史文献，自战国大梁城毁于鸿沟水患到1387年的1600年间，开封并没有黄泛洪水入内城的记载，从秦至明朝早期，各朝代的城池虽然发生过重大变化，但基本上是在同一个地面上营造的，地下不可能保存有唐代汴州城和金代汴州城的废墟。另外，如前所述，史料已经明确记载，1841年的黄河泛滥没有全部淹没开封内城，也不可能存在完整的清代开封城。

（3）发生在公元前225年、1387年、1642年和1841年的黄河泛滥使开封古城被淤埋在地下，是形成开封“城下城”的洪水事件。其中前3次洪水事件分别使战国大梁城、北宋东京城、明末开封城淤埋在地下不同深度；最后一次洪水使部分城区的地面淤埋在较浅的深度，但护城堤与砖城之间的区域，地下却普遍埋藏了清代村落。

结　语

历史时期的地理既然处在经常不断的变化中，那么只想了解它的今天，而不过问它的“昨天”和“前天”，显然是不够的。因为只有了解了它的“昨天”和“前天”，才能更好地了解它的今天（侯仁之，1994）。开封黄河泛滥系列问题研究，是一个时间跨度大、涉及因素多，非常具有挑战性的课题。本书也仅是初步的探索，得出的主要学术观点或贡献如下。

（1）大古都开封历史悠久，兴衰至极。这座城市曾经是世界上最繁华的大都市，也经历了数次大萧条时期。在开封城市生命发展史上，城市的衰落期要远远长于兴盛期，政治因素决定了开封城市的兴衰命运，黄河因素是开封城市兴衰的催化剂，特别在城市衰落过程中起着十分重要的驱动作用。

（2）黄河决溢变迁对开封城市地理环境产生过重大影响。1171 年黄河开始进入今开封市境，1283 年灌进外城，1290 年摧毁城市水路运输系统，1319 年修筑城北一段护城堤防和城东黄河大堤。1451 年修成环城一周的护城堤防，1495 年开封城北的黄河河道基本固定，遂形成黄泛平原典型的“黄河大堤—护城堤—城墙（砖筑）”的城市防洪系统。

（3）黄河南泛是导致开封城市第二个生命周期逐渐衰落的重要因素，黄河决溢变迁严重制约城市的发展。开封城饱经黄患之蹂躏，城市周边地区农业生产环境深受影响。城市水道经历了从“宋四河”的湮废，到贾鲁河联络内外，再到惠济河排洪泄涝的过程，造成“城外高、城内低”盆地景观，形成包公湖、龙亭湖等水体景观。

（4）重大黄河水患事件对开封城市的衰落起到推波助澜的作用。明清时期开封城形成的以“护城堤—城墙系统”为中心的洪涝适应型景观，是黄河多次泛滥的产物，城市建城区被压缩在砖城墙内的狭小空间缓慢发展。今开封“城下城”景观是黄河南泛作用的产物，这在开封古城黄泛地层上有很好的体现。

（5）“城下城”景观是开封城市与黄河洪水、沙灾的长期斗争和相互适应的产物。根据开封古城黄泛地层洪泛度的反演情况，战国以来，进入开封内城（今城墙包围的范围）的洪水事件共有 6 次，其发生年代、FI 平均值和洪泛度分别为：1642 年（0.547，很强）>1841 年（0.388，强）>1399 年（0.297，中等）>1387 年

（0.267，中等）>1461 年（0.250，中等）>公元前 225 年（0.218，中等）。现今开封城地下普遍存在战国大梁城（文化层埋深 10—15 米）、北宋东京城（文化层埋深 9—13 米）、明末开封城（文化层埋深 3.5—8 米）的废墟，部分区域存在清代开封城古地面（1—4 米），可谓“三座半古城”。发生在公元前 225 年、1387 年、1642 年和 1841 的黄河泛滥使开封古城被淤埋在地下，是直接形成开封“城下城”的洪水事件。试想，假如开封城不位于黄河之滨，没有这几次洪水事件，其城市发展的轨迹必将是另外一种情形。

2005 年大古都开封曾因 Kristof 的《从开封到纽约——辉煌如过眼烟云》一文而成为城市“衰落典型”轰动全球。近年来，开封经济社会综合实力取得明显进步，但由于历史和现实种种原因，出现城市发展的瓶颈。本书基于长时间的演化过程分析了开封城市兴衰与黄河之间的互利共生关系，兴利除弊，可为当今城市发展提供对策。开封是 1987 年国家规定的 31 座全国重点防洪城市之一，今后开封市应重视黄河及黄河遗产的利用，充分发掘和整理与黄河有关的自然或文化景观资源，为当前现代化建设服务。①大力发掘开封有形的黄河遗产，如开封城北黄河大堤、柳园口黄河游览区，开封护城堤防的保护与利用，开封“城下城”景观的发掘与保护利用，与黄河有关的各级别文物保护单位等；②大力发掘开封无形的黄河遗产，如开封及周边的黄泛地名，汴梁八景中的“大河涛声”，上到皇帝下到普通百姓的历代咏黄诗词，开封适应黄河的人文精神、思想观念等。

总之，开封城市因北宋东京城的辉煌而被世人追忆；同样，开封更是“黄河之城”，黄河至今仍深刻影响着开封城市的发展。今后开封城市发展过程中，应着力打好黄河和北宋东京两张名片，并驾齐驱，共同打造生态宜居城市。

参考文献

曹增军. 2008. 品读开封•古诚记忆. 北京：作家出版社.
岑仲勉. 2004. 黄河变迁史. 北京：中华书局.
陈代光. 1983. 运河的兴废与开封的盛衰. 中州学刊，（6）：127-130.
陈国桢. 2013. 古都开封论丛：开封历史的地位与当代复兴. 北京：中国社会出版社.
陈平原，王德威，关爱和. 2013. 开封：都市想象与文化记忆. 北京：北京大学出版社.
陈桥驿. 2008. 中国运河开发史. 北京：中华书局：309.
陈业新. 2011. 道光二十一年豫皖黄泛之灾与社会应对研究. 清史研究，（2）：90-101.
程遂营. 2002. 唐宋开封生态环境研究. 北京：中国社会科学出版社.
程遂营. 2003. 12 世纪前后黄河在开封地区的安流与泛滥. 河南大学学报（社会科学版），43（6）：32-36.
程子良，李清银. 1993. 开封城市史. 北京：社会科学文献出版社.
戴培超. 2014. 历史时期徐州水环境变迁与城市兴衰研究. 江苏师范大学硕士学位论文.
戴培超，沈正平. 2013. 水环境变迁与徐州城市兴衰研究. 人文地理，28（6）：55-61.
邓亦兵. 1986. 清前期开封城经济初探. 史学月刊，（2）：47-52.
丁圣彦，曹新向. 2004. 清末以来开封市水域景观格局变化. 地理学报，（6）：956-963.
杜本礼，高宏照，暴拯群. 1993. 东京梦华•开封卷. 北京：中国人民大学出版社：186.
樊树志. 2003. 晚明史. 上海：复旦大学出版社：1084-1085.
范沛潍. 1997. 明、清时期开封的交通. 开封教育学院学报，（3）：1-5，13.
范沛潍. 2004.《如梦录》简评. 开封文博：73-79.
范沛潍，李润田. 2010. 黄河与开封. 开封文博：3-7.
方福仁. 1983. 明末河决开封原因辨析. 史学月刊，（1）：36-39.
方楫. 1956. 1642 年黄河决口案的真相. 新史学通讯，（9）：8-10.
冯兵，黄俊棚. 2017. 水与城的双向互动：隋唐五代时期运河变迁与城市兴衰. 学习与实践，（2）：118-124.
傅衣凌. 1984. 明代经济史上的山东与河南. 社会科学战线，（3）：119-127.
傅衣凌. 2007. 傅衣凌治史五十年文编. 北京：中华书局.
高亮. 2006-6-14. 尴尬的开封. 东方今报.
葛奇峰. 2012. 战国魏大梁城平面布局新探. 中原文物，（4）：27-33.
葛奇峰. 2014. 北宋都城新郑门遗址与开封“城摞城”. 大众考古，（10）：36-40.
葛奇峰，董志强. 2003-6-13. 开封勘探发现北宋东京城固子门遗址. 中国文物报，第 2 版.
郭峰. 2007. 隋唐五代运河演变与开封城市发展互动关系研究. 陕西师范大学硕士学位论文.

郭红，靳润成. 2007. 中国行政区划通史. 明代卷. 上海：复旦大学出版社.
郭蕴静. 1981. 清初恢复农业生产的措施. 历史教学，（6）：18-21.
韩大成. 1991. 明代城市研究. 北京：中国人民大学出版社.
韩光辉. 2011. 宋辽金元建制城市研究. 北京：北京大学出版社.
韩茂莉. 2001. 金代南京路人口与农业//中国地理学会历史地理专业委员会《历史地理》编委会. 历史地理（第十七辑）. 上海：上海人民出版社.
韩昭庆. 1999. 黄淮关系及其演变过程研究——黄河长期夺淮期间淮北平原湖泊、水系的变迁和背景. 上海：复旦大学出版社.
韩昭庆. 2010. 荒漠、水系、三角洲——中国环境史的区域研究. 上海：上海科学技术文献出版社.
何一民. 2009. 从农业时代到工业时代：中国城市发展研究. 成都：四川出版集团巴蜀书社.
河南省地方史志办公室. 2001. 河南通鉴. 郑州：中州古籍出版社.
河南省地方史志编纂委员会. 1993. 河南省大事记（1949.3—1990.12）. 郑州：河南人民出版社.
河南省地方史志编纂委员会. 1994. 河南省志. 第二十七卷. 水利志. 郑州：河南人民出版社.
河南省交通厅交通史志编审委员会. 1989. 河南航运史. 北京：人民交通出版社：160-161.
河南省兰考县地方史志编纂委员会. 1999. 兰考县志. 郑州：中州古籍出版社.
侯起秀. 2015. 1841 年的开封保卫战. 河南水利与南水北调，（1）：23.
侯仁之. 1994. 历史地理学四论. 北京：中国科学技术出版社.
侯甬坚. 2012. 西安城市生命力的初步解析. 江汉论坛，（1）：13-19.
《黄河水利史述要》编写组. 2003. 黄河水利史述要. 郑州：黄河水利出版社.
黄河水利委员会黄河志总编辑室. 1988. 历代治黄文选（上册）. 郑州：河南人民出版社.
黄河水利委员会黄河志总编辑室. 1989. 历代治黄文选（下册）. 郑州：河南人民出版社.
黄以柱. 1983. 豫东黄河平原环境的变迁与开封城市的发展. 河南师大学报（自然科学版），（1）：83-90.
季鹏. 2002. 地理环境变迁与城市近代化——明清以来扬州城市兴衰的思考. 南京社会科学，（12）：52-56.
姜鑫. 1954-10-19. 热烈拥护省会迁郑，支援国家重点建设. 河南日报，第 2 版.
金陵大学农学系. 2009. 豫鄂皖赣四省土地分类之研究. 民国史料丛刊（542 册）. 郑州：大象出版社：63.
靳怀堾. 2005. 中国古代城市与水——以古都为例. 河海大学学报（哲学社会科学版），（4）：26-32.
《开封民族宗教志》编纂委员会. 2000. 开封民族宗教志. 香港：天马出版社.
开封市地方史志编委会办公室. 1992. 开封风物大观. 郑州：中州古籍出版社.
开封市地方史志编纂委员会. 2001. 开封市志（第六册）. 北京：北京燕山出版社.
开封市地方史志编纂委员会. 2004. 开封市志（综合册）. 北京：北京燕山出版社.
开封市计划生育委员会. 1991. 开封市人口志. 郑州：中州古籍出版社：11.
开封市文物工作队. 2005. 河南开封明周王府遗址的初步勘探与试掘. 文物，（9）：46-58.
开封市文物考古研究所. 2017. 河南开封新街口明周王府官署遗址发掘简报. 文物，（3）：39-72.
开封宋城考古队. 1990. 开封古州桥勘探试掘简报. 开封文博，（1-2）：10-15.

开封宋城考古队. 1992. 北宋东京外城的初步勘探与试掘. 文物，(12)：52-61.
开封宋城考古队. 1996. 北宋东京内城的初步勘探与测试. 文物，(5)：16，69-75.
开封宋城考古队. 1999. 明周王府紫禁城的初步勘探与发掘. 文物，(12)：66-73.
蓝克利. 2000. 黄淮水系新论与1128年的水患//刘翠溶，伊懋可. 积渐所至：中国环境史论文集. 台湾："中央研究院"经济研究所：829-876.
李蓓蓓，何辰宇，袁存. 2015. 1841年黄河下游水灾及其影响分析. 农业考古，(1)：126-131.
李曾三. 1985. 朱家寨、马家口两处口门小考. 黄河史志资料，(3)：46-47.
李曾三. 1986. 朱家寨、马家口决口地点考. 开封方志，(1)：41-42.
李程远. 2017. 明末黄河决湮开封真相考异//孙晓红. 古都开封（第十五集）. 北京：北京燕山出版社：98-110.
李村人. 1957. 开封名胜古迹散记. 郑州：河南人民出版社.
李合群. 1996. 北宋东京皇宫二城考略. 中原文物，(3)：73-74，83.
李景文，王守忠，李湍波. 2006. 汴梁水灾纪略. 开封：河南大学出版社.
李娟. 2011. 1128—1855年黄河南泛对杞县城市形态的影响. 三门峡职业技术学院学报，(3)：82-87.
李君. 2002. 开封古洪水沉积与城市地貌变迁研究. 北京师范大学硕士学位论文.
李俊男. 2016. 1841年黄河水患期间开封城百姓的生活境况. 兰台世界，(5)：101-103.
李克修，董祥. 1998. 开封古州桥勘探试掘简报//开封市文物工作队. 开封考古发现与研究. 郑州：中州古籍出版社：189-193.
李润田. 1985. 开封城市的形成与发展. 河南大学学报（自然科学版），(3)：1-10.
李润田. 1988. 黄河对开封城市历史发展的影响//中国地理学会历史地理专业委员会《历史地理》编委会. 历史地理（第六辑）. 上海：上海人民出版社.
李润田，丁圣彦，李志恒. 2006. 黄河影响下开封城市的历史演变. 地域研究与开发，(6)：1-7.
李文海，林敦奎，周源，等. 1990. 近代中国灾荒纪年. 长沙：湖南教育出版社.
李雪梅. 2002. 黄河去复来：开封"城摞城". 中国国家地理，(8)：36-47.
李燕. 2007. 古代黄河中游环境变化和灾害对都市迁移发展的影响研究. 陕西师范大学硕士学位论文.
李长傅. 1958. 开封历史地理. 北京：商务印书馆.
李长傅. 1964. 朱仙镇历史地理. 史学月刊，(12)：36-40，46.
李长傅. 2007. 李长傅文集. 开封：河南大学出版社.
李长傅. 2011. 汴梁识小. 郑州：河南大学出版社.
李昭淑，徐象平，李继瓒. 2000. 西安水环境的历史变迁及治理对策. 中国历史地理论丛，(3)：39-53.
梁建国. 2007. 日本学者关于宋代东京研究概况. 中国史研究动态，(4)：22-26.
梁建国. 2016. 朝堂内外：北宋东京士人郊游. 北京：中国社会科学出版社：12-22.
刘闯. 2014. 五代时期汴州城市环境初探. 陕西师范大学硕士学位论文.
刘春迎. 2004. 北宋东京城研究. 北京：科学出版社.
刘春迎. 2005. 金汴京（开封）皇宫考略. 文物，(9)：70-75.

刘春迎. 2006a. 考古开封. 开封：河南大学出版社.
刘春迎. 2006b. 金代对汴京（开封）城的营建//河北省文物考古学会. 河南文物考古论集（第四辑）. 郑州：大象出版社.
刘春迎. 2009. 揭秘开封城下城. 北京：科学出版社.
刘春迎. 2013a. 揭秘开封城下城：古代开封城的历史演变与考古研究//陈平原，王德威，关爱和. 开封：都市想象与文化记忆. 北京：北京大学出版社：13-30.
刘春迎. 2013b. 北宋东京城考古综述及最新考古发现. 开封文博：5-10，17.
刘春迎. 2014. 夏都“老丘”考——从开封地区已经发现的二里头文化遗存中求证. 中原文物，（3）：18-23.
刘德新，马建华，许清海，等. 2015. 开封市西郊地层“崇祯大旱”事件的孢粉记录. 地理研究，34（11）：2133-2143.
刘静玉，闫卫阳. 2008. 开封经济衰退的原因及对策分析. 商场现代化，（3）：203-204.
刘顺安. 2001. 开封研究. 郑州：中州古籍出版社.
刘顺安. 2003. 开封城墙. 北京：北京燕山出版社.
刘顺安. 2006. 战国魏都大梁. 北京：光明日报出版社.
刘顺安. 2008. 论鸿沟的开凿及其对魏都大梁城的影响. 开封文博：3-6，9.
刘顺安. 2011. 古都开封. 杭州：杭州出版社.
刘益安. 1978. 汴河与开封. 开封师院学报（社会科学版），（6）：91-100.
柳义南. 1983. 李自成纪年附考. 北京：中华书局.
龙牙. 2010. 开封·开宝寺塔（铁塔）. http://blog.sina.com.cn/dragon0131［2015-09-18］.
卢勇. 2008. 明清时期淮河水患与生态、社会关系研究. 南京农业大学博士学位论文.
马程远. 1981. 从黄河河道迁徙看下游平原地貌的发育. 河南师大学报（自然科学版），（1）：89-96.
马建华，陈彦芳，谷蕾，等. 2017. 人为—生物源元素在开封古城黄泛地层沉积旋回划分中的指示意义. 地理研究，36（6）：1147-1158.
马建华，谷蕾，吴朋飞，等. 2016. 开封古城黄泛地层洪水记录及洪灾度反演. 北京：科学出版社.
马建华，陆静，谷蕾，等. 2015. 黑碳在开封古城黄泛地层沉积旋回划分中的指示意义. 地理学报，70（5）：730-738.
牛平汉. 1990. 清代政区沿革综表. 北京：中国地图出版社.
钮仲勋. 1994. 历史时期黄河下游河道变迁图. 北京：测绘出版社.
丘刚. 1999. 北宋东京城御街遗址探析. 中州学刊，（6）：155-157.
丘刚. 2001. 开封城下“城摞城”现象探析//中国古都学会，赤峰古都学会. 中国古都研究（第十八辑），下册. 香港：国际华文出版社：374-389.
丘刚. 2003. 开封宋城考古综述//中国古都学会，莒县古都学会. 中国古都研究（第十六辑）. 北京，杭州：研究出版社，杭州出版社.
丘刚. 2004. 开封城下城摞城现象探析. 中国历史文物，（4）：70-77.
仇立慧. 2008. 古代黄河中游都市发展迁移与环境变化研究. 陕西师范大学博士学位论文.

权伟. 2007. 明初南京山水形势与城市建设互动关系研究. 陕西师范大学硕士学位论文.
单远慕. 1980. 古都开封的故事. 郑州：河南人民出版社：119-111.
单远慕. 1984. 开封史话//中华书局编辑部. 名城史话（上）. 北京：中华书局：171-229.
沈怡，赵世暹，郑道隆. 1935. 黄河年表. 军事委员会资源委员会.
施坚雅. 2000. 中华帝国晚期的城市. 叶光庭等译. 北京：中华书局.
史念海. 1988. 论济水与鸿沟. 河山集（三集）. 北京：人民出版社：308.
史念海. 1999. 黄河流域诸河流的演变与治理. 西安：陕西人民出版社.
水利部黄河水利委员会《黄河水利史述要》编写组. 1982. 黄河水利史述要. 北京：水利出版社.
水利电力部水管司、科技司，水利水电科学研究院. 1993. 清代黄河流域洪涝档案史料. 北京：中华书局.
水利电力部水管司，水利水电科学研究院. 1988. 清代淮河流域洪涝档案史料. 北京：中华书局.
孙建国. 2017. 道光二十一年黄河水灾开封城“银贱钱贵”研究. 中国经济史研究，(5)：130-143.
孙金玲. 2014. 清代黄河泛滥对豫东平原生态环境的影响. 农业考古，(1)：137-139.
孙月娥. 1986. 明崇祯十五年河决开封的史实辨正. 中州学刊，(6)：137-139.
孙月娥，胡东乐. 2003. 擎天巨柱：开封铁塔. 开封：河南大学出版社.
孙祚民. 1964. 有关李自成三次围攻开封的几个问题. 历史教学，(1)：12-18.
孙仲明. 1987. 黄河下游1855年铜瓦厢决口以前的河势特征及决口原因//黄河水利委员会水利史学会. 黄河水利史论丛. 西安：陕西科学技术出版社：201-202.
谭徐明. 1996. 水环境对北京城市的造就——兼论北京城市建设中水环境的保护和利用. 城市发展研究，(1)：5，44-47.
田冰，吴小伦. 2012. 道光二十一年开封黄河水患与社会应对. 中州学刊，(1)：141-144.
田冰，吴小伦. 2014. 水环境变迁与黄淮平原城市经济的兴衰：以明清开封城为例. 中州学刊，(2)：130-135.
田莹. 2008. 隋唐洛阳水环境与城市发展的互动关系研究. 陕西师范大学硕士学位论文.
王发曾. 1986. 开封市的衰落与振兴. 城市问题，(2)：22-26.
王三营. 2006. 试析河流对古代开封城市发展的影响//河南省文物考古学会. 河南文物考古论集（四）. 郑州：大象出版社：184-188.
王三营. 2017. 古都开封. 郑州：河南大学出版社.
王渭泾. 2009. 历览长河——黄河治理及其方略变迁. 郑州：黄河水利出版社：121.
王文楷. 1990. 河南地理志. 郑州：河南人民出版社.
王兴亚. 1984. 李自成起义史事研究. 郑州：中州古籍出版社.
王涌泉，侯琴. 2008. 黄河：1841—1843年连年大水与地震. 气象与减灾研究，31(3)：57-62.
王长燕，赵景波，郁耀闯. 2008. 明代开封地区洪水灾害规律研究. 华中师范大学学报（自然科学版），42(3)：462-466.
王质彬. 1983. 开封黄河决溢漫谈. 人民黄河，(4)：63-64.
王质彬. 1987. 金元两代黄河变迁考. 史学月刊，(1)：26-30.
王质彬，王笑凌. 1990. 清嘉道年间黄河决溢及其原因考. 清史研究通讯，(2)：14-19.
王宗虞. 1960. 记道光二十一年开封张家湾河决. 中国科学院河南分院历史研究所集刊，(1)：

33-37.
魏千志. 1982. 铁塔四题. 河南师大学报（社会科学版），（4）：47-56.
温彦. 1994. 河南自然灾害. 郑州：河南教育出版社：135-136.
吴炳乾. 2011. 北宋至明代开封城市衰落的政治原因分析. 北京大学硕士学位论文.
吴宏岐. 1994. 略论金代的漕运. 中国历史地理论丛，（3）：81-94.
吴宏岐，张志迎. 2012. 黄泛平原古城镇水域景观历史地理成因初探. 地域研究与开发，31（1）：145-149.
吴朋飞. 2012a. 黄河影响下古城研究的几点认识. 三门峡职业技术学院学报，（4）：6-9.
吴朋飞. 2012b. 明清贾鲁河水运环境变迁的刻画. 华北水利水电学院学报（社科版），（5）：9-13.
吴朋飞. 2013. 开封城市生命周期探析. 江汉论坛，（1）：121-128.
吴朋飞. 2014a. 开封水体景观的由来与现状调查研究. 中国名城，（9）：30-36.
吴朋飞. 2014b. 清代开封城市湖泊的形成与演变//中国地理学会历史地理专业委员会《历史地理》编委会. 历史地理（第三十辑）. 上海：上海人民出版社.
吴朋飞. 2015. 明代周藩郡王的封废与王府的空间呈现. 中国历史地理论丛，30（2）：121-131.
吴朋飞. 2016. 历史水文地理学的理论与实践——基于涑水河流域的个案考察. 北京：科学出版社.
吴朋飞，邓玉娜. 2014. 明代开封周王府的建筑布局及对城市结构的影响//张利民. 城市史研究（第30辑）. 北京：社会科学文献出版社：174-187.
吴朋飞，邓玉娜. 2016. 黄河变迁对元代开封的影响. 城市史研究，（1）：1-15.
吴朋飞，李娟，费杰. 2012. 明代河南大水灾城洪涝灾害时空特征分析. 干旱区资源与环境，（5）：13-17.
吴朋飞，陆静，马建华. 2014. 1841 年黄河决溢围困开封城的空间再现及原因分析. 河南大学学报（自然科学版），（3）：299-304.
吴朋飞，马建华，谷蕾. 2016. 析说开封“城下城”景观//中国古都学会. 中国古都研究（第30辑）. 西安：陕西师范大学出版社.
吴朋飞，徐纪安，马建华. 2016.“引河沟灌大梁”初探. 中原文物，（1）：54-61.
吴小伦. 2011a. 黄河水患与清代开封的衰落. 兰台世界，（16）：16-17.
吴小伦. 2011b. 道光二十一年开封的迁城之争. 兰台世界，（19）：44-45.
吴小伦. 2013. 河流变迁与城市兴衰：基于开封的个案考察. 黄河科技大学学报，15（6）：15-19.
吴小伦. 2014. 明清时期沿黄河城市的防洪与排洪建设——以开封城为例. 郑州大学学报（哲学社会科学版），（4）：142-147.
吴小伦. 2015. 河道变迁与明清朱仙镇的兴衰. 兰台世界，（3）：86-87.
席明旺. 2007. 交通、水利与城市的兴衰. 四川大学硕士学位论文.
谢晓鹏. 2011. 1954 年河南省会由汴迁郑的历史考察. 当代中国史研究，（6）：39-45.
辛德勇. 2011. 黄河史话. 北京：社会科学文献出版社.
邢馨月. 2016. 黄河水患对开封经济影响研究. 中国市场，（18）：111-112，119.
熊伯履，井鸿钧. 1958. 开封市胜迹志. 郑州：河南人民出版社.
徐伯勇. 1985. 有关开封历史的几个问题//中国古都学会. 中国古都研究（第一辑）. 杭州：浙江

人民出版社.
徐福龄，温善章. 1987. 一个问题的考证. 黄河史志资料，(1)：64.
徐小亮. 2008. 都城时代安阳水环境与城市发展互动关系研究. 陕西师范大学硕士学位论文.
许檀. 2005. 清代河南朱仙镇的商业——以山陕会馆碑刻资料为中心的考察. 史学月刊，(6)：93-100.
杨宽. 1993. 中国古代都城制度史研究. 上海：上海古籍出版社：87.
杨敏. 2008. 开封，开封！决策，(7)：13-15.
姚汉源. 2003. 黄河水利史研究. 郑州：黄河水利出版社.
殷淑燕. 2007. 渭河流域中心城市发展迁移与环境变迁互动关系研究. 陕西师范大学博士学位论文.
殷淑燕，黄春长. 2006. 论关中盆地古代城市选址与渭河水文和河道变迁的关系. 陕西师范大学学报（哲学社会科学版)，(1)：58-65.
殷淑燕，黄春长，仇立慧，等. 2007. 历史时期关中平原水旱灾害与城市发展. 干旱区研究，(1)：77-82.
俞孔坚，张蕾. 2007. 黄泛平原古城镇洪涝经验及其适应性景观. 城市规划学刊，(5)：85-91.
曾广庆. 2008. 地表深处的老城//林那北. 浦之上：一个王朝的碎片. 北京：人民文学出版社：94-95.
翟自豪. 1998. 兰考黄河志. 郑州：黄河水利出版社.
展鹏飞. 1992. 关于明末河决开封原因的辨论. 史学月刊，(1)：106-107.
张慧茹. 2007. 南宋杭州水环境与城市发展互动关系研究. 陕西师范大学硕士学位论文.
张金库. 1990. 黄河水患与开封城的历史变迁. 黄河史志资料，(4)：28-32.
张劲. 2002. 开封历代皇宫沿革与北宋东京皇城范围新考. 史学月刊，(7)：87-94.
张蕾. 2008. 黄泛平原古城洪涝灾害经验与适应性景观——以明清归德府七城为例. 北京大学博士学位论文.
张蕾. 2010. 国外城市形态学研究及其启示. 人文地理，(3)：90-95.
张妙弟. 2002. 开封城与黄河. 北京联合大学学报，(1)：133-138.
章生道. 2000. 城治的形态与结构研究//施坚雅. 中华帝国晚期的城市. 叶光庭等译. 北京：中华书局：102.
赵宝俊. 1986. 开封与黄、汴//中国古都学会. 中国古都研究（第二辑）. 杭州：浙江人民出版社，144-160.
赵广军，付燕鸿，赵巾帅. 2017. 明以降河南巡抚衙门故址考略//孙晓红. 古都开封（第十五集）. 北京：北京燕山出版社：23-40.
赵国锋. 2006-12-15. 城下六座古城已探明开封城下城何时重见天日？郑州日报.
赵宁. 2004. 北京城市运河、水系演变的历史研究. 武汉大学硕士学位论文.
郑师渠. 1996. 论道光朝河政. 历史档案，(2)：88-94.
中国科学院《中国自然地理》编辑委员会. 1982. 中国自然地理 • 历史自然地理. 北京：科学出版社.
中国科学院地理科学与资源研究所，中国第一历史档案馆. 2005. 清代奏折汇编——农业 •环境.

北京：商务印书馆.
中国水利水电科学研究院水利史研究室. 2004. 再续行水金鉴. 武汉：湖北人民出版社.
周宝珠. 1984. 宋代东京研究. 开封：河南大学出版社.
周宝珠，徐伯勇. 2011. 古都开封. 郑州：河南大学出版社.
周继中. 1985. 金代黄河下游上段河道的变迁. 中州学刊，（6）：104-107.
朱军献. 2017a. 北周以降开封兴衰与城市空间规模盈缩研究. 南都学坛，37（4）：34-37.
朱军献. 2017b. 地理空间区位与开封兴衰变迁研究. 地域研究与开发，36（5）：146-151.
邹逸麟. 2005. 椿庐史地论稿. 天津：天津古籍出版社.
邹逸麟. 2006. 历史时期黄河流域的环境变迁与城市兴衰. 江汉论坛，（5）：98-105.
邹逸麟. 2012. 千古黄河. 上海：上海远东出版社.
左慧元. 1996a. 历史奇观・汴京城・城摞城. 中州统战，（4）：32-33.
左慧元. 1996b. 开封城下有古城. 水利天地，（6）：16-17.
左慧元. 1999. 黄河金石录. 郑州：黄河水利出版社.
Chang S D. 1963. The historical trend of Chinese urbanization. Annals of the Association of American Geographer，53（2）：109-143.
Chang S D. 1970. Some observations on the morphology of Chinese walled cities. Annals of the Association of American Geographer，60（1）：63-91.
Dodgen R A. 2001. Controlling the Dragon：Confucian Engineers and the Yellow River in the Late Imperial China. Honolulu：University of Hawaii Press：69-169.
Fong K L. 1926. Origin and distribution of the sand dunes near Kaifeng. Bulletin of the Geological Society of China，5（1-2）：173-195.
Ioannides Y M，Zhang J F. 2017. Walled cities in late imperial China. Journal of Urban Economics，97：71-88 .
Kristof N D. 2005-5-22. From Kaifeng to New York：glory is as ephemeral as smoke and clouds. The New York Times.
Moudon A V. 1997. Urban morphology as an emerging interdisciplinary field. Urban Morphology，1（1）：3-10.
Zhang L. 2009. Changing with the Yellow River：an environmental history of Hebei，1048-1128. Harvard Journal of Asiatic Studies，69（1）：1-36.

后　记

本书是教育部人文社会科学重点研究基地重大项目“黄河变迁与开封城市兴衰的互动关系研究”（12JJD790023）的最终成果。该项目自立项至今，已有6个春秋，其间经课题组成员多次讨论，反复修改，数易其稿，最终形成现在呈现在大家面前的这本书。

本书是课题组成员集体智慧的产物，他们是马建华、陈隆文、李合群、潘威、吴朋飞、刘德新、谷蕾、陆静、陈彦芳、徐纪安、薛桢雷、邓玉娜等。本书第一章由马建华和吴朋飞撰写；第二、第三、第五章由吴朋飞撰写；第四章第一节、第三节由吴朋飞撰写，第二节由吴朋飞和刘德新撰写，薛桢雷对第二节亦有贡献；第六章由吴朋飞和刘德新撰写；第七章由马建华和谷蕾撰写；结语由马建华、吴朋飞、刘德新共同完成。最后由马建华和吴朋飞审改与定稿。书中插图均由刘德新、薛桢雷、谷蕾绘制完成。本书中有些成果已经公开发表，此次收入书稿中做了部分修改。

著名的历史地理学家、中国古都学会原会长朱士光先生欣然为本书作序，使本书增色不少。在项目开题论证会上，陕西师范大学侯甬坚、李令福两位先生曾亲临开封给予指导；在项目执行过程中，得到了教育部人文社会科学重点研究基地“黄河文明与可持续发展研究中心”“黄河文明省部共建协同创新中心”和环境与规划学院有关领导的大力支持，并将本书纳入“黄河文明与可持续发展文库”。在本书即将付梓之际，特向上述给予我们帮助的所有专家、领导、同事和同学们表示衷心感谢！

书稿完成恰逢李长傅先生《开封历史地理》出版60周年，谨以本书向李长傅先生致敬！

由于笔者学术水平有限，书中难免有很多不足和疏漏之处，恳请读者批评指正！

作　者

2018年12月28日于开封